ハイクポホヤにて。
右手後方にあるのが泉の仕事場

© Eeva-Liisa Malmgren

ハイクポホヤの仕事場にて　© Eeva-Liisa Malmgren

緑が丘の自宅にて

ハイクポホヤの５月。まだ氷が残っている

ハイクポホヤの別荘の食卓

結婚式の日。市役所に向かう前

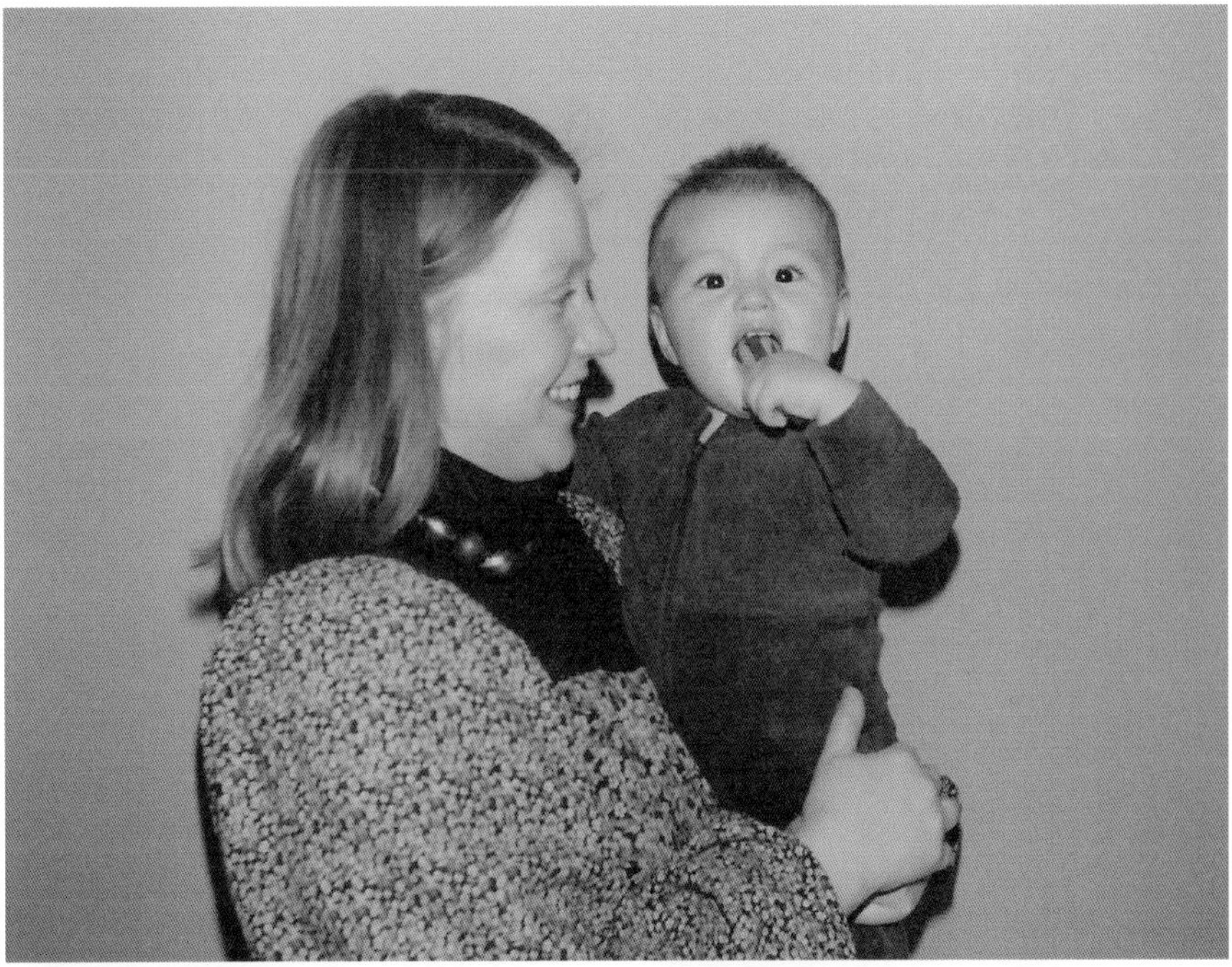

マリアとヤンネ

復活祭の箒で飛び去る魔女に扮したサトゥとヤンネ。メイクは自分たちでした

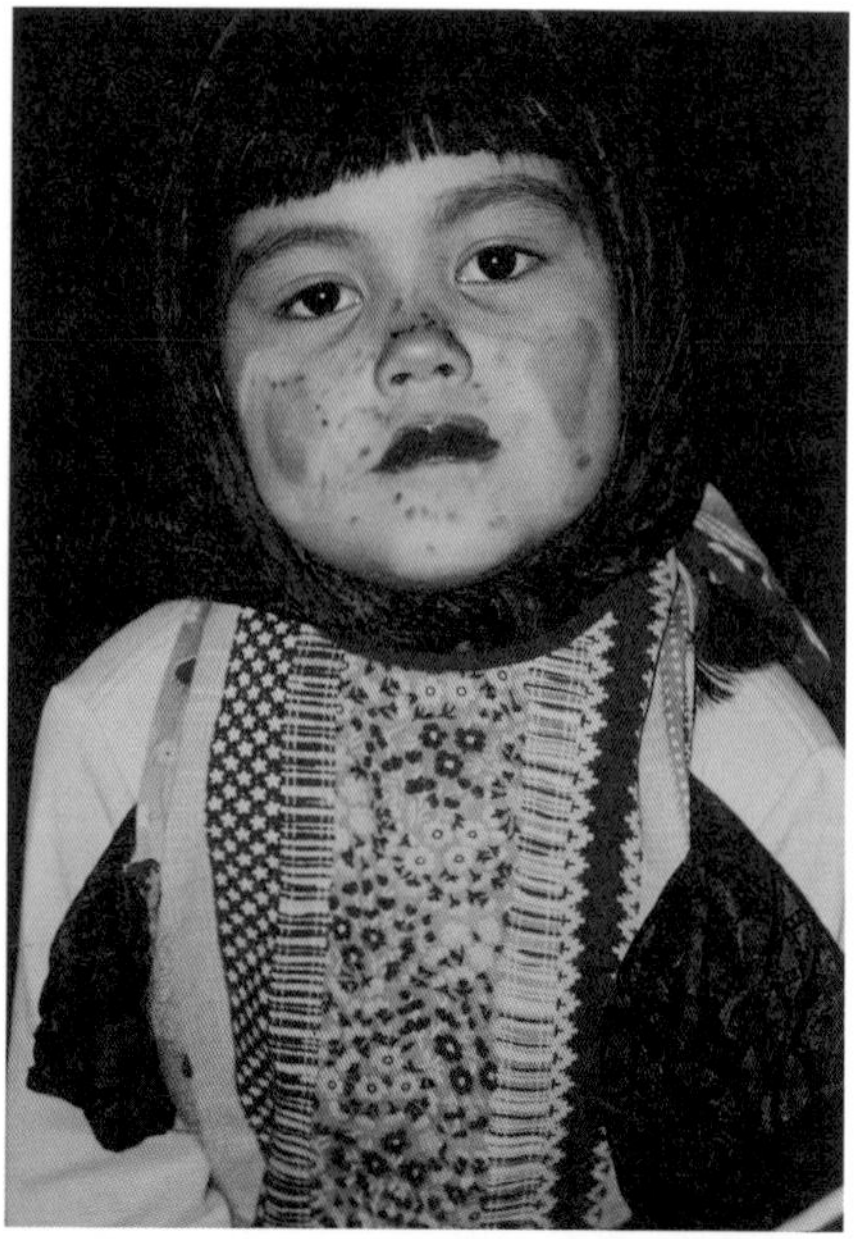

託児所のお迎え

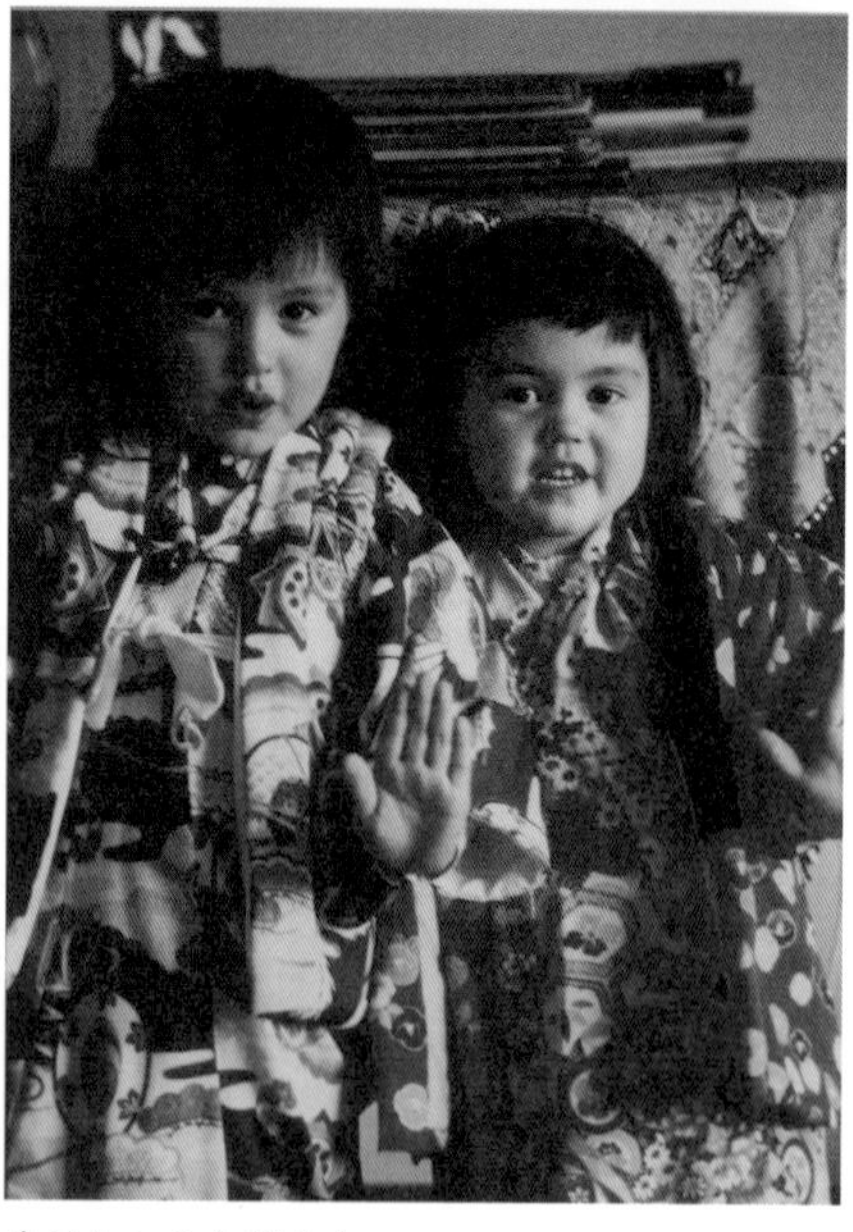

息子ヤンネと娘サトゥ

3 歳頃のヤンネ

ヘルシンキの自宅にて。妻マリアの親戚がマリアの母の 90 歳記念で集まった。泉の斜め前に座っている女性がマリアの母

妻マリアの画廊で

ブダペストにあるバルトークの
銅像と

シベリウスの家。日本からのツアー客とともに（1998年）

2002年フランスにあるセヴラックの家を訪れたとき。セヴラックの孫息子の妻カトリーヌ夫人（中央）にセヴラック協会の名誉会長になってほしいと依頼した。右はデオダ・ド・セヴラック音楽祭の芸術監督を務めるジャン＝ジャック・クバイネ氏

ベルリン・フィルの指揮者ラファエル・フリューベック・デ・ブルゴスとファリャの『スペインの庭の夜』を９回演奏。心に深く残るコンサートだった
（個人所蔵）

ふくやま芸術文化ホール・リーデンローズにて（2019年５月22日）。マリアを囲んでヤンネと泉

ベルリン・フィルハーモニーのホールで。リサイタルでは少女が譜めくりをしてくれた

メキシコシティでのコンサート会場。ディエゴ・リベラなどの圧倒的な壁画がある

ヘルシンキ・フィルのトップメンバーと。前列左から 2 番目と 3 番目はコンサートマスターのペッカ・カリとその妻。後列左端は主席チェリストのヴェイッコ・ヘウラ

ハイクポホヤに岸田今日子さんが訪ねてくださった（2002年）

2006年 Sacrambow レーベルからリリースされた『音楽と物語の世界・ぞうのババール』のジャケット
岸田今日子（語り）
舘野泉（ピアノ）

ハイクポホヤの４月。まだ氷は溶けていない

セヴラック音楽祭監督のジャン＝ジャック・クバイネと（2023年８月）

島原での演奏会のとき。会館の会長とキリシタン殉教記念公園にて

マリアの弟ハンスと別荘にて（2023年7月）

ハノイにて　（撮影：舘野泉）

ブエノスアイレスの通りの広場で見たタンゴ　（撮影：舘野泉）

Izumi Tateno
Pianon samurai

奇跡のピアニスト　舘野 泉

舘野 泉　監修
サリ・ラウティオ 著
五十嵐 淳　訳

みずいろ
ブックス

日本語版の刊行に際し、舘野泉による監修のもと、
写真を新たに掲載し、内容を補訂しました。

奇跡のピアニスト

舘野 泉

目次

読者へ

「ここで何をされているのですか」。身なりの整った男性が訝しげに私を見つめ、「変なこと聞いてすまないね」と話しかけてきた。私は夕暮れ時に軽食用のおにぎりを片手にコンビニでレジ待ちをしていた。なぜ福島に来たのか、私自身も驚いている。「ここ数年外国の方はお見えにならなくてね」と男性は続けた。地震、津波、原発事故、そのすべてがそう遠くない過去のことで、地元の人々だけでなく私の脳裏にも焼きついている。果たしてここは安全なのだろうか。「ピアニストの舘野泉さんのコンサートツアーに同行しているんです。明日、南相馬市民文化会館で彼が演奏するんですよ」と私が返事をすると、「はいはい、舘野泉さんね」と男性は何度か頷き、「道中お気をつけて」と言い残し、その場を後にした。私は立ち止まって男性の問いの答えを探した。舘野泉の人生の歩みを追いかけ、単なる評伝ではなく、当然のことながら彼の芸術家としての素顔もこの本に記そうと決めた。だから私はここにいる。でも、なぜ。

舘野泉の人生の歩みは、ピアニストとしての業績や国際的な文化交流はもちろん、多文化主義の生きる証として後世に伝えるべき価値がある。フィンランドのピアノ音楽、そしてフィンランド人と日本人との国際交流においてこれまで成し遂げたことを踏まえれば、文化功労者として彼が敬われるのは当然のことだ。人生の悪戯がピアニストを表舞台から引きずり下ろそうとしても、舘野は仲間の作曲家たちとともに左手のためのピアノ芸術を磨き上げ、人生に対する彼なりの答えを探し続けている。この勇ましい彼の生き方は人柄によるものだが、彼の手にかかれば物事が上手い具合に収まるのだと薄々気づいていた。それよりも私自身にとっての最大の関心事は音楽家としての彼の背景だった。舘野は、西洋クラシック音楽の世界で国際的に名を馳せる日本人先駆者を輩出した第一世代の音楽家のひとりだからだ。

とはいうものの日本語もままならない私がいったいどうやって戦後の日本のありさまを理解できるのだろう。戸惑う日々が続いた。２０１９年春に意気揚々とこの仕事に着手したものの、当然多くの困難が待ち受けていた。でも私は運が良かった。本書の下調べを始めたちょうどその頃に、日本音楽学者のラッセ・レフトネンがフィンランド人向けに著した『Japanilainen musiikki：Taiko-rumpujen kuminasta J-poppiin（日本音楽―和太鼓からJポップへ）』が刊行された。この本は日本文化を理解する上での豊富な背景知識と解釈を与えてくれ、とりわけ島国の日本で西洋のピアノ文化の担い手が輩出された当時の文化的な背景を知る手掛かりとなった。舘野泉が生まれたのは激動の時代が過ぎ去って間もない、まさにその頃のことだ。

舘野は自国で開催されるコンサートツアーに同行することを快諾してくれ、その間に本書のための取材をすることにも同意してくれた。そのこともあって南相馬のコンサートホールでの練習が終わった後に、「いつお話を聞かせてもらえますか」と彼に尋ねてみた。しかし、ピアニストの表情が曇り始めたので「後で、そう、後で話しましょう」と私は自問自答せざるを得なかった。私の様子を見た彼は優しく「そう、後で、後で話しましょう」と頷いた。するとアシスタントが舞台の袖に来て車椅子に座るピアニストを私の手の届かないところに連れていってしまった。

結局、コンサートツアー中に取材する機会を得ることはできなかった。コンサート後の懇親会でも焼酎片手のピアニストは世間話にも応じてくれない。私はがっかりして「日本まで来て何をしているのだろう」と自分に問いかけた。疑念が頭をもたげたのだ。ピアニストとして舘野泉の優先事項はコンサートに集中することだということは百も承知だが、私の優先事項は本書のための資料集めだ。徐々に自分がお預けをくらった気分になった。しかしながら、仕事に対する向き合い方を目の当たりにして分かったことは、限界の壁を壊そうとするピアニストにとって優先事項以外のことはすべて二の次ということだ。つまり、「後で」の意味が今なら分かる。コンサートが終わると舘野は緑が丘の自宅に私を招いた。自宅のテーブルを囲むと、そこにいたのは皆がよく知る気立てのいい人物だった。そして、「あそこで僕は生まれたんだ」と彼は切り出した。

2022年8月8日　エスポーにて

サリ・ラウティオ

あどけない少年が字を描いている
彼は知っている
字を介して不思議な物語が
物語を介して広大な世界が
その上に星たちの世界が
さらに果てしない世界が
開けることを

はみだした字
自然とはみだす字

先生は叱り
呼び出しをくらう母

好きにやりなさい
思うようにやればいい

枠に納まらなくてよいのだと

音楽をやるほど幸せなことはない

どの爆撃機よりも上手に空を舞う蜻蛉

真っ赤に染まる東京の空。1945年3月の夜、連合国の容赦ない爆撃が、木造家屋が密集する住宅地を焼き尽くし、町は戦火に包まれた。折悪く北風が吹子のように火勢を煽る。見るも無惨な光景、爆撃機の無慈悲な咆哮。果たしてこの悪夢のような一夜は終わるのだろうか。不安に怯えながら静寂の中ただただ長い夜が明けていくのだろうか。何処《どこ》も彼処《かしこ》も崩れた家屋、皇居の東部は壊滅寸前の町。「黒い雪の夜」に十万人を超える国民の命が絶たれ、百万を超える国民の住処が奪われた。炎はすべてを飲み込む。明日の夢さえも。東京の南西部は深刻な破壊から免れていた。いまのところ。太平洋戦争がいつ、そしてどのような脅威を伴って終結するのか誰にも分からない。戦時下で確かなことは誰ひとりとして安全が確保されないことだった。そして何より日本国民は降伏する心構えができていなかった。

若くして父となった舘野弘は、妻の光《みつ》、そして幼子四人を安全な場所へ避難させようと決め、東京都目黒区緑が丘から、当時はまだひっそりと静かだった世田谷区上野毛の小さな木造家屋に引っ越した。家から持ち出したのは必要最低限のものだけだった。物的資産はさほど持ち合わせていなかったが、人にはそれ以上に心的資産がある。舘野家でそれはもっぱら音楽や文学、更に絵画や演劇などの芸術に向けた愛着であった。

舘野弘にとって音楽に携わらない人生などあり得なかった。彼の家族は、まさにそれを象徴している。戦争で生活は困窮する。苦しみに苛まれていても国民ひとりひとりが歯を食いしばって生きる。しかし、疑心暗鬼に陥り、平静を失う。そして社会との絆が途切れ始める。日本社会は1854年に開国し、1867年の大政奉還により明治を迎えたけれど、戦争ひとつで文化的な絆にまで深い亀裂が生じてしまう。つまり西洋からもたらされたものは敬遠され、拒絶され、ひいては憎まれる。音楽ですらそうだ。その意味では、舘野家で箏、三味線、尺八または和太鼓などの和楽器が鳴り響くのならば、誰にも嫌な顔ひとつされずに一家は音楽を演奏することができた。しかし、舘野弘と光はプロの演奏家として西洋のクラシック音楽を本格的に学ぶことができた日本における黎明期の音楽家だ。家ではピアノやヴァイオリン、そしてチェロなど何世紀にもわたって磨かれてきた西洋楽器が奏でられていた。「鬼畜米英の音楽などけしからん」[1]と人々が陰口で囁くように、戦時下にあっては音楽も例外ではないのだ。嫌がらせで泥団子を投げ込まれることもあった。

　戦争でひもじい暮らしを余儀なくされる中、クラシック音楽はぜいたくなものと解釈された。「ぜいたくは敵だ」といった官製の標語が当時を物語っている。第二次世界大戦中の日本において西洋音楽は公には禁止されておらず、演奏会は引き続き行うことができた。しかし、それも時間の問題であった。軍による検閲はすべてを監視する。検閲の基準は戦況次第。戦時下ではすべてが窮地に追い込まれてしまう。

　桜が咲く頃に舘野一家が暮らす家屋に焼夷弾が直撃する。空襲警報を耳にし、一家は自宅の庭の防空壕に避難した。突貫工事で作られた小さな落とし穴のような避難所だ。暗い夜空に幾度も揺らめく炎、数時間後に迎える墨色に染まった朝。目の前に開けた、焼け焦げた匂いが漂う世界。その場には一目で認識できるものはなく、アップライトピアノの骨組み、焦げついた鍋や釜と思しきもの、焼失した上野毛の家の残骸が真っ黒になって中庭に散らばっていた。

　これまで泉は戦争を恐れていなかった。母と夜空を眺めているときに、燃えるように真っ赤な東京の空が遠くから見える程度だったし、戦争の脅威が間近に迫ってきてもなお喪失感に苛まれることもなかった。しかし、彼は初めて胸が張り裂けそうな思いをする。愛読していた宮沢賢治の『風の又三郎』、そして唐僧の旅を描いた『西遊記』が他のものと一緒に灰になってしまったのだ。戦時中に代わりになる本をどこで入手できるだろうか。それは無理だ。本は「ぜいたく」なのだ。

もっと遠くへ疎開しなければ。一家は栃木県を流れる思川《おもいがわ》沿いの農村に避難することにした。戦火はここまで及ばない。夏の兆しを感じ、自然とその惜しみない恩恵を享受できる季節のことだ。東京に残った父はここにはいない。そして楽器もここにはない。

泉は全校合わせて十名に満たない村の分校に通い、野原や畦道を裸足で走り回った。池では蛙が鳴き、梁では蛇がとぐろを巻く。空にはどの爆撃機よりも上手に蜻蛉が舞っている。家族は蚕部屋で寝起きし、夜になると蚕が桑を食む音を聞きながら眠りについた。桑の葉を食べる蚕の独特の匂いが部屋の隅々まで、そして記憶にも染みつくのであった。

人生はここにある、いま人生を謳歌している。少年にとって終戦を迎える前のこの数か月が計り知れぬ宝物として心に刻まれた。

「ピカドン」。他に形容する言葉が見つからない。日光よりも眩い閃光、鈍い爆音だったと、人々は口にする。何が起こったのか誰にも分からない。しかし、何かとんでもないことが起こったことは誰もが理解していた。太平洋戦争の戦況は、1945年に広島と長崎に投下された原爆によって最終局面を迎える。日本国民はこれまで原子爆弾なんて聞いたこともない。地球上の誰もが同じ状況であった。

8月15日に日本は予期せぬ事態に見舞われる。聞き覚えのない声、玉音放送を聴くために集う国民。これまで天皇が国民に直接語りかけることはなかった。天皇のお言葉の内容は衝撃的であった。帝国政府は連合国の圧倒的な戦力に屈し、日本国が降伏すると言うのだ。

世界中で銃声は鳴り止み、未曾有の悪夢をもたらした第二次世界大戦は１９４５年９月に終結する。この人類史上最大規模の戦争は、数千万人の尊い命を奪い、人々の心に深い悲しみを植え付けた。しかし、戦争に翻弄されながらも若者は着実に育つ。戦争での教訓を胸にこれからを歩むうら若き彼らの人生の試練の大半はこれからなのだ。

戦争が終結すると舘野弘は家族を緑が丘の自宅に迎えるために疎開先へと向かった。「東京に帰りたいか」と父は息子に聞いた。泉は頷く。「東京に帰ったらピアノの練習をするんだぞ、それでもいいのか」[2]と父は続ける。泉はまた「うん」と深く頷いた。

焼け野原になった故郷に帰るときが来た。疎開先で友達になった男の子たちは村はずれの大きな樹に登り、女の子たちは川岸の船着場まで来て、別れを惜しんでくれた。みんなとまた会えるだろうか。

その光景は、まるで世界中の人々が東京に向かっているのではないかと思えてならなかった。列車は人で溢れかえり、扉や窓にしがみつく乗客もいた。連合国軍最高司令官総司令部は１９５２年まで日本を占領下に置き、ナショナリズムに基づく全体主義から自由で民主的な社会を根付かせようとした。天皇は統治権力を放棄し、身分も象徴天皇制をもって日本国民統合の象徴と改めた。日本は立憲君主国、つまり国民自ら選んだ代表者が権力を行使する国となった。明治維新から始まる変革の波が日本に驚異的な成長をもたらし、やがて日本は世界有数の経済大国の仲間入りを果たす。

しかし、戦後復興の道のりは険しい。戦後の混乱と物資不足により肉体的にも精神的にも日本国民は飢えていた。その状況の中、人々は自由や社会的な絆、そして文化的な営みを求めて何かにつけて集うのであった。それから何十年後のことだろう。世界の舞台で演奏活動をするようになった舘野泉は、インタビューやエッセイで当時をこのように回想している。「戦後のあの頃は、私の人生で懐かしさが漂う大切な時として今でも心に残っている。音楽がいかに若者の心に情熱の火を灯したのか、当時の雰囲気を覚えている。私の演奏の原点は、音楽が私の心に刻んだ深い感動であることに変わりない。人が楽器と向き合えば、いつでもどこでも音楽を奏でることができる。その考えを常に持ち続けながら私は人生を歩んでいる」

音楽をやるほど幸せなことはない

「あそこで僕は生まれたんだ」とピアニスト舘野泉は、東京都目黒区緑が丘の自宅に鎮座するグランドピアノのほうを指差した。年を重ねた顔には、愛らしい笑みが浮かぶ。彼が生まれてこの言葉を発するまでには八十年もの歳月が流れている。彼が生まれた当時、グランドピアノはこの家にはなかった。数十年で生活環境は様変わりしたが、幼少期を過ごしたこの家は彼の人生の脈絡において相も変わらず活動の拠点となっている。高齢となった泉は、これまで生活していたフィンランドを離れ、仕事のために一年の大半を日本のこの家で過ごすようになっていた。

緑が丘は東京都心から南西部に位置し、静かな街並みが広がっている。脇道を一本入った尺地に、泉よりも年を重ねた二階建ての家がある。砂道や路地、木の葉茂る牧歌的な街並みは、時とともにアスファルトで覆われた交通量の多い道路になり、芋畑があった場所には商店やパン屋が立ち並ぶ。

泉の自宅から十分ほど先に、最寄りの緑が丘駅と自由が丘駅がある。これらの路線は、絶え間なく往来す

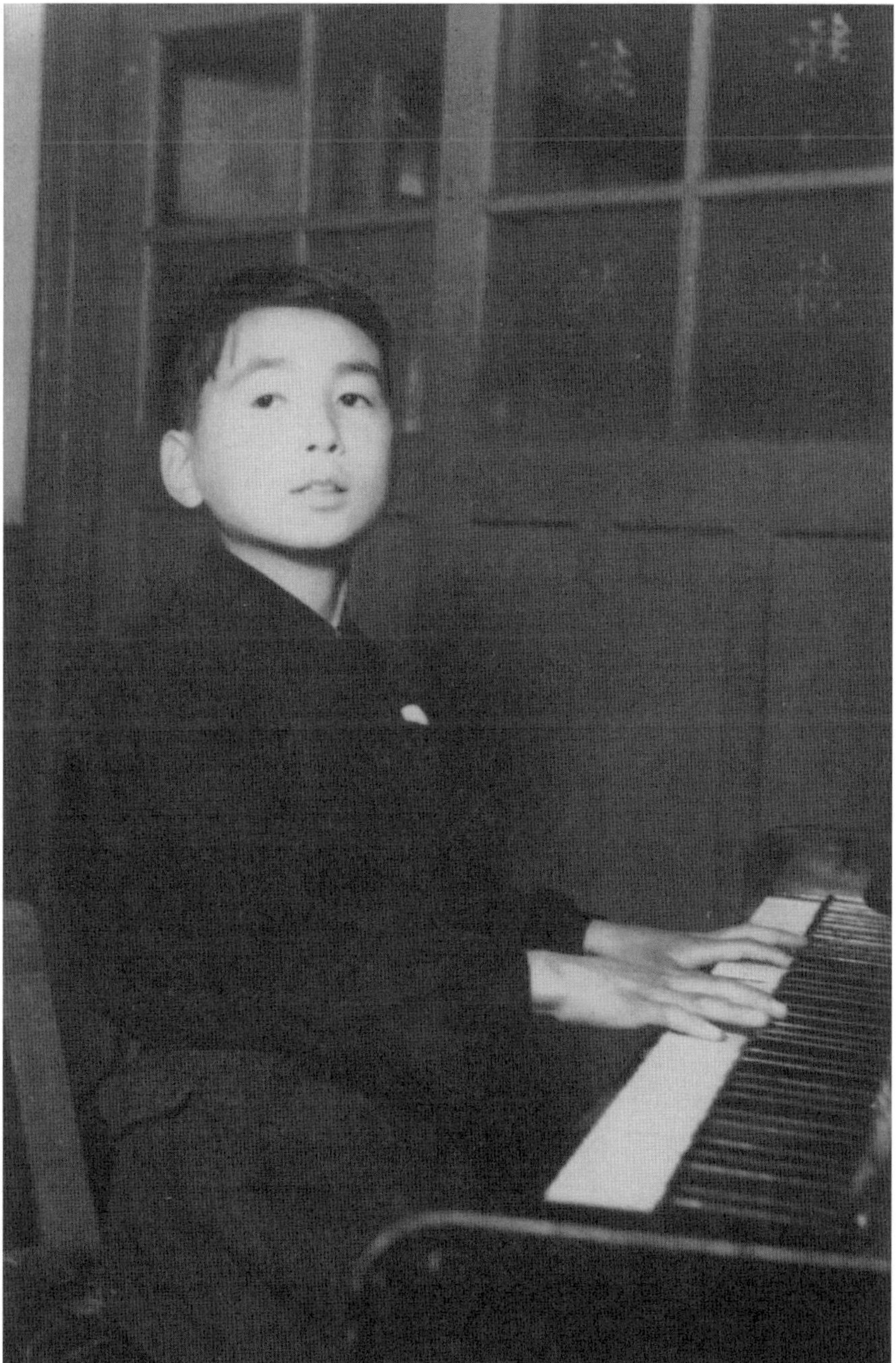

る人々を運ぶ近隣の交通の要所であり、都会の息吹だ。面積が小さい東京では、都市上空に窮屈な高速道路が網の目に張り巡らされ、更に上を目指すように過去十年の間に数多くの超高層ビルが建設されている。晴れた日には高層ビルの展望台から日本最高峰で霊峰の風景、つまり絵に描いたように雪を頂く富士山を眺めることができる。泉が幼かった頃には小さな木造家屋の庭や路地だけでなく、小川の辺りや川端からも周辺地域を見渡すことができた。密集して暮らす住宅地では、都会にあっても当時はまだ田舎のような牧歌的な雰囲気が感じられた。

時間が穏やかに流れ出した頃、泉はちょうど昼寝から目覚めた。ほんの数時間前まで慌ただしく北海道から東京に向かう機内にいた。記念公演として企画された九日間の過密なコンサートツアーが終わったばかりだ。日本とフィンランドが国交を樹立してから百周年を迎え、両国で多くの記念イベントが企画されたのだ。これに先立って駐日フィンランド大使館は両国の架け橋として活躍する日本人六名を親善大使に任命した。舘野泉に白羽の矢が立つのは至極当然のことだ。音楽の分野で彼は圧倒的に影響力を持つ人物であったし、両国間の交流を体現化することのできる稀有な存在だった。これまで両国の架け橋となる公演をいくつも手がけ、それを発展させた功労者として、また新たな交流の開拓者として六十年近いピアニスト人生と同じぐらいこの役割を担ってきた。当時はこのような交流は皆無に等しかったが、さまざまな段階を経てクラシック音楽の分野で両国間の交流は昨今盛り上がりを見せている。

西洋ツツジが道端や公園で咲き誇り、舘野家の庭では紫陽花が山茶花《サザンカ》や海棠《カイドウ》に紛れて顔を覗かせている。日本各地で日差しが容赦なく照りつける。夏の訪れを阻むかのように日本はこれから梅雨の時期を迎えようとしていた。公演終了後もスーツケースは手付かずのまま、すぐに訪れる移動に備えている。演奏旅行が終わり、フィンランドで休養をとる季節が近づいていた。フィンランドに発つ前に泉は年季の入った写真をいくつか私に見せてくれた。この写真が撮られた当時、日本の家庭で鍵盤楽器が奏でられることは稀だった。端が折り曲がった古い写真の中から泉は白黒の家族写真を一枚抜き取った。着飾って写真に写る十二名。女性と膝に抱かれた幼児は着物を羽織り、男性はスーツを着ている。少年は首までボタンのある海兵隊の軍服のような学生服を身に着けている。写真の右側で正座している若い女性が泉の母親の光で、左側で男の子を膝に抱えているのが父親の弘、そしてこの男の子がおそらく幼い頃の泉だろうと私は思った。

「違う、違う」と泉は首を振る。「このときまだ僕は生まれていないよ。ここに写っているのは母方の家族でね、この眼鏡をか

泉の父と母が初めて室蘭を訪れたとき。一番右が母 光、一番左が父 弘

かけている人が祖父の小野誠で、その右側が祖母のかつ。ここに写っている子どもは年齢が離れているけど、みんな母の兄弟姉妹なんだ」。目頭が熱くなったのか言葉を詰まらせながら泉は話を続けた。

「祖父母はとても仲が良くてね。残念なことに五十代半ばで祖父は亡くなってしまって、かつ婆さんはぼやいていたよ。愛している、愛しているって散々言っていたのに先立たれたからね。十人の子宝に恵まれたのに、さっさと黄泉の国に行ってしまった。理不尽な話じゃないか」

泉の母、舘野光（１９１４〜２０１１）は、小野家の長女として宮城県仙台市で生まれ、幼少期を北海道の室蘭で過ごした。泉の祖父、小野誠は手術が上手で、当時日本の三大名医の一人に数えられた眼科医だ。室蘭ついでに泉が祖父の逸話を面白く語ってくれた。

「誠は酒を飲むのが好きで、ほろ酔い気分になると電信柱に登る癖があった。交番の駐在さんが降りるように説得しても、一向に降りようとせずに電信柱の上でご機嫌になっている。小野先生が登って降りてこないから諭してくれと、駐在さんからかつ婆さんに注進がよくあったらしい」

小野家の日常に触れると何気ない話にも人を和ませるような洒落が散りばめられている。いついかなるときも真剣であれというよりは、心にゆとりを持つ好奇心がとても強い家柄のようだ。それは当時としては裕福で教育を受けることができたことを物語っている。「大体みんな医者でね」と泉が補足してくれた。

写真にもう一世代前、つまり泉の母の祖父母が写っていたならば、そこに写る小野家の人々は、当時の日本国民誰もがそうであったように歴史の転換期を生きていた。「母方の小野家は、１８６８年の明治維新まで７代にわたって、仙台伊達藩の能楽を司ってきた家系で[3]」と母方の家系の歴史を端的に泉が教えてくれたが、それは当時の政府が目指した西洋化の流れに抗うものであった。

能は日本の歴史の中で何世紀にもわたって日本人が蓄積してきた伝統文化そのものだ。明治維新は伝統的な日本文化から西洋化に向けて舵を切った。能は神秘的で言葉を削ぎ落とした象徴的な世界。相反して明治維新は現実的で理性による迅速な改革。舘野泉の祖先にとって能楽は日常の音風景であった。しかし、なぜ東洋の国として日本が最初に西洋音楽の分野で地位を築くようになったのか。明治維新の近代化がそれを教えてくれる。

日本語の分からない私に能楽の謡を解することができるであろうか。そもそも日本語の古文を学ぶだけが唯一能を紐解く鍵にはならないのではないか。能は荘厳で伝統的な要素を含み、その究極の美学は言葉を超越している。この美意識を表すために「幽玄」という用語まであるくらいだ。ゆったりと、そして洗練された謎めく謡の世界は、あの世とこの世、そして過去と現在を問わず現実を映し出す。仮に時間や空間、または論理的かつ合理的な思考に縛られているならば、その現実に分け入ることは不可能だ。俳句の世界と同様に直感的な経験を介して能の世界は開かれる。

舘野泉の母方の小野家は代々舞台に登場する音楽家だった。能の語りと音楽は切っても切れない関係にあり、囃し方もまた舞台では一役を担っている。能における音風景とは、能楽師による掛合、叙唱を思わせる謡、物語を繋ぐ地謡や舞、そして囃子の演奏にあたる囃子方から構成され、三つの鼓と能管で囃し立てる。三人の鼓方による掛け声は五番目の楽器と称され、拍子をとる合図になっている。

能楽には何世紀にもわたる伝統が受け継がれている。そしてそれは時代とともに武士道の精神と結びつき、武士の主体性を育む一端を担っていた。公家文化における雅楽や歌会のように武家文化にとって能楽は欠かせない嗜みのひとつであった。

「能は素晴らしい芸術表現で、尊ぶべきものがたくさんある」と泉は穏やかな口調で話した。この含蓄ある言葉に続けて「能は面が大事でね。洗練された動きと面が相まって大きな世界が生み出される」と評した。

舘野泉の両親は、近代化の波が勢いよく押し寄せる時代に青年期を過ごした。依然として伝統的な世界との繋がりが色濃く残る時代ではあったが、生活の端々に新たな選択肢が溢れ、先祖代々受け継がれてきた能楽に対する光の関心も次第に薄れ始めていた。「母には能が長たらしくて退屈に思えていた」と泉の口元が緩んだ。泉が学生時代を過ごす頃には既に西洋の音楽は日本で珍しいものではなくなり、日本古来の伝統的な音楽はもっぱら祝事の際に奏でられるだけになっていた。

１８６８年に始まった明治維新は、日本の歴史の大きな転換期となった。改革が進むにつれて、武士も含め厳格な階級に基づく鎖国的な社会体制を敷いた江戸時代は終焉を迎えた。近代化を推し進める過程には確固たる政治的な意図があった。帝国主義の台頭していた当時、列強諸国の植民地になることはどうしても避けたかったのだ。国の統治者に明治天皇が担がれ、日本の近代化の旗手として役割を果たす。この治世が進むにつれて近代日本は、西洋の政治、教育及び経済制度、更には産業と技術を導入する。

しかし、すぐれた文化や芸術を語るとなると、日本が古来より育んだ豊かな文化にも配慮しなければならなかった。今後の音楽教育の指針が、役人であった伊沢修二の元で協議され始め、まずは唱歌に西洋の音楽が組み込まれた。１８８０年代には『小学唱歌集』が出版される。唱歌集には伝統を重んじる国らしく日本の伝統的な歌謡が多く取り上げられている。唱歌の一部には明らかに西洋由来の曲もあるが、幾つかの旋律は東洋的にも西洋的にも聴こえる。それらは長音階と短音階の変奏曲で、五音音階のひとつであるヨナ抜き音階に基づいている。旋律法は西洋音楽の和声の考えに結びついているけれども、ヨナ抜き音階を取り入れることで日本の伝統的な音楽の心象を残したかったのだ。

異国の音楽を受け入れることは一筋縄ではいかない。上位文化に位置づけられる西洋クラシック音楽よりも、まずは庶民が親しみやすい音楽のほうが受け入れられやすかった。ともあれ音楽の西洋化も日本の近代化政策の一環として意図的に動き出す。音楽教育の発展を目的に音楽取調掛が１８７９年に文部省内に設置され、その最初の目標は日本の伝統音楽家に西洋音楽を学ばせること、更に西洋音楽をいかに効率的に日本の文化に取り込むことができるのかを探ることにあった。１８８７年に東京音楽学校が設立され、同年に設立された東京美術学校とともに１９４９年に東京藝術大学に包括された。東京藝術大学は国立大学であり、日本の音楽大学の中でも最高峰に位置づけられている。

歴史的な転換期となった明治の近代化によって、小野家も西洋音楽の影響を受け始める。舘野泉の祖母かつはヴァイオリンを弾いた。おそらく彼女は日本におけるヴァイオリン愛好家の先駆けだ。当時を物語るように、かつはヴァイオリンを弾くときはいつも自宅の畳の上で正座をしながら弾いていた。「祖母は母に日本の伝統的な音楽、つまり箏や三味線の演奏を習わせたかったみたいだ。でも、母は嫌いな習い事から逃げて押入れに隠れてしまった」と泉は楽しそうに話した。実のところ光は画家になることを夢見ていた。しかし、当時の教育理念においてそれは夢物語として真剣に受け入れられることはなかった。

「絵描きは貧乏だし、落ち着いた生活をすることができない。女児が近づいていい世界ではない。危険だ」

夢を諦める代わりに小野誠は娘にピアノを買ってあげた。本州から船で室蘭へ運ばれたピアノは、少なくとも室蘭で個人宅用に購入された最初のピアノだっただろう。「母は室蘭高女に通っていて、そこにはノルウェー人の女の先生がいた。先生は何かというとシンディングの『春のささやき』を弾いていた」。当時室蘭にはピアノの先生はいなかった。小野光は基礎的なことは独学で身につけ、東京の音楽学校に入学してようやく本格的な音楽教育にありつけるのであった。

泉は父方の家系のことを母方の家系ほど詳しくは知らない。詳しく調査してみると、父方の家系は江戸時代に何世代にもわたって庄屋をしていたようだ。しかし、栃木県の間々田出身の舘野弘（1907〜1986）と九人の兄弟姉妹も例外なく明治の近代化に翻弄され、生活が一変したことは言うまでもない。

間々田は思川沿いの町で、現在は小山市へ編入されている。川の対岸に戦時中に疎開先として舘野一家が数か月を過ごした間中の村落と農家がある。それから数十年後の8月4日に泉が農家を訪れると、桑の木が当時と同じところに植えられていた。この訪問もすでに十年も前のことだ。お世話になった福田家はまだ養蚕業を営んでいた。そして2022年の11月11日に宇都宮で演奏会があった泉は、演奏会が終わったあとで間々田を訪れた。そのときに妻マリアと長男夫妻も初めて泉が幼少時代に過ごした疎開先を見た。その際に初めて福田家と親戚関係にあったことを聞いたのだ。泉の祖父福田為三郎はこの農家で生まれ、結婚後に妻の姓である舘野を名乗ったのだそうだ。

1929年に東京練馬の一画に武蔵野音楽学校（現武蔵野音楽大学）が設立された。チェロの演奏を学んだ舘野弘とピアノの演奏を学んだ小野光は、この学校の第一期生にあたる。この学生時代の出会いをきっかけに彼らは愛を育み、東京南部の静かな緑が丘に住むようになった。彼らが生涯大事にし、次の世代へ託した家訓は、舘野弘が独身時代に夢見たことだった。「結婚して子供が出来たらみな音楽家にするんだ。音楽をやるほど幸せなことはない」[4]

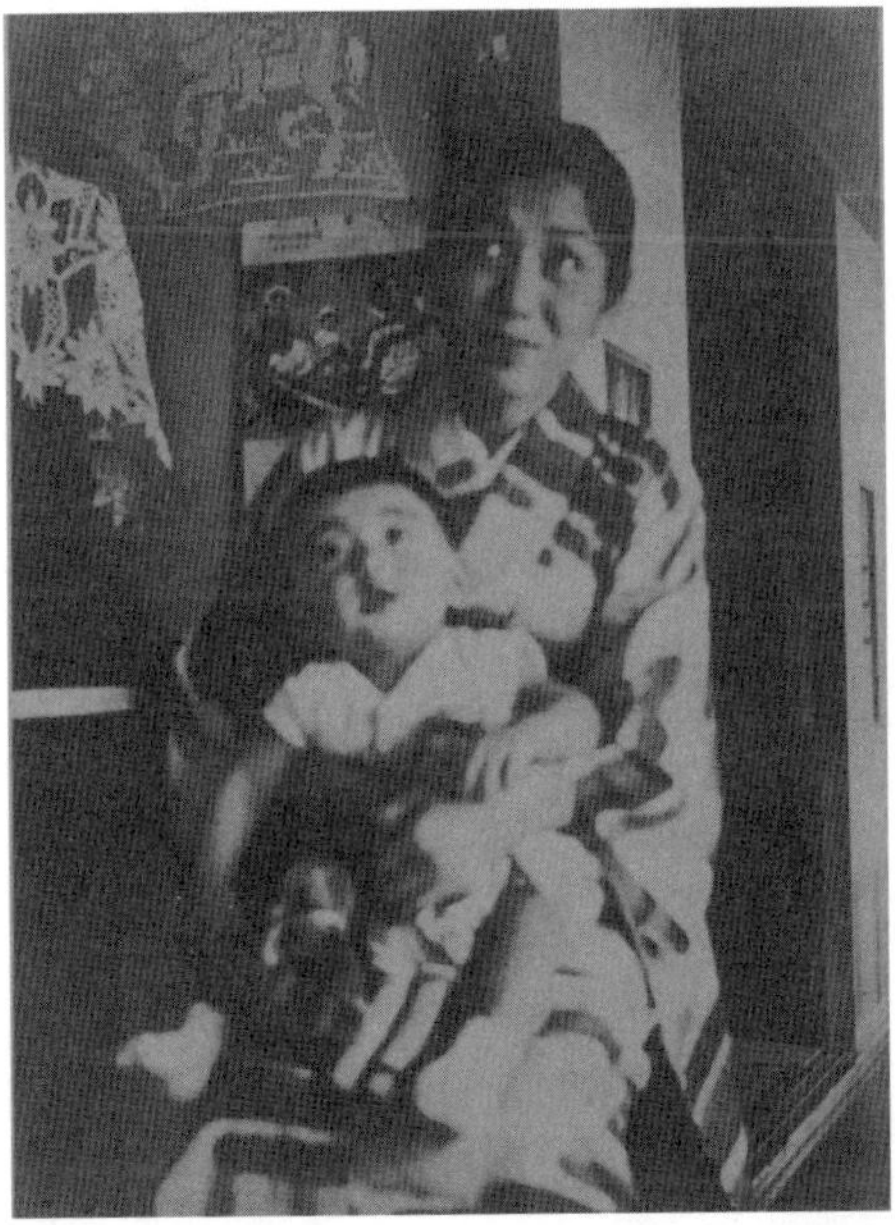

泉、母とともに

泉、父とともに

父の語り聞かせでピアノを始める

1911年に皇居近くに日本初の西洋式演劇劇場である帝国劇場が開場した。劇場ではミュージカルやオペラの公演に力を注ぎ、それにより商業音楽の扉も開くことになる。これまで公演といえば一部の特権階級を招いた閉鎖的な世界であり、言い換えればコンサートを鑑賞するためには、招待されるか、西洋の音楽関係者と繋がりを持つ必要があった。帝国劇場で公演が行われることで一般の国民も入場料を支払いさえすれば公演を鑑賞することができるようになった。1936（昭和11）年に帝国劇場で初演されたフリードリヒ・フォン・シラーの戯曲『群盗』を演奏するオーケストラの中に舘野弘がいた。彼は西洋で磨き上げられた音楽を学ぶことができた第一世代ではないが、西洋の伝統ある音楽の門戸が次第に開かれ、西洋音楽を生業とする音楽家が日本で輩出された時代を生きていた。

果たして帝国劇場でチェロを演奏する舘野弘は、その歴史的な経緯や文化的な重み、プロの演奏家としての役割を深く考えているのだろうか。このときはそれどころではなかったようだ。いつも気さくな若きチェリストは与えられた仕事を誠心誠意行う。しかし仕事を終えると彼の頭には音楽以外のことが駆け巡っていた。夜遅くに緑が丘の自宅に帰宅すると、妻の横で男児を薄暗い月明かりが照らしている。舘野家に第一子が生まれたのだ。

幸運に恵まれるように「多吉」にするか、人の幸せの為に「為吉」にするか。子どもが生まれた翌日には家族で名前を授ける。弘の姉が名前の候補を二つ、紙に筆書きして持ってきてくれた。思いを込め、筆を走らせてくれた名前であったが、母親である光は断固として反対した。息子の名前は母の希望によって詩的な名前「泉」に落ち着いた。

舘野の家では一般の家庭にあるような先祖を供養する仏壇も、神様を祀る神棚もなかった。舘野光は伝統や慣習など型にはまったことを好まず、因習や慣例に縛られることを拒んだ。舘野弘は伝統的な生活習慣を苦にしていたわけではないが、自律した生活を望む妻の意思を受け入れることにした。

社交的な弘とは対照的に、光は控えめで寡黙な女性であった。しかし、芯は強かった。言葉より生き方や行動に意思が現れる人だ。たとえば母親かつは伊達藩の藩医の娘であり、親族は医者ばかりであったけれども、彼女は薬を毛嫌いし、からだの自然治癒力を高めると信じて健康的な食事や精神面の健康に気を配った。

うら若き母は本の世界に浸るのが好きで、本の虫と言っていいほど本をこよなく愛した。初子である泉も母と同じように本が好きな子に育つ。妹の晶子が1939年に、弟の英司が1940年に家族に加わった頃に3、4歳になっていた泉は既に読み書きに励んでいた。末っ子の悠子が1943年に生まれたときに、六歳だった泉は緑ヶ丘国民学校（現東京都目黒区立緑ヶ丘小学校）に入学した。

日本も含め世界中が不況に陥ってはいたが、学校では通常通り授業が行われていた。普段通りの生活を送っている限り、子どもにとって世界中の不況などどこ吹く風。唯一感じるとすれば日々の貧しい生活だった。舘野家には、数台の楽器、幾冊の楽譜と本を除けば、生活必需品以外は何もない。ラジオも蓄音機も電話もなく、食料も不足していた。しかし、あどけない少年にとってはそれで十分であった。そもそも彼はぜいたくなど知らないのだから。

この子はいつも首をかしげて別の世界にいるようで、いったい何を考えているのだろうと弘は不思議に思っていた。まったく手のかからない子で、一人で放っておいても、二時間でも三時間でも自分の世界に

母に抱かれる泉

浸っている。そのことで担任の先生から母が繰り返し呼び出されてしまう。先生はただただ泉の行動に我慢できず、「お子さんはいつも窓から外を眺めて、私の授業に興味がないみたいだし、試験の答案用紙を書かないし、授業中に質問しても聞こえていないようで、何度も指されてやっと気がつくんです。耳の検査をしたほうがよいと思います、習字はどうしていつも紙からはみだすんでしょう[5]」と母に告げるのであった。

息子は夢想家だ。確かに夢見ている。両親も同じことに気がついていた。しかし、成長期の子どもを叱ることはせず、舘野光はむしろ「いいよ、字なんか紙からはみ出すくらいの方が面白いよ」[6]と言った。一度、先生は生徒たちが描いた花の絵を七つ選んで教室の壁に貼りだした。そのうちの六つは正確で、お手本に忠実に描かれていたが、最後にあった泉の絵はお手本とは関係のないまったく別の世界だった。それでも光は嬉しそうに「とてもいい絵だったよ」と喜んでくれた。

泉は小学校に入学する前、正確には五歳の5月5日からピアノを習い始めたと父から聞いている。音楽に囲まれた家庭で育つ泉はそれ以前に両親の手ほどきを受けていたかもしれないが、端午の節句を区切りに正式に音楽を習い始めたことにしているのだそうだ。

子どもが夢想の世界に浸っているなら、その世界がピアノの鍵盤で鳴り響くはずだ。弘は即興で物語を語り聞かせながらピアノを息子に教えた。息子は悲しい場面になると頬に涙が流れるぐらい物語の世界に没入してしまう。教える側の弘には子どもの心の動きに入り込む能力がある。一方、教わる側の泉には物語の世界に入り込む能力がある。曲調が明るい方向へ変わると泉の表情は晴れやかになり、新しい喜びの世界に入っていく。

泉は外遊びが好きな手のかからない子でもある。草野球ではピッチャーで四番を務めた。蜻蛉を捕まえて

晶子、英司、悠子、そして泉

いなければ、近所の子と相撲でもしている。ピアノを弾くために外からきちんと約束の時間に家に戻ってくる。泥だらけになった足を玄関のバケツの水で洗い、外遊びと同じぐらい熱心に音楽に没頭する。泉によれば「でもべつに英才教育といったものではなく、自然に音楽を呼吸していた感じ」[7]なのだ。「幸せな時間」、彼の幼少期を表現する言葉はそれ以外には見当たらない。東京に忍び寄る脅威ですらこの幸せを覆い隠すことはなかった。しかし、泉が小学三年生になると状況は一変し、明らかに脅威が迫っていることを実感する。爆撃機が東京上空に飛来し、学校を休む生徒が増えてくる。疎開が始まったのだ。

近所に紙芝居が来ると太鼓の音が響く。お小遣いを持っていない泉は紙芝居を目の前で見聞きすることはできないと知っていたけれど、いつも我先にと駆け出した。紙芝居を見聞きするには水飴を買うのが暗黙の了解になっている。紙芝居師はそれで生計を立てている。麦わら帽子を被った紙芝居師が木製の台が据えられた自転車でやってきて準備をしている間、泉は少し離れた場所で待ち、そして紙芝居が始まると聞き耳を立てるのだった。紙芝居の叔父さんも商売人だ。話が盛り上がったところでその日はおしまいとし、翌日またお小遣いを握りしめた子どもたちが話の続きを聞きに来るのを待つのだった。

戦後の日本に関する記述は、だいたいどれも同じ内容だ。戦争によって抑圧された自由への渇望は、文化に飢える国民の背中を押す。つぎはぎだらけの服と破れた靴を身に着け、食べるものにも事欠く毎日であったが、街角や街頭演奏、荒れ果てた集会所ですら集いを求めた人々で溢れていた。物語を読んでも、写真を見ても、音楽を聴いても腹は満たされないが、心の糧となる時代だった。

時代とともにクラシック音楽が贅沢であるという印象は薄れ、戦後復興が終わる頃には中流家庭でも楽器を買い求めた。ピアノは富の象徴ではなくなり、嗜みと位置づけられた。とりわけピアノを趣味とするのは女の子がほとんどだった。

舘野弘と光は自宅で「嫩葉音楽ピアノ教育研究所」を開いてピアノとチェロを教えていた。多いときには週に百人くらい生徒が通っていた。そして「我が家の兄弟四人が練習する場所を作るためにお風呂場をつぶし、お風呂には父に連れられて近くの銭湯に通っていた」と泉は当時のことを話してくれた。

「母は傍目には厳しい先生だと思われていたようだが、あまり教えることが好きではなかったようだ。でも父は優しくもあり、子どもの世界が分かる人で慕われていてね。父の昔の生徒さんたちが、今でも私に手紙やちょっとした手作りのプレゼントを送ってくれる」

明るい性格で、子どもたちとも打ち解けて話せる舘野弘は、音楽教室での指導や劇場での演奏に加えて、室内楽の演奏をして生計を立てていた。連合国軍の占領下にあったときは進駐軍のダンスバンドで演奏し、夜の社交場を盛り上げたこともあった。そして歌舞伎好きとは、まさに彼のための言葉であるかのように弘は歌舞伎を好んだ。適度に誇張された現実感のある劇が彼のお気に入りなのだ。劇場でタンゴを見て感激したときは、家に帰り、緑が丘の自宅の床間でタンゴを踊ってくれた。泉や妹や弟は「もっとやれやれ」と喜んで囃し立てる。深夜に訪問先からの帰り道、父は子どもたちを一列に並んで歩かせて、「みんな、はとぽっぽを歌って帰ろう」と提案して、子どもたちも喜んで「はとぽっぽ」を歌って帰った。

音楽は多くの旋律と音色で戦後の日本社会を華やかにしたが、舘野家で音楽は空気を吸うようなものだった。泉はピアノ、晶子はヴァイオリンを弾き、英司はチェロを、悠子はピアノを習い始めた。泉が自分の練習を始めると、その横で弟が学校の宿題をしていたり、妹が音楽に囲まれて昼寝をしていたりする。「周りに誰かいたら何もできない、集中できないというような神経質なもの」[8]ではなかった。「演奏家として旅が多い日常で、幼少時のこの経験は大きなプラスになっている」[9]と泉は後に語っている。

戦後復興しつつある日本は、これから育っていく若者のことも忘れてはいない。毎日新聞社が主催する全日本学生音楽コンクールが1947年に開催された。国民の中にどのような才能が育まれているのかを見聞し、好楽心の高揚とそれに伴う演奏技術に資するため音楽コンクールが企画された。日本はこのようなことに関しては随一の国だ。国はその当時本当に貧しく、恐ろしいほどの混乱の中にあった。「戦争で何百万という人を死なせ、日本は荒廃した。それなのに、子供たちのための音楽コンクールを開くという[10]」と感動に声を振るわせながら泉は続けた。

十歳にしては小柄だった泉は、この大会の前身となる学徒音楽コンクールに参加したとき、緑ヶ丘国民学校の四年生だった。ペダルに足が届かず、父がスリッパの裏に厚いフェルトを継ぎ足してくれたものを履いて演奏した。コンクールではクロード・ドビュッシーの『子供の領分』を演奏し、それにはペダル操作が必要だったからだ。演奏は審査委員の高い評価を受け、小学生の部で第二位に入賞する。

表彰式は当時最高峰のコンサート会場であった日比谷公会堂で行われた。関東大震災復興のシンボルとして荒廃した東京に1929年に竣工したこのコンサートホールには、プロの音楽家が脚光を浴びる同じ舞台にプロを夢見る若手演奏家を立たせ、唯一無二の経験を提供するという将来を見据えた使命があった。

遊び盛りの泉は、将来プロの演奏家として脚光を浴びることになるなど、このときに想像していただろう

父と泉

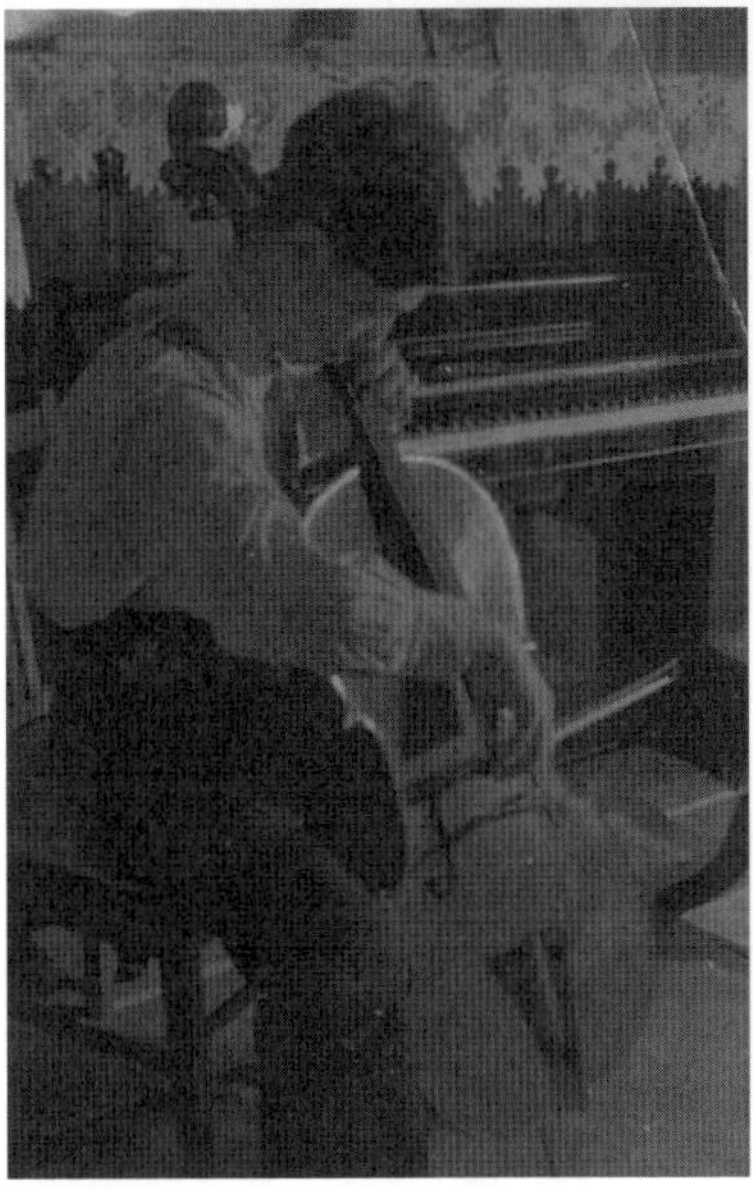
舘野弘

嫩葉音楽ピアノ教育研究所の入り口付近に立つ泉

か。受賞者の記念公演の順番を待っている間、泉は他の子どもたちと控え室で走り回っていた。出番が来て、最終曲の『ゴリウォーグのケークウォーク』を弾き始めた頃、トイレに行きたくなり、終わるや否や聴衆にお辞儀をすることもなく慌ててトイレに駆け込んだのであった。

泉はその頃、ニュース映画にも撮られたことがある。当時まだテレビはなく、ニュースは映画館に観に行くものだった。そのニュース映画は全国の映画館で上映され、人々はそれを観た。まだ足もペダルに届かない小さな少年がドビュッシーを弾いている様子が、ニュース映画として多くの人々に感銘を与えた。

ある日小学校に大学生のグループが訪れる。彼らは才能豊かな小学生ピアニストの噂を聞きつけて、何か曲を弾いてほしいと頼みに来たのだ。先生が上の階に向かって「おい、舘野君」と呼ぶと、泉が勢いよく階段の手すりを滑り降りてきた。大学生たちが「何か弾いてくれる?」と聞くと、泉は「うん、いいよ」とこっくりをして、ドビュッシーとモーツァルトを弾いた。大学生たちは、泉の自宅に足繁く通うほど彼の演奏に魅了されてしまう。「彼らは音楽に飢えていたんだ。当時はみんなそうだった」と泉は笑う。

四歳年下の弟、舘野英司は兄の泉と一緒に過ごした幼少時のことを次のように回想する。

「兄には何か特別なオーラのようなものがあってね、どこに行っても人々の注目を集めていた。兄は真面目で学校から帰ると一日四時間もピアノを練習していて、練習が終わると本を読んでまったく自分の世界に入ってしまう。他の子どもたちが寝静まると、毎晩兄は両親と仲よく何かを話していた。父も母も明らかに兄のことを自慢の息子と思っていたよ。だからきちんと教育を受けさせたかったんだと思う。小学校を卒業して慶應義塾普通部に入れているからね」

一方、舘野泉は「ごく普通の子で、特別な注目もされていない。興味があることばかりに集中していた。

双葉ピアノ教室の発表会。前列左端が泉

1943 年 5 月 16 日、丸ノ内産業組合中央会館講堂にて。数え年で 8 歳の頃

それ以上のことは何もないよ。のびのびと生きていられた」と自分の幼少時のことを振り返った。「成功も失敗もたくさん重ねてきた。でもそれは結果であって、成功自体を夢みたことも失敗を恐れたこともない。心魅かれることをしてきただけである」[11]

学業、先生、憧れの巨匠たち

ポーランド人であるレオニード・コハンスキー（1893〜1980）が日本に着任する。彼は1910年にライプツィヒ音楽院を首席で卒業したピアニストだ。ベルリンでの教職に加え、彼はとりわけヴァイオリニストの兄パウル・コハンスキーとともに演奏家としての経歴も重ねていた。アルトゥール・ルービンシュタインとのデュオ演奏で世界的な名声を博した兄のパウルと同等の名声を、演奏家としてレオニードは受けることはなかったが、その代わりに一流の指導者として高く評価されている。レオニード・コハンスキーは、1925年から1931年まで東京音楽学校の教授を務めるために来日する。

コハンスキーは当時の東京音楽学校の様子を『月刊楽譜』（1931年1月号）で次のように評している。

「私が六年前に初めて来朝致しました頃の日本の洋琴界は可成り幼稚なものであり、又其の教授法も種々の點で不備を極めて居た處があった様に思われました。なかでも、洋琴教授法の最も大きな誤りは、教師が生徒の技倆に添わない誤った樂曲を教えて居た事で有りました。當時の教師達は、自分が持つてゐる樂曲の範圍が非常に狹かった。而も其等のものは、教師自身の修練の爲使用されるものであつたので、生徒達にとつて容易ならざるものであつた事は云ふ迄も有りません。而も此等の樂曲は何時も決り切つてゐて、どの教師も大抵同じ様な曲ばかりを生徒に與へたもので有ります。ですから、誰でもベートーヴェンの『ムーンライト・ソナタ』だとか、『パセテツク・ソナタ』だとか云ふものばかり彈かされて、ブラームスやシューマンなどは滅多に教へられなかつたのです。況はんや、現代樂曲は全然没却されてしまつた形でありました」[12]

「此の六年間に於ける御國の樂界の進歩は、實に驚異すべきものがあつた様に思われます。（……）先生や生徒達は、外國の教師や學生と少しも遜色がないと云ても過言ではありますまい。それ故、恐らく今後五年間に於ける日本の樂壇の進歩が過去五年と相違なきものでありましたならば、否、勿論それ以上の發達を示すでありませうから、恐らく其頃には、日本の樂界は、全世界の敦れの樂壇中心地とも匹敵す可き素晴しき活躍を示すに至るでせう」[13]

コハンスキーが離日してわずか一か月後、東京音楽学校は客員講師としてレオニード・クロイツァーを招く。彼は『月刊楽譜』（１９３１年６月号）でこのように語っている。

「多くのピアニストは只綺麗に彈く事のみ目的として、それを唄ふと云う事をしない、それ故その演奏が内容のない氷の様に冷たいものとなつてしまふ。日本人の如き多感な國民として似合はしくない」[14]

クロイツァーの初来日は、レオ・シロタ（１８８５〜１９６５）が東京音楽学校の教員であった頃と重なる。１９２９年にコンサートで来日していたシロタは、本来は数か月間だけ日本に滞在する予定だったが、世界情勢により、つまりシロタがユダヤ系であったこともあり日本に残り、１９３１年にコハンスキーの後任として東京音楽学校の教職に就いたのであった。サンクトペテルブルグ音楽院で学んだ後に、彼はフェルッチョ・ブゾーニに師事した。シロタは十五年間日本に滞在し、第二次世界大戦が終結しようやく日本を後にした。一方、クロイツァーは１９３７年に生活の拠点を日本に移すことを決意し、亡くなるまで日本に定住した。

このようにして当時高く評価されていた二人のピアニストが、音楽の本場である欧州を遠く離れ、日本の地で音楽界に十年以上にわたって影響を与えることになった。彼らは世代を代表するピアニストで、時を同じくしてサンクトペテルブルク音楽院で学び、１９０５年にパリで開催されたアントン・ルビンシュタイン国際ピアノコンクールに出場し、演奏家としてだけでなく教育者としても実績を残した。この一連の流れの中に豊増昇（１９１２〜１９７５）がいる。彼はコハンスキーとシロタに師事し、東京音楽学校とベルリン高等音楽学校で学んだ。少年から青年へと成長した舘野泉も本格的にこの流れに加わることになる。

舘野泉は、十一歳のときに豊増昇に師事しピアノを続ける。豊増は日本人として初めてベルリン・フィルと一緒に演奏したピアニストである。当時、泉の家の近くに住んでおり、泉がレッスンに歩いて通うほどであったが、歴史的な視点で見るとこの修行の道は日本のピアニズムを最高峰まで導く長い道のりでもあった。「先生の家には何もなく、がらんとしていた」と舘野泉が豊増先生の自宅に最初に訪れたときのことを語る

豊増家の年末の集い。中央が豊増昇先生、前列右から泉、豊増翼、龍子

緑ヶ丘小学校５年生。演劇チームで家を失った戦災孤児を演じた。
前列左から２番目が泉

緑ヶ丘小学校６年生。前列左から２番目が泉。みんな素敵な笑顔だ

ように、戦争が残した過酷な爪痕は、その時代の記憶に染みのようにこびりついている。不足とは結局のところ物質的なことでしかないが、豊増先生の指導には精神的な温もりがほどよく満たされていて、自分の子どものように可愛がってくれた。「先生は私のことをスモール豊増と呼んでくれて、好きな曲を弾かせてくれた」、「先生が私の演奏に口出しした記憶がない」と泉は教えてくれた。

泉はあらゆる音楽に興味を示していた。しかし、ドイツ音楽の専門家として評価されている豊増先生は、自分が得意とするバッハやベートーヴェンの音楽を弟子に伝えようという強い意欲を示さないのだ。どうしてなのか。「たぶん先生は私の性格を知った上で、別のレパートリーのほうがもっと私に適していると感じたのでしょう」。それはその通りとなった。

スケール練習なども豊増先生は普段のレッスンで泉にやらせようとしなかったが、泉の母がレッスンの様子を参観に来たときは別であった。何を思ったか先生が突然泉にスケールの練習をさせる。スケール練習を淡々とこなす姿を見せることで、習熟の早い才能豊かな息子という印象を母親に与えたかったのかもしれない。すんなりと弾いてくれればよかったが、先生の思惑通りにはならなかった。「当然、できるわけもなく」[15]と泉は手を叩いて大笑いしながら当時のことを話してくれた。「普段は優しい豊増先生が怒り出してね」。息子にいつも優しく接してきた母も困惑を隠しきれなかった。光は家に着くまでずっと機嫌が悪かったそうだ。「でも、次のレッスンに行ったとき、スケールのことは一言も話題に上らなかった。もっと厳しい練習をしなければということもなく、音楽を自然に続けていくようにレッスンが続けられた」

年とともに、泉はもっと変化に富んだ多彩なレパートリーを持ちたいと思った。先生に自分の望みを伝えると、先生はだいぶ悩んでいたが、モデスト・ムソルグスキーの組曲『展覧会の絵』、そしてエンリケ・グ

ラナドスの組曲『ゴイェスカス』を提案してくれた。それらは当時、ピアノのレパートリーとして一般にはそれほど知られていなかったものであり、もちろん豊増先生も演奏していないものだった。だから、泉はそれを教えてもらうのではなく、自分で切り開いて勉強していった。その年から自分のレパートリーに入れて、そしてこの二つの作品は舘野のもっとも中心的な大事なレパートリーとして、舘野が脳溢血を起こし、両手で演奏できなくなるまで続いた。「大きな世界が開けた」と泉は学生時代の特筆すべき転換期を表現する。

しかし、大きなステージへの道を開くには、偶然の介入も必要だ。この時期に豊増昇はバッハ・コンクールの審査員としてドイツに招待され、ドイツに長期滞在することになる。豊増は十六歳の泉をコハンスキーに預けることにした。

これを転機に泉は、ショパン、リスト、ラフマニノフ、シューマンなど偉大なロマン派の作曲家や技巧を要するブラームスのピアノ曲、そしてプロコフィエフ、ショスタコーヴィチ、ハチャトゥリアン、ムソルグスキー、ヤナーチェクなどの多彩な音の世界を手にしていく。彼は全身全霊をかけてレッスンに励んだ。「コハンスキー先生の下で弾くことができてうれしかった。生き返るようだった」と舘野泉の穏やかな余韻のある声がそれを物語る。

その頃、両親が購入してくれた中古のグランドピアノも彼に励みを与えてくれた。

「うれしくて、うれしくて」と当時のことを泉は思い出す。「昼休みに往復一時間かけて、ピアノに触るためだけに家まで帰っていたほどです。おかげで、いつもお昼を食べられませんでした」[16]

泉は六年間の小学校教育を終えると慶應義塾普通部と高校に進学する。慶應義塾は日本でもエリートが通う難関校のひとつとされ、小学校から大学まで一貫教育を行っている。勉学に勤しむことはもちろんであるが、家族の経済的な支援も必要となる学校だ。

この学校は、創設者福澤諭吉（1835~1901）の教育理念を活動の原点として受け継いでいる。学校の評価も高く卒業後の就職率が高いため、大学まで進学するのが通例となっている。しかし、舘野泉は高校卒業後に東京藝術大学に進学しようと考え、内部進学を辞退することにした。我が道を進む泉は本能的に福澤諭吉の基本精神「独立自尊」を実践することになる。時流に抗うことになっても自他尊厳を守り、自分の判断と責任のもとに行動するように促す教えだ。

東京藝術大学の入学試験で泉はベートーヴェンの『月光ソナタ』を弾いた。しかし、誰もが非常に驚いたことに大学の入試に落ちてしまう。しかし、成長過程にある泉には落胆や失望など不快な感情はなかった。「たぶんその頃の藝大では僕の弾いたベートーヴェンは全然時流に合わなかったんだろう。変なベートーヴェンだと思われたんじゃないか」と舘野は笑う。外部からの期待や要求から解放された浪人生活のおかげで時間的に余裕ができたのであった。舘野泉は著書『舘野泉フォトストーリー』の中で、ご褒美となった時間を次のように語っている。「学校や勉強から離れて大好きな映画演劇、読書にも没頭出来た。野球も見に行けガールフレンドも出来、自分が好きな音楽の世界も自由に探求できた。心の赴くままに生活出来たのだ」[17]

舘野泉は1956年に東京藝術大学に入学し、安川加壽子先生（1922~1996）に師事することになる。先生との初対面の様子を自身のエッセイ集『星にとどく樹』で次のように回想している。「初めてお会いした時に、静かで優しい、明るく澄んだ大きな瞳に吸い込まれるような気がした。美しい人だと思った」「日本楽壇の良識として、そしてわが楽界のまとめ役として慕われ尊敬されながら、少しも威張らず肩を張らず、自分というものを見せつけず押しつけず、静かな平常心で公平公正に偉大な業績を積み上げてこられた」[18]

安川加壽子は洗練されたピアニズムで日本の聴衆を魅了していたピアニストだ。第二次世界大戦に至るまで日本では主にドイツやドイツで活躍する巨匠の影響を受けていたが、外交官の娘として彼女は幼少期から青年期までフランスで過ごしている。ピアノを三歳で弾き始め、十歳でパリ国立高等音楽院に学び、ラザール・レヴィに師事し１９３７年に卒業する。国際情勢の悪化により彼女は帰国を余儀なくされ、１９４６年に藝大の教授に招かれる。安川の採用は当時としては異例であった。しかし、舘野泉の記憶の中で安川は先生としてではなく、ピアニストとして生きている。

「ラヴェルのト長調協奏曲の粋な鮮やかさ、ショパンの協奏曲の華麗にして爽やかな情感を湛えた名演、モーツァルトのイ長調協奏曲の瑞々しい幸福感を忘れることができない。先生の演奏には常に華があり、聴く人を素直に幸せにしてくれた。当時わが国のピアニストとして、本当にピアノを無理なく響かせることのできた、自分の音というものをもっている数少ない一人だった。邦人作品なども積極的に取り上げ、日本の音楽家に大事な道を開いてくださった」[19]と舘野泉は先生のことを自身のエッセイ集に綴っている。

安川に師事していた舘野泉の青春の日々は、ドビュッシー、ラヴェル、ショーソン、フォーレ、メシアンなどフランスのピアノ曲に本格的に親しむ期間となった。これらの他にレパートリーには、モーツァルト、ショパンやシューマンらの数多くのピアノ曲が含まれている。授業では言葉少なに指導を行うが、「偉大なピアニストに向き合い演奏ができる、それだけでも私には大きな意味があるのです」というこの印象的な言葉には芸術家としての安川の人柄が滲み出ている。

大学三年生のときに安川は舘野泉に、コハンスキー先生にも指導を受けることを提案する。それまで自分が得意としていたフランスの作品やモーツァルト、ショパンばかりでなく、舘野にはもっと広い、そして力

慶應義塾の学生服姿の泉と
クラスメイト

東京藝術大学時代、安川クラスの遠足。
前列左から２番目が安川加壽子先生、
後列中央が泉

強い音楽をやっていく素質があると見抜いていたからだ。しかしながら、二人の教授の指導を同時に受けることは東京藝術大学の校則に反するもので、しかもコハンスキーは藝大では教えていなかった。しかし、このことにより、泉には個性的な両先生に同時に教えを受ける唯一無二の機会が訪れる。安川先生のグランドピアノが洗練された感性を泉に響かせ、コハンスキー先生はスラブ音楽の風を泉に送った。

さまざまな影響を受けていた当時、東京で行われたコンサート活動は非常に多彩なものであった。1950年代と60年代には、偉大な音楽家の演奏を聴くためにわざわざ日本から欧州へ出向く必要はなかった。「あの当時はすでに東京に多くの名だたる演奏家が訪れていた。学生時代に『往年の巨匠』たちの音楽を聴くためにコンサートに足繁く通い、それだけではなくいつもレコードも聴いていた」と舘野泉は当時のことを語ってくれた。アルフレッド・コルトー、アルトゥール・ルービンシュタイン、ヴァルター・ギーゼキング、ヴィルヘルム・バックハウス、ヴィルヘルム・ケンプ、エミール・ギレリスなどの洗練された音の響き、歌心のある個性的な演奏方法へと泉の関心は移っていった。特に興味を持ったのは、サンソン・フランソワで「素晴らしい。彼の演奏には精神と生命の純粋さ、悪魔と天使が共存している」、そしてスヴャトスラフ・リヒテルに関しては「切り詰められた内面的なピアニズム」と評した。

当時は学生がコンサートに出演することに対して東京藝術大学はまだ一定の線引きをしていた。学内で演奏することは認められたが、学外でコンサートに出演することは卒業するまで許されていなかった。学業と職業を明確に区別することが必要とされていたのだ。大学での四年間の学業を修了し、卒業演奏会での演奏を終えた舘野泉は東京藝術大学を首席で卒業する。大学を卒業して最初のリサイタルは、独立したプロのピアニストとしてのデビューとみなされる。

仮に1960年の秋に東京日比谷の第一生命ホール付近を歩いていたら、デビュー・リサイタルに備える舘野泉に偶然にも出会えていたかもしれない。「私の性格からして、特に気負ったり緊張した記憶はないが、数日前から用事もないのにホールのあたりをうろうろしたりした。そこで演奏する心の準備として、その会場に親しみをもちたかったのだろう。大好きな酒もリサイタルまでの一週間は絶った。それがなんの意味もないことはその一回で分かったので、以後の41年間は禁酒してない」[20]とこのときのことを舘野泉は七十七歳のときに行ったコンサートのパンフレットで回想している。

デビュー・リサイタルの曲目にはエネスコのピアノ・ソナタ第3番、シューマンの幻想曲、ラフマニノフの前奏曲作品23より4曲、そしてプロコフィエフのピアノ・ソナタ第2番があった。なかでも、彼が特に情熱を注いだ作曲家はシューマンだった。「シューマンは若い頃から僕にとって最高の作曲家であり、初恋でもあった。彼の音楽は緩急の変化に富み、感動をもたらす、とても心に沁みるものだった」

東京で演奏会を開いたとしても、無名のデビュー・リサイタルに聴衆が足を運んでくれる確証はない。しかしデビュー・リサイタルは五百席が完全に満席であった。東京藝大時代の友人たちが皆聴きに来てくれたこともあろうし、舘野弘と光が百人ほどの生徒を教えていたということもあり、人々の期待を多く集めたことにもなっただろう。若いときに舘野弘にピアノを習い、後に舘野泉のファンクラブの事務局長として重要な役割を果たす柴田妙子は、このリサイタルのことを次のように回想している。

「子どもたちを預けて、弘先生が薦めてくれたリサイタルに行くことにしたんです。先生の息子さんが才能豊かであると事前に聞かされていたのですが、ステージに登場するまで泉さんを見たことがありませんでした。泉さんは落ち着き払い自信がみなぎっている。私はそれに驚かされました。だって若いのにベテランみたいで。私は趣味でピアノを演奏する程度ですが、これまで聴いてきた演奏とは別格であることが分かりましたし、間違いなく将来が期待できる素晴らしいピアニストになると思いました」

「演奏生活40周年記念リサイタル２００１」のパンフレットには、コハンスキーと安川加壽子の言葉が掲載されている。

私と舘野泉さんとは1953年以来の知り合いです。私は彼に大変興味を持ちました。彼は音楽を理解し愛しています。そして何よりもすばらしいのは彼が音楽に感動することです。

私は彼と一緒に仕事をするのがとても楽しみです。というのも彼は作曲家の意図を全力をつくして理解しようとするからです。彼はすでに豊かな音量と、すぐれた技巧を持っているピアニストです。彼は音楽を理解する深い魂を持っているのです。

彼は一流の芸術家になるためのあらゆる素質をそなえています。私は彼の大成を心から希んでいます。

1960年9月東京にて　レオニード・コハンスキー[21]

舘野さんは非常に音楽的雰囲気の濃いお家庭で育てられましたので、音に対しては非常にこまかい思いやりのある方です。

それですから、音楽をたっぷり歌わすことを常に心がけていられるので、古典派もロマン派の音楽も感動的に大変よくお弾きになります。現在は、現代音楽に興味を持っていられますが、只単にドライに弾くというのではなく、曲自体の持つ味わいをよく活かして弾かれる方です。

この様に非常に立派な素質にめぐまれた方ですから、これからもじっくりと勉強されましたら将来必ずや立派な演奏家として大成されることを期待しています。

安川加壽子[22]

当時の批評家の大木正興や角倉一朗は「同じ曲を何度演奏しても彼の演奏は常に瑞々しく新鮮である」と評している。東京新聞の音楽批評を担当していた山根銀二（1906〜1982）も舘野を「才能豊かな新人」と評価している。

耳の肥えた評論家には、その有望さゆえに聴く価値のあるデビュー・リサイタルであったようだ。「彼は演奏技術を磨くことにひたすら没頭するのが良い」という今後の活躍を期待する山根の指摘は、安川加壽子が舘野泉に寄せた言葉、「この様に非常に立派な素質にめぐまれた方ですから、これからもじっくりと勉強されましたら将来必ずや立派な演奏家として大成されることを期待しています」[23]と共通する部分がある。

初リサイタルの後で、青白く見える眩い光が差し込むある朝にこんな出来事もあった。突然の閃きで話を持ち出すことが好きな舘野泉は、ピアニズムの話の最後に緊張を和らげるようにある逸話を語る。

「安川先生が、安川クラスの生徒たちをお宅に招待してくださったことがあるんだよ。ご馳走をいただき、楽しい会話も弾んだ。それから僕はみんなを引き連れて、渋谷のキャバレーに行ったんだ。そのキャバレーでピアノを弾き、酒を飲み、次の記憶は、朝起きたときだった。自分は下宿のベッドの上で背広を着て、なんと一升瓶を抱えているではないか。なんで自分が一升瓶を持っているんだろうと、安川門下のピアニストたちに聞いたら、お前それは先生からもらったんだぞ、と言われた。瓶が空っぽだったかって。いや、とん

レオニード・コハンスキーと舘野弘

愛弟子舘野泉のデビュー・リサイタル終了後に祝福するレオニード・コハンスキーと
安川加壽子

でもない、まだ封も切っていなかったよ」

翌年行った第二回の自主公演では多くの人々の反対の声を押し切って全曲邦人作品によるプログラムにした。日本人の作品を弾いたってお客さんなんて来るものかと言われたが、これも満席であり、批評も大変良いものであった。三善晃、平尾貴四男、中田喜直のソナタに宅孝二のソナチネを弾いた。翌々年の第四回自主公演ではメシアンの大作『幼子イエスに注ぐ20の眼差し』の日本初演を行った。

アイノラ初訪問

「人の故郷とか心の原点とはなんだろう。多くの場合それは生まれ育った所であり、もしかしたら遠い前世で生きた場所であり、あるいはまだ行ったことはないがいずれ行くべき所なのだろう。それは魂に刻みこまれたこと。当世風にいえば、遺伝子の中にインプットされた記憶と予感である。言葉も、故郷であり原点であるだろう」[24]

舘野泉著『星にとどく樹』（１９９６）

たとえ財布の中にわずかしかお金が入っていなくても、そのお金で古本屋の本棚に並ぶ物語や神話は所有者を転々とする。普段は倹約に努めているが、楽譜や本のためだったら両親はいつも快く泉の望みに応えてくれた。高校生の頃、古本屋の本棚にセルマ・ラーゲルレーヴの『沼の家の娘』を見つけたのが北欧文学との最初の出会いである。他の国の文学にはない光がそこにはあるように感じられた。少し慎ましく寂しく差し込んでくる北国の光のようであった。次いで同じ作家の『地主の家の物語』にものめり込んだ。ノルウェーの作家マリー・ハムズンの『小さい牛追い』と『牛追いの冬』は岩波少年文庫の新刊を見つけて読み漁った。

東京で生まれ育ったけれど、舘野泉は幼少時から説明はつかないが北の生活に魅力を感じていた。「子供の頃から『北』に憧れていたのは母の影響だろうか」[25]と泉はエッセイ集『星にとどく樹』で語っている。「南の豊饒、豊麗な世界も私とは無縁であると思っていた。北への憧れを一口で説明するのは難しいが、北では人も動物も植物も、ひいては風や雪もそれぞれ『孤』がより明確に見え、より大きな意味を持っているということではなかったか。春が巡りくるたびに爽やかであり、花が咲き開くたびに新鮮な響きであり、風が吹き去るたびに新しい予感であり、鳥が朝さえずり始めるたびに奇跡であるような、永遠に繰り返されながらも永遠に新しいものを、北の果てに求めていたのだろう」「『七十年前の北海道は静かで美しかったろうね』と（母に）聞くと、『あの頃の私たちは、樺太に行くと空も海ももっと青く澄み、しいんと静かな大自然があると聞いて憧れていた』という答えだった」[26]

慶應高校を介し、北欧4か国にペンフレンドを求めたが、返事が来たのはフィンランドからだけであった。泉より数歳年下のトゥーラという女の子で、ソビエト連邦がフィンランドに侵攻した冬戦争（1939年）の少し前に彼女は生まれ、戦争により幼いときに父親を亡くしていた。彼女はピアノと歌も習っており、セリム・パルムグレンのピアノ協奏曲第2番『川』の楽譜も送ってくれた。泉はその楽譜をコハンスキーのレッスンに持っていく。驚いたことに先生はこの曲をベルリン・フィルと演奏したことがあり、オーケストラ総譜も持っているというではないか。1928年に来日したときに彼はこの曲の日本初演をしていたのだった。

泉は藝大の先輩で同大のオーケストラも指揮していた山本直純のところに持っていく。

「あの頃の直純さんはほっそりと痩せていて、でも眼光は鋭くすべてを一瞬のうちに見抜くようだった。大学を卒業したばかりなのに指揮台では圧倒的な存在感を発揮し、指揮の教授たちよりカリスマ性があったよ。しかももう奥さんと同棲していて、こういうのが天才というんだと思ったな」と舘野は述懐する。

いまのところ二十世紀初頭の日本でどのようにフィンランドの音楽が受容されていたかを知る公開された研究資料はないが、フィンランドの音楽がある程度、とりわけ外国人演奏家、または一部の日本人演奏家の活動で演奏されていることは確認されている。ヤルネフェルトの『子守唄』は、シベリウスの『悲しきワルツ』と同様にレコード版で人気を博した。シベリウスの交響曲、わずかではあるがピアノ曲と声楽曲も戦前にはまれに日本で演奏されている。1960年代になると、指揮者でありフィンランド人を母にもつ渡邉曉雄の活躍によりフィンランドの音楽が広く知れ渡るようになる。彼はシベリウスの楽曲を日本で普及させるために自身が指揮していた日本フィルハーモニー交響楽団の曲目に取り入れた。ピアノの分野でも同じようなことが起きる。徐々にフィンランドの音楽が体系的に演奏されるようになったのだ。しかしながらここにおいても我が道をゆく「独立自尊」の精神が少なからず必要だったことは言うまでもない。たとえそれが時代の潮流に抗うことであっても。

「なんですって」と普段なら大人しいトゥーラも驚きを隠せなかった。舘野泉からフィンランドに行くとの電報が突然入ったのだ。程なくして旅行カバンを肩に担いだ舘野泉が北の大地に現れる。それは新緑香る1962年5月のことだった。

大陸間を往来する書簡。その中には異文化の色彩と白黒の写真が同封されていた。その写真だけでも十分であったが、正直なところ写真などなくても簡単にペンフレンドだと分かった。当時のヘルシンキの街並みには日本人観光客はほとんどいなかったからだ。「当時のヘルシンキでは日本人なんてまったく見られなかった。僕が街を歩いていても通りすがりの路面電車のお客さんたちが吃驚して振り返ったよ」

シベリウス・アカデミーで2003年まで声楽を教えていたトゥーラ・ホスティッカ（旧姓トゥーラ・カウット）と舘野泉の文通は1953年に始まり、舘野がフィンランドに定住する1964年まで途切れることなく続いた。

「泉は詩的で美しい言葉を綴ります。彼の文章には自然描写が多く、フィンランドの作曲家や文学に詳しいんです。手紙から教養と気品を感じました。私自身は彼と同じような素晴らしい表現で書くことはできませんでしたが、それでも彼が長い間文通に興味を寄せ続けてくれて幸いでした。手紙をやり取りするなかで、彼はピアノが上手であることが分かりました」

ホスティッカの母アウネは、娘が文通していることを知っていて、日本人の文通相手をフィンランドに招待してコンサートで演奏してもらうことはできないだろうかと娘に話していた。そのような招待状をこれまでに送ったことはなかったが、そのペンフレンドが荷物を肩に担いで歩いてくる。魅力的な笑みを浮かべた舘野泉は、旅行カバンを地面に下ろし、お辞儀をしながら挨拶する。

「日本人ならではの挨拶かもしれませんが、泉が礼儀正しい人であると感じました。それにとても気遣いの細かい人で、母がテーブルにつくまで立って待っていたんですよ」とトゥーラは最初の印象を教えてくれる。

「泉は寡黙で内気な人だという印象を受けました。それにとても気が利く人で、話すよりも聞き上手でしたね。とても付き合いやすい人で、仲違いすることはありませんでした。学校で習った程度の英会話で意思の疎通を図りましたが、彼がおしゃべりじゃなくてなんとか上手くいきました」

「いろんな場所に足を運びました。そして小さな町々で泉のために演奏会をいくつか手配しました。そして泉は徐々にフィンランドの音楽家たちに溶け込んでいったのです」

この初対面の頃トゥーラ・ホスティッカは、シベリウス・アカデミーで音楽教育を受けながらフィンランドで最初のテレビ局TESVISIO、それから同局がフィンランド国営放送傘下となりＴＶ２に名称変更した後も音楽担当の記者として働いていた。そのために彼女は音楽関係者とも少し繋がりがあった。テレビ局での仕事柄、彼女はもちろん契約など事務手続きの仕方にも精通していた。しかし、才能豊かな日本人ピアニストをフィンランドで紹介することは一筋縄ではいかない。

「学生たちは友好的で好意的に接してくれましたが、演奏会を主催することがなかなかできませんでした。フィンランド最大手の音楽事務所ファッツェルにも行ってみました。しかし、関心を寄せてくれません。泉は有名ではないし、コンクールの勲章を引っ提げてフィンランドに来たわけでもない。それに私には外国人をマネジメントする経験もそれをサポートしてくれる人脈もなかったのです」

１９６０年代のフィンランドでこのように否定的に受け止められても仕方がない。ホスティッカは、自分のペンフレンドに誇りを持っていた。できることなら泉をシベリウス・アカデミーの教授陣に紹介したかっ

初めてフィンランドを訪問する泉と文通仲間のトゥーラ・ホスティッカ

た。「なぜあなたはあの日本人をここへ連れてきたのですか」とアカデミーの廊下で鈍い返事が返ってくる。もう少し先、少なくとも二年先ならば、いい返事が期待できたかもしれない。しかし、気弱な女学生には現状を嘆くしかなかった。「先生は泉に挨拶にも来てくれない」

舘野泉は、ヨーロッパの音楽を肌で感じていた。彼は自国で、作曲家や音楽評論家からなる審査委員によってその年のもっとも有望な若手ピアニストに選ばれていた。その目的は日本人ピアニストの知名度と演奏力を海外に広めようとするものであった。「舘野は圧倒的な才能を持っていた」と審査委員として従事した作曲家の間宮芳生《みちお》はそのように評している。

パリで過ごし、そこで彼に演奏の機会が与えられた。モスクワにも短期滞在し、デンマーク、ノルウェー、そしてスウェーデンを巡った。この期間に舘野泉は、フィンランドのヤルヴェンパーにあるジャン・シベリウスの邸宅「アイノラ」にも足を運んでいる。

それはシベリウスの死後五年が経った頃で、その当時「アイノラ」はシベリウス家が所有し、一般公開されていなかった。「森に囲まれた敷地の中に入っていっても咎める人もなく、裸の樹々がひっそりと佇んでいるだけだった。突然、家の中から、ピアノをぽつぽつと片手で弾いている音が聞こえてきた。なんの旋律だったのだろう。ほどなくその音は消えてしまった。弾き手はすでにたいへん高齢であられたアイノ夫人であったかもしれない」[27]と舘野泉は著書『星にとどく樹』でこのときの様子を綴っている。彼が木造の邸宅の周囲を歩き、偉大な作曲家の墓石に通じる道を見つけ、花束を手向けた。今後何年もの間グランドピアノの前に座り、シベリウスの音楽と向き合うことになるなど、そのときは知るよしもなくその場を後にした。

舘野泉を空港へ送るホスティッカは、すぐに再会できるとはこれっぽっちも思っていなかった。泉も今後そうなるとは想定していなかった。しかし、彼にはこのとき既に心に引っかかる感情が芽生えていた。

日本人ピアニストの第一印象は今日に至るまでトゥーラ・ホスティッカの心の中で変わっていない。

「泉は音楽の前では謙虚で慎ましさがある。彼は決して怒りの感情を表に出さない。非常に文才があって、話すより書いたほうが自分を表現できる。もちろんグランドピアノがその最たるものです。知り合えたことが本当に幸運でした」

フィンランドでの生活を始める

「ここで身を粉にして演奏することはできない」。日本社会で仕事をする上で特徴的なのは、ゆとりを欠いたまま競争心を煽ることだ。音楽の分野でもその影響から逃れることはできない。舘野泉のピアニストとしての船出は、初リサイタルを終え、視界良好であった。彼には仕事の依頼がたくさん舞い込んだ。しかし、彼は日本を離れたかった。「個人的に世界を見てみたかった、音楽とか実績を積むということではなくて」と舘野は権威や伝統から距離を置いて孤独の中で音楽をする環境を求めていた。「演奏だけしたい」と発するように外部の期待やピアニストに求められるものから解放されたかったのだ。

彼が母国を離れることを決めた理由はそれだけではない。東京藝術大学と日本の音楽界において何十年にもわたって暗黙の了解、つまり舘野泉によれば未だに強く根づいている音楽界の前提そのものに嫌気が差したのだ。「完全にドイツが主体。バッハ、ベートーヴェン、モーツァルト、シューベルト」と舘野は切り込む。

実際その口調だけで彼がその雰囲気に完全に馴染んでいなかったことが読み取れる。舘野自身の興味はロマン派、印象派、そしてもっと新しい音楽へ向けられていた。

「オーケストラの仕事の依頼はいつも同じだった。ベートーヴェンの『皇帝』、ガーシュウィンの『ラプソディ・イン・ブルー』、それにグリーグの協奏曲ばかり何十回も弾かされてうんざりしていた。むしろプロコフィエフ、ショスタコーヴィチ、あるいはバルトークの曲を弾きたかった。私が再三提案したラヴェルの『左手のためのピアノ協奏曲』ですら絶対に弾かせてもらえなかった」

しかし、なぜあてもなく日本を去ることができたのだろうか。ピアニストとしての将来を考えるならば、多少なりとも損得を天秤にかける必要があったのではなかろうか。周囲から漏れる遠回しな反対の声に、最終的に舘野は逆質問で答えた。

「若い男が海の向こうに何があるか見に行くことに関心がないほうが、むしろ奇妙なことではないか」

日本を離れると心に定めたのは、日本が１９６４年10月の夏季オリンピック開催に向けて主催国として準備を進めている頃のことだった。この大会を主催することは平和的かつ国際的な交流を目指す新たな日本社会にとって極めて重要な意味がある。東京で暮らす人々にとってその影響は生活環境の大きな変化として実感することができた。効率性、経済成長、急速な繁栄を象徴するかのようにこの大会に合わせて世界初の高速鉄道「東海道新幹線」も開業する。

舘野泉の二度目の海外渡航は二十七歳のときだった。最初の外遊のとき、もっとも共感を覚えた国がフィンランドだった。北欧の生活リズムには、惹きつけられるような平和が漂っていた。少し神秘的で、少なくとも自然に寄り添っている国だ。この国にも戦争が深い傷跡を残したが、国民の自尊心を傷つけることはなかった。「たとえ彼らが戦争の重荷を背負い、とても貧しい生活を強いられたとしても、自らの郷土や国、そして美しい自然に誇りを抱き続けている。そしてフィンランドでは芸術音楽にとても温かい眼差しが向けられていた」。舘野はフィンランドの奥底を掘り下げるかのように、「地中から湧き出る地熱のような息吹を私は感じていた」と同国の印象を描写する。

１９６０年代のフィンランドは歴史の転換期を迎えていた。第二次世界大戦の即時的な影響が解消され始め、農業中心の社会から工業とサービス産業の時代に移行し、福祉国家の基礎となる「柱」が構築される。人々は田舎から都会へ移り住み、生活水準も向上するが、消費に関して国民はこれまで通り倹約に努めていた。物不足の時代を経験している国民はその苦しさを忘れられないでいたのだ。

この時代のフィンランドを象徴するのは新たな価値観が根付き始めたことだ。保守的な考え方が衰え、多くの声が飛び交う、より自由な社会に変わっていった。女性のイメージも麦畑で微笑むフィンランドの乙女から、国際的な舞台で活躍するように色合いが変わっていく。１９６０年代の半ばにはフィンランドの家庭にテレビが普及し、白黒テレビの画面を通して異なる世界を目の当たりにする。更にテレビが新たなキャラクターを生む。フィンランドでは「キュッリおばさん」が登場し、全国の子どもがおばさんの紙芝居を聞くために画面を食い入るように見つめた。日本でも伝統的な紙芝居がテレビに取って代わられる。

これまでどのような思いや経験があろうが、舘野は常にそのときの自分の心の声に従ってきた。旅先でどれくらい滞在するかにしても、正確な日時を決めることはない。「たぶん冬を越える頃」と答える彼の心の声には、演奏や日々の生活、ましてや生計のことなどこれっぽっちも見通している気配がない。心の声を頼りに舘野は１９６４年５月にペンフレンドのトゥーラ・ホスティッカに葉書を送り、８月にフィンランドに到着すると伝えている。

地球の裏側までもっとも安いルートは、港町横浜から日本海を越えてソ連のナホトカまで海路で渡り、そこからハバロフスクまで列車、そしてモスクワまで飛行機、更に鉄道で国境を越えてフィンランドに到着するという一週間の長旅だ。

フィンランドに行くという決断は当時の日本ではまったく理解されなかった。既に将来を嘱望されていた舘野がパリやウィーン、ベルリンやニューヨークなどの華々しい文化の中心地ではなく、当時はシベリウスでさえも一般的には認知されていなかったフィンランドに赴くというのは、常識を超えた不思議なことでしかなかった。北の果てで寂しく地味でしかない小さな国。キャリアを築くのにも良い指導者の元に行くのにもまったく不適当でそぐわないではないか。

「音楽はどこにでもあって、どこからでも摘むことができる。私は決まりきった名曲に未練はない。自分の意志で弾くことが私にはもっとも大切なことなのです」というのが彼の考えだった。演奏家が提案した曲を弾かせてもらうことができないほど、凝り固まった音楽界の姿勢に嫌気が差したのだ。

「どのくらい時間がかかったとしても私は自分の道を自分で見つけたい。新しい経験を受け入れたいし、その経験が私の演奏に影響を与えてくれることを願っている」と舘野は言うのだった。「フィンランドは中央ヨーロッパや日本から十分離れている。そこでは適度に孤独を感じることができる」

若きピアニストの思いを汲んでくれる音楽仲間がひとりいた。間宮芳生だ。「舘野さんはフィンランドに行くことしか考えていなかった様子で、非常に強い意志を感じました。そんなに熱心に望むなら行かせてあげなければと私は思いました」と彼は記憶を辿って当時のことを語ってくれた。

「燕尾服を送ってくれませんか」と舘野泉は東京の父に電報を送った。トゥーラ・ホスティッカがピアニストに代わってファッツェルに粘り強く話を持ちかけ、担当者であるマイレ・プルッキネンに自分の考えを納得させたのだった。1964年10月7日に舘野はフィンランドで初のリサイタルをヘルシンキにあるシベリウス・アカデミーのホールで行うところまで漕ぎ着けた。演奏会は自己負担だが、成功すれば何倍にもなって返ってくる。つまり、コンサートの主催者が興味を持ち、舘野に仕事の依頼をしてくれるかもしれない。歯車が回り始める。コンサートの数日前に東京から荷物が届く。燕尾服と一緒に舘野弘は三善晃のソナタの楽譜を入れてくれていた。当時はまだ正規のサイズの楽譜は印刷されておらず、何かの雑誌の付録のようであり、ポケットスコアのような小さなものであった。しかし泉はそれを見た途端、プログラムを変更して三善晃のソナタをオープニングの曲に決める。演奏会まではあとわずか一週間しか残されていない。シューマンの『謝肉祭』作品9、ラフマニノフの前奏曲作品23から4曲、そしてプロコフィエフのソナタ第2番作品14などのプログラムで圧巻の腕前を披露した。

リサイタルのことが日刊新聞で告知され、また口伝えで情報が広まる。トゥーラ・ホスティッカはチケットを売ったり、人々を勧誘したり、自宅のリビングにあるアップライトピアノを練習用に舘野に貸し与えたりした。「泉はたくさん練習していました。もちろんですが、彼の演奏にものすごく魅了されました」とトゥーラは語る。

首都ヘルシンキでは音楽界隈で何か注目すべき演奏が行われると、当時の慣例では最大七社の日刊紙（ヘルシンギン・サノマット、ウーシ・スオミ、イルタ・サノマット、ヒューヴドスタドブラデッド、カンサン・ウーティセット、ソシアリデモクラーッティ、ニュア・プレッセン）の記者が駆けつける。そして作曲家や音楽評論家の両方によって演奏が評価される。同じ演奏会について記された多くの論評が出回るため、音楽に興味のある人にとっては、個人的な好みも含めてさまざまな知見に触れることで、楽曲がどのように演奏されたのかを容易に想像することができる。日数が経ち、あれだけあった記事が読まれなくなると、会場に足を運んだ聴衆の心に残るのは自らの耳が捉えた音風景と目が捉えた演奏風景のみだ。１９６０年代の新聞の文化面は、無名のアジア人ピアニストのフィンランドでの初リサイタルも記事として取り上げた。

「フィンランドで初リサイタルをするまで舘野泉のことはよく知りませんでした。でも、彼の演奏を聴きに行くように多くの人から薦められたので、なぜだろうと思っていました。そうしたら数年前に日本の作曲家や評論家たちから構成される審査員たちがもっとも有望なピアニストとして彼を選んでいたことが判明したんです。過去数年の間に東アジア各国の演奏技術の向上が目覚ましく、西洋の音楽文化で頭角を表していきます。このリサイタルの後、日本の審査員が彼に与えた評価がヨーロッパの観点から見ても正当なものだと言わざるを得ません。舘野の演奏では、基礎に裏打ちされた多彩な演奏技巧と深みのある独自の解釈が調和していきます」[28]と音楽評論家のイルッカ・オラモは、１９６４年10月9日付のウーシ・スオミ紙の文化面で評している。鍵盤の指さばきについては、「優れた打鍵の精度と効率の良い左手の使い方が注目を集めた。それを見極めるためには必然的にベース部分の指の動きも注視しなければならなかった。際立って広いダイナミックス、それを基に舘野は自身の解釈による狂気を演出する」[29]と述べている。

批評家たちは、舘野がこれまで日本でどのような演奏をしてきたのか確信を持って話すことはできないが、「舘野の功績は慣例に従うだけでなく、とにかく独自の解釈を創造しようとしたことにある」[30]と指摘する。曲を解するこのピアニストの能力について更に何か言えるだろうか。オラモはリサイタルの曲目を主に演奏技術に重きを置いて捉えているが、言うまでもなく舘野の表現力をより正確に知るためにもっと演奏を聴きたかったのではないだろうか。

フィンランドで行われるコンサート活動を数十年にもわたって追い続けてきた音楽評論家のオラヴィ・カウコの見解が1964年10月9日のヘルシンギン・サノマット紙に掲載されている。彼はいきなり芸術の核心に迫った。「舘野泉の演奏は生き生きとした躍動感に溢れている。最善の言葉で表現するならば、その新鮮さと洗練さが演奏技術と絡み合い、極めて並外れた演奏力で聴衆を惹きつけて虜にしてしまった。つまり、リサイタル全体を通して単なる名人芸的な音の羅列ではなかった」[31]

オラヴィ・カウコの論調では舘野のラフマニノフの解釈にはもう少し広い感情を表現してほしかったのかもしれない。しかし、この件に関してはリサイタルの翌日に作曲家のエイノユハニ・ラウタヴァーラもイルタ・サノマット紙に論評で早速取り上げている。「ストラヴィンスキーは回想録でピアニストとして『演奏中に顰《しか》めっ面』をしないラフマニノフのことを唯一認めている。これは作曲家ラフマニノフの作品を演奏する上で指南書のような言葉だ。つまり、感情はいらない。舘野は見事にそれに従い、素晴らしい変ロ長調の前奏曲に吹き荒れる音符の嵐を支配した」[32]。このラウタヴァーラの論評をオラヴィ・カウコはもちろん認識していたが、認識には隔たりがあるようだ。

舘野のシューマンの演奏を印象づけたのはラウタヴァーラによると適切な感受性だ。そしてプロコフィエフのソナタに関しては舘野の耽美な表現力と巧みな指さばきがもたらす共鳴の中にこそ、このピアニストの最大の魅力があると解釈する。ラウタヴァーラは、「印象的な演奏技術と純粋なピアニズム。大勢の聴衆が演奏者に深く感謝していた」[33]と締め括った。

1960年代のフィンランドでは日本人ピアニストの文化的な背景に高い関心が寄せられ、演奏以外のさまざまな問いを生じさせた。たとえば「音楽は真の世界共通言語なのか」という問いに対して、ヒューヴドスタドブラデッド紙のオット・エールストロームは、舘野泉のリサイタルがそれを証明したと述べている。本場ヨーロッパで結晶化されたクラシック音楽が文化的な背景の異なる演奏家にまったく違和感なく演奏されたことは、感情と芸術を理解する能力が人類に共通して備わっていることを示しているに違いない。「人種間の差は個人間の差よりも小さい」とエールストロームは結論を導き出している。

シューマンの『謝肉祭』の演奏から判断して、この日本人ピアニストが師事したロシア人教師の指導がいかに一流であったのかは疑う余地もない。シューマンの演奏にそれ以上の何かを掘り下げるとするならば、それは些細なことだが、偉大なロマン派であり小説のように音楽を綴るシューマンから放たれる優しさのようなものが舘野泉の演奏には感じられた。他の音楽評論家と同じようにエールストロームはピアニストのタッチの美しさとリズム感に関心を寄せていたが、彼は舘野泉のペダル操作を観察した唯一の論者で、「それは完璧だった」と綴っている。

初リサイタルで肯定的な評価を受けたことをもちろん喜んだ舘野泉は、それがフィンランドに定住するための助けになると考える。「これで足場を築けると思ったが、大間違いだった。コンサートの後、どこからも声が掛からなかった」

舘野をこの国へ引き寄せた静寂が文字通り形に現れる。閑古鳥が鳴くように仕事も収入もないことに気がつく。「ある日財布の中を覗いたら、空っぽだった。手元のお金が底を尽いてしまって、家賃も、借りていたピアノのお金も払うことができない。トゥーラと彼女の家族にたくさん助けてもらった。何人か友達もできていたので、その友達の家を転々としたが、そのような放浪生活は長くは続かない。定住する家と練習用の楽器を手に入れなければならない。でも私はお金を持ってなくて」と舘野は語った。

人生の階段は日に日に貧困へと降り始め、寒風吹きつける1月末には限界に達してしまう。そしてタハティトルニンマキのキリスト教伝道師教育センターに駆け込む。彼は建物に入り、お金がなくて飢えていることを伝える。対応してくれた品のいい女性は同情を示し、住むところもない異国の青年の訴えに耳を傾け、彼の言葉を信用してくれた。彼女は住居と食事を与える代わりに、青年に小規模な演奏会を開いてほしいと提案するのであった。舘野はこれに応じ、必要があれば信心深く讃美歌を伴奏することもあった。「神について何も質問されなかった。質問されたとして適切な返事ができていたのか分からない」と舘野は微笑んだ。

これは神の恵みなのか、それともどのように捉えればよいのか、少なくともこの学生寮は平穏な日常を与えてくれた。しかし、どうやってこれから生計を立てるのか。程なくして再び決定的な転機が訪れる。ヘルシンキ音楽院の学長であるマルッティ・ロヒコスキから舘野に連絡が入る。急死したピアノ科の主任教授オレスト・ボダレフの後任としてピアノの指導を舘野にお願いしたいというのだ。かなりの労働時間が見込まれるが、舘野は即決しなかった。できることならこの申し出を落ち着いて考えたい。なぜなら誰かを指導することは舘野にとって興味が湧く話ではなかったし、練習や演奏会に自分の時間を割くことを望んでいたからだ。しかし現実的にはフィンランドで演奏の依頼はなかった。

「どうしようもなかった。お金もない。私は仕事を引き受けなければならなかった」

舘野泉にとって教師の役割に徹することは成功などではない。クラシック音楽の論評を掲載するサイト、Amfonでペトリ・サリオラは、オレスト・ボダレフについて記事を書いている。その中で舘野泉のことに触れている。「当時フィンランドに移住した舘野泉がボダレフの後任として迎えられる。彼も国際的な舞台で活躍できる才能の持ち主だ。当初生徒の技量を詳細には把握しきれていなかった舘野は、楽観視してなのか練習用として一週間に協奏曲をひとつ、またはソナタの一部を生徒に与えていた。それもあってヘルシンキ音楽院で春に公開演奏しなければならない曲の練習に新学期早々の秋から打ち込むことができた」[34]

ヘルシンキ音楽院の学生は主に若い音楽愛好家だったが、彼らの中には後にプロのピアニストになるなどより広く音楽業界に携わる人物もいた。1960年代にはまだ教育という点では国際化されていなかったフィンランドの音楽界で、当時の幸運な学生たちはボダレフや舘野の指導によりまったく異なる音楽文化や芸術家の個性に触れることができた。

ロシア生まれで1945年にフィンランド国籍を取得したオレスト・ボダレフは、国際的な実績を積んだフィンランドでは数少ない影響力のあるピアニストのひとりだ。第二次世界大戦により国際交流が途絶えると、ボダレフは演奏公演で積極的にコンサート会場に出向く代わりに音楽教育に専念し始める。

「ボダレフは世界中を渡り歩いていたが、その遠征の話やラヴェル、デ・ファリャ、ラフマニノフやその他多くの音楽家との出会いについて語ってくれた。話を聞いているとまるでヨーロッパの本場にいるような気分になった」[35]。ピアニストのヤーッコ・ウンタマラはヘルシンキ音楽院で学んだ記憶の断片を紡ぎながら当時を思い返す。「ボダレフは、バレエ学校の学長のように歩き、とても姿勢の良い気品ある紳士でした。その雰囲気で彼がどのような世界を歩んできたのか察しがつきました」

若い頃に内気であったウンタマラは、マエストロの顔も見られず、書き込みで真っ黒になった楽譜を追いかけるだけで精一杯だった。毎回のレッスンごとにスケールの練習もし、更には曲が細分化されて毎週確認が行われる。楽譜から目を逸す余裕がないのだ。「ボダレフのピアノ演奏への取り組み方はしっかりとした骨格で、幅広い音色を理想とするものでした。ショパンは彼のもっとも好きな作曲家のひとりでした」

手堅い評価を受けたロシア出身のボダレフとは打って変わって、後任のアジア出身の舘野は教室に開放的な雰囲気をもたらす。ボリュームのある刺激的な黒い髪、信じられないほど器用で綺麗な指。舘野は声に出して伝えなければならないことを頭の中でまとめ、片言のフィンランド語で面白おかしく話す。東京出身の若きピアニストは、落ち着き払った寡黙さの中にカリスマ性を秘め、そこから湧き上がるピアノの演奏表現と演奏技術がもたらす動的な関係性を伝えてくれる。彼の世界が教室全体を支配する。

舘野は難しい曲を練習課題として生徒に与えるが、彼の指導では楽譜に鉛筆で印をつけることはしない。彼は生徒たちの演奏を止めることなく聴き入り、生徒が上達するにはどう指南すべきかじっと黙って考え込むことがよくある。

「その瞬間は想像力を掻き立てるような静けさが漂い、落ち着いて自分の演奏を振り返ることができました」とウンタマラは当時を思い返す。「私の場合は、自分の演奏を見つめ直せたことでピアノの演奏に道が開けたと感じました。なぜならレッスン中にたくさんの曲を弾くことができ、曲の全体像を把握することに注力できたからです。つまり、テンポよく前に進めたのです」。テンポよく、それでいて質を追求する精神で指導が行われた。なぜなら舘野が生徒たちに与えた手本は、音楽的に良質で澄み切った伸びのある音を追求することを意図していたからだ。「指導する上で彼がこだわっていたのは常に質を意識することでした」

指導方法は違えどもボダレフと舘野の共通点は、とりわけ彼らが外国出身者であるということと、フィンランドで芸術家の仲間入りを果たした彼らの人生の物語だ。ボダレフはロマン派の演奏家のレパートリーの名手として特に高く評価されている。その個性と色彩豊かな世界観により大衆の人気を博し、新聞の文化欄には彼を称える論評が出るほどまで注目を浴びた。一方、舘野はヘルシンキ音学院で教鞭をとる前はまだ一部の人にしか知られていないピアニストだった。しかし、彼は自らの腕前をリサイタルで披露することで瞬く間に大衆の知る存在となった。

「聴きに行った演奏会でピアニストをしていたのがたまたま泉でした。彼の演奏会にはたくさんの観客が駆けつけるほど、アイドル的な存在となっていました」とウンタマラは語る。「巧みな演奏技術に加えて、彼はその着こなしでも注目を集めました。泉がタキシードのジャケットを控え室に置いたまま、シルクのシャツ姿で大学の記念ホールにステージに登場したとき、記者たちもオシャレがどこまで許されるのかと尋ねたほどでした」

自身の公演機会が増えるにつれて舘野も徐々に舞台で着る衣装を仕立てる機会がやってくる。とはいってもヘルシンキ音学院で教鞭をとっていたときも懐事情はまだ寂しいままだった。教師になった初任給で舘野は友人に借りたお金を返済し、赤ワインをボトル二本購入した。固定給を得る喜びからピアニストの浮かれた足は、凍結したフレドリック通りの路面で滑り転んでしまう。ワインボトルは地面に叩きつけられ割れてしまった。白い雪が赤ワインで染まったその光景は、日本の国旗を思わせた。

あくまでも自然体で

舘野は演奏家としての道を歩むことを目指す。フリーランスの演奏家になって日本とフィンランドだけでなく、欧州でも広く演奏をしていきたいと考えていた。しかし、教師を辞めることは不可能だ。教師を続けていれば二つの国で暮らす上での安定した、ある程度の収入が見込めるからだ。両国間の継続的な往来はお金だけでなく時間も費やしてしまう。鉄道と船を利用すると移動に一週間を要するが、モスクワ経由で飛行機と鉄道を利用すれば二日で移動できる。

舘野は、日本のコンサートで演奏する足場を築くためにあらゆるチャンスを逃さなかった。オーケストラのソリストとして大きなホールで演奏することも、田舎の質素な会場で演奏することも厭わなかった。まともな楽器、たとえばアップライトピアノであっても、聴衆さえいれば十分だった。

依頼された演奏以外にも積極的に自主公演を行い、活動の地盤を拡大し、更には自分のレパートリーを探究しながら自己を確かめていく。自ら関係先へ何十枚、また何十枚と手紙を郵送したり、チケットの販売と宣伝を助けてくれる仲間を募ったりしなければならない。しかし、舘野にとって演奏会を運営するこの自発的な行動は、学生時代にしてきたことの延長であって自然なことであった。１９５７年代の東京藝術大学では室内楽は教課には含まれていなかったので、室内楽や何かアンサンブルをしたい場合は自主的に行わなければならなかった。「その時代には文化活動の質も現代とは大きく異なり、マネージメントの文化も発達していなくてね。私の世代の音楽家は可能なことはすべて自分で管理しなければならなかったんだ」と舘野は語る。

舘野は音楽界全体で良好な関係を築くためにいかなる努力も惜しまなかった。彼は友達を作るのが上手で、人と場所に愛着を持つ。同時に意にそぐわない相手を嗅ぎ分けることもできる。これからの長い音楽家としての人生を考えると交友関係を深めることが賢明であると考えた。それは舘野自身にとっても、音楽業界に従事する幅広い彼の友人たちにとっても互いに有益なことであった。

1960年の初リサイタル以来、移動生活をする最中、自主公演を開催している。それは毎年東京で行われる生涯を通じての記念行事となり、のちには札幌、大阪、福岡でも毎年行われることになった。その舞台で舘野は自分の好きな音楽を奏でることができる。芸術家としての野心が増すにつれて、演奏会を運営し管理する責任も増してしまう。日本の多くの都市で数夜かけて行う自主公演も、仕事と経済的なリスクの両面を倍増させている。

しかし、努力は報われるものである。自主公演は観客だけでなく舘野自身にも常に新鮮な音楽と出会う場となった。「求められた曲ばかりを弾くという考えは決して好きになれなかった。そうなると同じ曲ばかり何十回も演奏することになる。多様な音楽を試したいし、新たな発見もしたい。聴衆は聴きなれない曲であっても聴いてくれた。東京の華やかな舞台だけではなく、地方の舞台でも変わりない」

東京でのデビュー・リサイタルの翌年の1961年に行われた自主公演で、舘野は日本人作曲家の曲のみを披露した。曲目に関して、保守的な日本の聴衆の中には国内の作曲家による現代音楽だけを聴きに来るは

ずはないと言う者もいた。舘野は懐疑的な発言に対してこう反論した。

「私の青春時代の神様のような作曲家は、三善晃、間宮芳生、矢代秋雄、そして中田喜直でした。当時、供給においてヨーロッパの音楽が優位であったことは紛れもない事実だが、日本人ピアニストが自国の音楽を取り上げないなら、それはそれで奇妙なことではないだろうか」

日本の作曲家の曲に加えて、スクリャービン、ヤナーチェク、ベルク、プロコフィエフ、バルトークなどの比較的新しい曲もプログラムに加えている。「1960年代の日本で新しいピアノ音楽がコンサートの舞台で響くのは稀なことで、もしかすると皆無に等しいかもしれない」。舘野はエッセイ集『命の響』の中で曲目の選定について説明する際に、ピアニストとしてのこれまでの歩みに広範囲に影響を与える自身の性格分析も行っている。「高校時代の僕は、誰もやったことのない曲を弾きたいという欲求が強かった。好奇心だけでなく、ほかの演奏者の癖や手垢がついていない曲なら先入観にとらわれることなく自由に弾ける、という思いもあったのかもしれません」[36]

舘野泉は、オリヴィエ・メシアンの曲との出会いを「凄まじいショック」と呼んでいる。メシアンの妻でピアニストのイヴォンヌ・ロリオのレコード盤は「衝撃的な音楽」として彼の心に響いた。舘野は前代未聞の巨礫を、つまり演奏時間二時間を超えるメシアンの大曲『幼子イエスに注ぐ20の眼差し』を日本の演奏会のプログラムに組み込み、1963年に東京で行われた演奏会で披露する。ピアニスト仲間が、舘野がその曲を暗譜するかどうか賭けている最中、カトリック神秘主義的な題材と器楽の恍惚さが吹き込まれた多次元の組曲の魅力を引き出そうと舘野自身は取り組んでいた。

「落ち着くことができなかった。自分の中にある音楽を外に響かせなければならない。演奏会の後、平常心を取り戻すのに時間を要するほどこの曲は私の心と全身を強く満たした」と舘野は語る。「これは私がこれまでに取り組んだ中でもっとも要求の厳しいピアノ曲のひとつだ。そんなに頻繁にこの曲を演奏することはできない」

『幼子イエスに注ぐ20の眼差し』はメシアンが独奏ピアノのために作曲した宗教色の強い大曲で、静けさの中にも微細なニュアンスを帯びた記念碑的な名曲だ。技巧を要し、多彩な情感を表現するために全20曲で構成されるこの組曲は、ピアノ演奏の技術的な面でも、多層からなる象徴性を含む表現の面でも演奏の難易度は非常に高い。多くの眼差しが多次元的な現実から幼子イエスに注がれる。つまりその眼差しは、無限の時間と空間の広がり、炎と大きな渦の後方からイエスの顔に注がれ、沈黙の鳥の囀りに耳を傾け、キスのように優しく触れる。音楽は神の手による天地万物との接触へと誘う。この曲は作曲家自身の強い信仰心に基づくにもかかわらず、その解釈や受容は個々人のキリスト教の信念に委ねられている。「私は何はともあれカトリックの音楽家だ。私のすべての作品は、世俗的なものも精神的なものも、私の信仰から生まれたもので、キリストの神秘を湛えている」

舘野が組曲『幼子イエスに注ぐ20の眼差し』を次に取り組むのは二十年後のことだ。彼は五十歳の誕生日を祝う演奏会でこの作品に取り組み、日本とフィンランドの両方で演奏している。若い頃はしっくりこない部分があったが、歳を重ねるとこの作品で人生観が広がったと舘野は語る。「作品の中に壮大な宇宙の力を感じる」[37]とヘルシンキにあるテンペリアウキオ教会で行われるコンサートの前日にヘルシンギン・サノマット紙の取材で彼は答えている。

オラヴィ・カウコはこの日体験したことに感銘を受ける。「圧倒的な、力強い表現力で舘野泉は自らの限界を超え、このピアノ組曲の大いなる謎に挑む崇拝者。その勇気を持った数少ない巨匠たちの仲間入りを果たした」[38]とカウコはフィンランドの独立記念日である12月6日の新聞に寄稿した。彼は舘野の演奏家としての才能を評価するだけにとどまらず、ピアニストの人間性にも言及している。

「舘野はこの手の普遍的な作品を解釈するために生まれてきたのではないかと私は思っている。つまり、優れた演奏技術のためだけでなく、人間性の面でも同じことが言える。会場にはメシアンのすべての思いを汲みとった敏感なピアニストがいた。会場には前代未聞の大曲を演奏しきった意志の強いピアニストがいた。会場には困難の存在を認めないピアニストの名演奏があった。おそらく聴衆を近くに寄せつけない神秘主義者もいた」[39]

ヘルシンキの街路沿いには雪が降り積もり、公園は真っ白い布団を被る。一年でもっとも暗いこの時期は、絵葉書に描かれたようなのどかな景色が広がる。「雪がしんしんと降っている。クリスマス・イルミネーションが輝き、まさにホワイト・クリスマス。子供の頃から憧れていた北欧のクリスマスが、そこにあった」[40]と舘野は1960年代のフィンランドのクリスマスの時期をエッセイ集『星にとどく樹』で思い描いている。泉の弟の舘野英司は、エルッキ・ラウティオに師事し、チェロの演奏を学ぶためにフィンランドで生活しており、ヨエンスー市管弦楽団でソロのチェロ奏者に就任していた。兄弟はクリスマスをヘルシンキで一緒に過ごす。もし彼らが八千キロ離れた故郷の東京にいるならば、クリスマスは平日扱いで、色とりどりの電

英司と泉

飾で彩られた商業的なイベントにすぎない。つまり宗教色のない楽しいパーティーのようなもので、家族のために仕事帰りにイチゴのケーキを買って家路を急ぐ者もいれば、この当時の舘野兄弟のように若者たちはイブの夜に街に繰り出してレストランで仲間と過ごす者もいる。兄弟もレストランへ行こうと考え、それなりに盛装して夕暮れ時に街に繰り出すのだった。

雪に覆われた北欧のクリスマスは魅力的だ。店は閉まり、閑散とした道路、人けのない街路を、腹を空かせた二人の日本人奏者が歩む。日々買い物客で混雑しているアレクサンテリ通りのその賑わいが魔法にでもかかったかのように静寂に包まれる。道を歩いているのは若い女性が数人だけだ。ピアノ作品のように響く明るく華やいだ声で彼女たちは、「メリークリスマス」と声をかけてくれた。静寂に包まれた通りを抜け、家に向かう途中、二人は中田喜直の歌『雪の降る町を』を口ずさむ。雰囲気は最高だが、いったいどこでクリスマスのご馳走にありつくことができるのだろうか。

空腹感が漂うこの話は一瞬だけ日本から届いた荷物が解消してくれた。舘野弘が新年を祝うために餅と酒を息子たちに送ってくれていた。それ以外に食べ物といえば何枚かのスルメが見つかる程度だった。それで足りるわけがない。クリスマスの日に空腹に耐えきれなくなった兄弟はヨルマ・パヌラに思い切って電話することにした。「なんだお前たち、馬鹿だな。そんな我慢しないで、すぐに食べに来いよ」とヨルマは大笑いし、アジアの友人たちに豪華なクリスマス料理を振る舞うのであった。

「僕が泉を命の危機から救った最初の人物だよ。うちの三人の子は泉にピアノを教えてもらったんだ。ちゃんと報酬を払って、ピアノのレッスンの後には食事もご馳走したよ。二、三時間は食卓を囲んでいろんな話をした。片言だったけれど彼はフィンランド語を話していた。我が家でも多くを学んだんじゃないかな。上達は早かった。方言も幾つか教えたよ」とパヌラはやんちゃな子どものような表情を浮かべた。「泉が一升瓶を持ってきたことがあって、それを飲むのに夢中になって、長い時間話し込んだこともあった」。手土産としてもらった日本の民謡を収録したレコード盤のことでも話が盛り上がった。日本の民謡はどのように歌われるのだろう。神秘的で、興味をそそるような、魅力的な言葉が使われているのだろうか、それともパヌラのような方言訛りの癖のある言葉なのだろうか。いずれにせよ手土産の魅力で何時間も話し合う二人だった。

パヌラは1965年にヘルシンキ・フィルハーモニー交響楽団の首席指揮者として七年間の任期を開始する。それまでに彼は地方の管弦楽団や演劇界と強い繋がりを築いていた。社会的な変化の波は分野を問わない。文化的な営みにも大きな波が押し寄せ、あらゆる方向にその波が流れていた。オーケストラの活動は大都市だけでなく小規模都市でも行われるようになり、音楽学校では組織化が進展する中で音楽教育も大きな成果に向かって走り出す。職業として音楽を続ける可能性が広がると音楽家の道を選ぶ者の数も増え、それは演奏技術の向上にもつながって一連の変革に拍車をかける。更にはより幅広い層の国民を対象とした文化的な催しが熱望され、二十年間近くクラシック音楽が主流だったラジオ放送も商業化に伴い、その内容が多様化していく。

各所で変化の兆しが見受けられた。二十世紀初頭にはすでにフィンランド人音楽家は国際的な交流を築いてはいたが、1960年代の音楽界は表向きにはまだ国内を中心に回っていた。「当時はフィンランドに定住しようという外国人はいなかった。コンサートでは海外の著名な音楽家がたくさん演奏に訪れていたが、それ以外は皆無だった。つまり、フィンランドに留まって音楽活動をしようとする外国人はいなかった」とヨルマ・パヌラは、舘野がフィンランドに定住したことがいかに例外的なことなのかを指摘した。「泉とヴァイオリニストのペッカ・カリが知り合いで、それを介して私たちもオーケストラの世界で親交を深めた」

ペッカ・カリと舘野は1964年に既に会っている。トゥーラ・ホスティッカがシベリウス・アカデミーの副課でペッカ・カリからヴァイオリンの指導を受けていた。舘野とホスティッカは彼の自宅に招待され、会ったときから気が合い、それ以来、彼が亡くなるまで親交を深めたのだった。

不屈の精神で音楽に向き合うパヌラは、指揮者を夢見るフィンランド人に多大な影響を与えた。彼はコンサートの指揮者にとどまらず次世代の指揮者の育成にも力をそそぎ、教育者としても高い評価を得ている。パヌラは臆することなく自分の考えを表に出し、その選び抜かれた言葉の端々でテンポと音価の重要性を伝えている。指揮台に上れば言葉は意味を失い、無駄のない柔軟な指揮棒の動きのみで、音楽そのものと繊細な本能の奥底から演奏者の感度を高める。ステージに上がればフィンランド西海岸出身の熱意にあふれる指揮者と東京出身の落ち着いたピアニスト、つまりパヌラの言葉を借りると「自然体なクラシック音楽家」は、音楽という共通の言葉で意思の疎通を図る。「一緒にたくさん演奏した。泉にはいろんな演奏会へ同行してもらった。こんなに気を使わないソリストは今までいなかった。あれこれ説明する必要もなく、私たちはただ演奏に励んだ。それが二人の共通の言葉だ。他の人が練習に口を挟みに来るなんてこともなかった」とパヌラは私に視線を向ける。実を言うと、パヌラは練習中に少し音楽以外の言葉を交わしている。「一度練習中に日本語を、いや日本語っぽく聞こえるフィンランド語を話してみた。私は泉に大きな声で『jokohamaalota（読み：ヨコハマアロタ、意味：もう始めていいかな）』と言うと、彼は理解して頷いたんだ」

「フィンランドに留まる外国人はいなかった」。舘野泉のように外国人音楽家がフィンランドに定住しようとする考えは1960年代のフィンランドでは文化的に馴染みのないものであった。しかし、一向に帰国しない舘野の様子を見て、音楽家界隈では、「アジアの才能豊かなピアニストがこの国に移住した」と噂が広がり始める。才能豊かなだけではなく機敏なピアニスト。つまり、舘野はすぐに新しい作品に取り組んだと言われている。卓越した演奏技術のおかげで何の支障もなく与えられた仕事をこなすことができた。

シベリウス・アカデミーの喫茶室でフィンランドの文化界の重鎮であるセッポ・ヌンミは、「どこに彼を匿っているのですか」と正面に座っているトゥーラ・ホスティッカに尋ねた。「セッポは泉にとても関心を寄せていて、私がもっと熱心に泉を世に出すべきだったのではないかと彼は考えていたみたいだったけれど、私はただの女学生にすぎなかったし、もちろん私ができることはすべてした」とホスティッカは語った。

セッポ・ヌンミは、お金に窮する舘野のために助成金を手配し、フィンランド中部にある都市ユヴァスキュラで行われる音楽文化祭「ユヴァスキュラの夏」に彼を同行させた。ヌンミは多様な芸術が集う祭典を他の北欧諸国に先駆けてフィンランドで行おうと企画していた。その祭典は1956年に産声をあげ、フィンランドの牧歌的な風景に国際文化交流の道を切り開いた。このイベントには、音楽会議、各種芸術セミナー、室内楽のレッスン、音楽合宿、図書館学の講義、各種演奏会、美術展、映画祭、パネルディスカッションなどが盛り込まれている。

舘野がフィンランドで初リサイタルを開いてから一年が過ぎていた。次に舘野の名前を聴衆が耳にするのはユヴァスキュラで行われた音楽祭まで待たなければならなかった。音楽評論家セッポ・ヘイキンヘイモは、1965年7月にヘルシンギン・サノマット紙に論評を寄せ、ドイツ人ピアニスト、イェルク・デームスの講座の修了演奏会で演奏した二人の若い才能あるピアニストのことを取り上げる。「受講者たちによる演奏会で、ラルフ・ゴトーニと我が国に滞在中の日本人舘野泉の二人が、他の演奏家とは別格と言えるほど異彩を放っていた。後者が演奏したアルバン・ベルクのソナタで注目を集めたのは、難解な技巧を要する曲に対応した技術力だけではなく、とりわけロマン派の後期に開花したこの作品を実現させたその朗々とした洗練さが際立つ表現力だった。明らかに舘野泉は西洋文化を驚くほどいとも簡単に自分のものにした日出ずる国の有望なピアニストのひとりであり、将来が大いに期待できる人物だ」[41]

舘野とゴトーニは、フィンランドの音楽界のエリートへの階段を駆け上がっている。演奏するときに言葉で伝える意思や能力は意味を持たない。両ピアニストは芸術分野の多方面で文化の架け橋となって活躍する人材だ。音楽的な貢献に加えて彼らは積極的に執筆活動を行っていることでも知られている。しかし、舘野の著作物、つまりエッセイ集、日本の日刊紙や音楽雑誌でのコラムや対談などは、言葉の壁もあり、まだ西洋の読者の知らないところにある。彼は自身の音楽に対する思いや演奏家としての歩み、1960年代以降のフィンランドでの生活の様子など積極的に日本の読者に伝えている。

フィンランドの各種報道で舘野泉の卓越したピアニズムが常に注目を集めている。彼は1965年にトゥルク交響楽団との共演でガーシュウィンのピアノ協奏曲へ長調を、そしてデンマークのオールフスでも同じ曲を演奏した。それは指揮者のヨルマ・パヌラがトゥルクとオールフスの常任をしていたからで、オールフス滞在中はパヌラの住居に住まわせてもらった。1968年にヘルシンキ・フィルとパーヴォ・ラウティオの指揮でラフマニノフの3番を演奏し、翌1969年にはクルト・マズアの指揮でプロコフィエフのピアノ協奏曲第2番を演奏した。フィンランド放送交響楽団とのコラボレーションが1970年の1月に始まり、矢代秋雄のピアノ協奏曲を演奏する。首都圏では毎年ソロコンサートを行い、それに加えて彼はフィンランド国内でコンサートツアーを精力的に行っている。1969年には既にトゥーラ・ホスティッカがプロデュースしたテレビ番組「Musiikin maailmasta（音楽の世界から）」に出演し、一時間程度のリサイタルを行い、そこでラフマニノフのピアノ作品を演奏した。批評家は、澄んだ切れの良い指運び、詩的な旋律の世界、生き生きとした様などを評している。もちろん作品によってはいくらか批判がなされることがあるが、全般的に見て舘野はフィンランドの音楽界のトップクラスのアーティストとして肯定的に迎えられ、賞賛する声が上がった。新聞の論評で何度もピアニストがアジア人であることが取り上げられる。日本人の演奏家のレベルが飛躍的に向上していると認識されたが、舘野を一般的な型に当てはめることは不可能だ。巧みな演奏技術に加えてこのピアニストは繊細さの魂であり、激しく流れる溶岩のようだと形容されている。これらの反応は、これまでこの手の特性を持つアジア出身の音楽家の演奏にフィンランド人が馴染んでいなかったという事実から来ているのであろう。

１９６８年に舘野は海が一望できるフランスのロワイヤンを旅する。この都市に１９６３年に現代芸術に特化した国際的なイベントとして復活祭の時期に合わせてロワイヤン現代音楽祭が設けられた。あらゆる芸術を対象として企画されたイベントではあったが、とりわけ現代音楽の演奏に焦点が当てられていた。１９６７年から１９７１年にかけてオリヴィエ・メシアン・コンクールが開催され、レパートリーに挙げられた作曲家は、シェーンベルグ、ベルク、ヴェーベルン、ストラヴィンスキー、プロコフィエフ、ラヴェル、ドビュッシー、バルトークとメシアンだった。１９６８年の決勝で最終選考に進出したピアニストは、メシアンがピアノと打楽器アンサンブルのために作曲した『７つの俳諧』を演奏することになる。日本の公家文化で深く根付いた雅楽や能楽に代表される音の世界はもちろん、採取した鳥の歌など、日本滞在中に影響を受けたことをメシアンは日本の素描としてこの曲で表現している。

「このコンクールへの出場は、慎重に検討を重ねたり、準備したりというものではなく、むしろ瞬間的な思いつきによるものだった。メシアンの音楽は私の心の近くにあるが、他のレパートリーもその当時私がよく演奏していたものだった。メシアン・コンクールの参加者の年齢制限が三十二歳までだったということもある。自分も制限年齢に近く、これが最後の機会になると思ったんだ」と舘野が教えてくれた。

もちろんメシアン自身は審査員ではなかったが、このコンクールに立ち会った。彼の妻のイヴォンヌ・ロリオが審査員の中心人物としての役割を果たした。「メシアンとロリオの二人とも話す機会があった。彼らはコンクールの出場者に会って、どのような人物なのか、それとも下馬評を覆すような要注意人物はいないか少し確認したかったのでしょう」と舘野はいかにもフランス的だと思われるその場の雰囲気に果敢に切り込んだ。コンクールで優勝したのはイヴォンヌ・ロリオの生徒のジャン＝ロドルフ・カールスで、舘野は第二位だった。「コンクール期間中カールスは僕の練習風景を窓越しに覗き見ていた。彼自身が練習を見に来たと僕に言ったんだよ。ル・フィガロ紙の評論家自身は私たちの順位を逆だと考え、そのことは新聞の批評にも出ていた。ついでながら、そのときの本選で共演したのはブルーノ・マデルナ指揮のストラスブール打楽器アンサンブルだったよ」

第二の故郷であるフィンランドを離れなければならないかもしれないという考えは、フランスにいても舘野を落ち着かせてくれたわけではない。彼はコンクールに参加しているときにシベリウス・アカデミーの学長タネリ・クーシストにアカデミーのピアノ科の指導者の空席について尋ねている。その時点で空席はなかったが、それから数週間も経たないうちにクーシストから日本に電報が入る。１９６８年の秋に舘野はピアノ科の教授の職を得、フィンランドに定住することが決まった。

1968年10月末に舘野弘は横浜港で船に乗り、二日かけて日本海を通りロシアのナホトカに渡り、そこから鉄道でハバロフスクに向かった。そして飛行機でモスクワへ抜け、そこからはまた鉄道でフィンランドに到着した。

六十歳の舘野弘にとって初めての海外旅行は、もっとも好ましい時期であった。ちょうどその頃に舘野泉はパーヴォ・ラウティオとヘルシンキ・フィルのソリストとしてラフマニノフのピアノ協奏曲第3番を演奏するのだ。それだけでも息子の第二の故郷を訪ね、彼の生活ぶりを知ることが十分にできるだろう。しかし、舘野弘のこの旅の目的は別にあった。彼は息子に帰国を促しに来たのだ。弘は泉が帰国し、東京藝術大学の教授になることを望んでいた。そして日本を拠点に先の見える生活を送ってほしかった。

舘野弘と光の子どもは全員音楽家の道に進んだ。妹の晶子はヴァイオリンを、弟の英司はチェロを東京藝術大学で専攻し、末っ子の悠子は桐朋学園大学でピアノを学んだ。職業上多かれ少なかれ子どもたちは海外に遠征に出ていき、舘野弘も子どもたちと離れ離れで生活することにも慣れっこになっている。とはいえ、その考えに最終的に至るまでにはちょっとした物語が隠されている。

列車がソ連の国境を過ぎフィンランド領に入り、パスポートの検査が始まったが、検閲官は舘野弘のパスポートを見て驚いたように「舘野？　ピアニストの舘野泉の父親か」と聞いたのだ。国境の検閲官でさえ息子の名前を知っている！　その瞬間に泉を日本に連れ帰るなんていう考えは吹っ飛んでしまったのだった。そしてヘルシンキ・フィルと泉の共演は大成功だった。会場中が熱狂して若いソリストを称えた。「彼は既に我々フィンランド人の心をしっかり掴んでいる。我々のピアニストなのだ」とオラヴィ・カウコは批評の中で述べている。

SONS

音楽は我が家だ

名演奏家、空想家、先駆者

「舘野泉はフィンランド人よりもフィンランド人らしい」[42]という表現で、音楽学者であり音楽評論家でもあるエリック・タヴァッシェルナは、ヘルシンギン・サノマット紙に1970年10月に寄せた論評を書き始めている。「彼のコンサートはフィンランドの音楽史の中で画期的な出来事になった。それ以上でもそれ以下でもない」[43]。1970年10月27日にシベリウス・アカデミーのホールで行われた舘野のリサイタルはプログラム全曲がフィンランドの作品ばかりで構成されるという、当時としてはまったく異例のコンサートだった。「私が思うにフィンランドで戦後に作曲されたピアノ曲の中からこれほど代表的でしかも多様なレパートリーを選定することができる人はそれほど多くいない。これほど多くの楽曲があると、フィンランドの作曲家たちが、弓で弦を擦ったり、引いたり、押さえたりしない鍵盤楽器こそ現代の作曲思考を体現するものだと信じているかのようだ」[44]

ヨーナス・コッコネンの『バガテル集』、エイノユハニ・ラウタヴァーラ『イコン』、『エチュード集』（作品42）とピアノ・ソナタ第1番『キリストと漁夫』、そしてレイフ・セーゲルスタムの『3つの素描』と『ピアノのための3つの瞑想』などを演奏する前に、舘野は挨拶代わりに短いスピーチをして、会場に居合わせた作曲家ラウタヴァーラとコッコネンを舞台に上げて一緒に作品を紹介した。

「彼らは、曲に対する説得力ある熱心な説明をしてくれた。舘野が演奏を始めると、作曲家の個性と作品そのものの間にある重要であるが定義したり言葉にしたりできない繋がりを聴衆は感じ取る」とタヴァッシェルナは評し、舘野の演奏を聴いて感じたことを分析するのに没頭する。そして彼はこのように論評を締め括った。「このピアニストは、素晴らしい技術を持ち、ある種の色彩芸術家や幻視者の役割を兼ね備えた演奏者としてこの夜のコンサートで演奏を行った。聴衆の割れんばかりの歓喜に対して舘野泉は、青春の青い夜の思いを曲に込めたシベリウスの『ロマンティックな情景』をアンコール演奏して応えた」[45]

フィンランド人よりフィンランド人らしいとはどういうことだろう。急速に西洋化するアジアの文化の中で育った西洋のピアニズムの伝統を受け継ぐ匠、西洋の音楽文化の対極にある国から来たこの男性がフィンランドに定住してまだ六年しか経っていない。

舘野泉にとって、フィンランドの音楽作品に向けられた知識欲は、この国と文化に親しむのと何ら変わらない自然なことに感じられた。フィンランドのピアニストが自国で作曲された曲を演奏しないということではない。しかしながら多くの当時の音楽家たちと舘野の仕事を見てきた文化評論家たちの考察では、アジアのピアニストは国内の演奏家よりも既存の音楽作品をより包括的に、しかも偏見なく把握している。舘野の仕事のおかげでフィンランドの土壌から生まれる宝のようなピアノ曲がこれまで考えられていたよりも実り多く表情のあるものと捉えられ始める。彼はたとえ優れた作品とは言えなくても、それを優れた作品のように聴かせることができるとも評されている。

１９７０年代に近づくとフィンランドのピアノ演奏に大きな転機が訪れる。戦争中は多くの才能のある人が、学業だけでなく演奏家になる夢も奪われてしまった。国内にもピアノを上手に弾く者はいたが、巨匠と呼ばれるまでの人物はほとんどいなかった。ピアノ芸術の傑作と呼ばれる作品に到達できる演奏家は生まれない。なぜなら国内には技術の面でピアノの名手を育成するための学習環境が十分に整っていなかったからだ。１９７０年代に入るとその反動からフィンランドを離れ、学習の場を求めて海外に留学する割合が増加する。

「舘野泉がフィンランドに到着した当時、フィンランドではまだ技術的に国際的な水準に達している演奏家はそれほど多くいませんでした。彼はその人並外れた演奏技術で、私のような若い世代の音大生にとって貴重で模範的な存在となったのです」とピアノ科教授マッティ・ラエカッリオは見解を述べる。

「彼のコンサートでのレパートリーは非常に挑戦的であり、また野心的なものでした。彼なら一晩のコンサートでショパンの変ロ短調、リストのロ短調、ブラームスのへ短調などの3つの骨太のソナタを演奏していたかもしれません。ベートーヴェンの『ディアベリ変奏曲』、またはメシアンの曲を舘野がどのように解釈したのか私は鮮明に覚えていますが、才能のある人物が自らに多くの課題を課し、それを成し遂げてしまうと、ピアニストとしての彼の人物評は、すべての同僚ピアニストにとって自身の可能性を考える上での模範となります。そしてもちろん、彼がフィンランドやその他の場所でフィンランド人の誰よりも多くフィンランドの音楽を演奏したことも忘れてはなりません。彼が当時フィンランドに定住してくれたことは幸運でした。彼の影響は未だに直接的にも間接的にも感じています」

シベリウス・アカデミーで1970年に行われた舘野のリサイタルには、チェロ演奏家として有望視されている若き頃のセッポ・キマネンもいた。キマネンと舘野は何度かデュオで共演し、キマネンが日本人ヴァイオリニスト新井淑子と結婚すると三人は舘野泉トリオを結成する。キマネンは、舘野がとてつもなく技量を身につけたピアニストであると知る。「彼は鍵盤を鍵盤として叩いているのではなく、鍵盤が彼の一部となっている」。更に柔軟性に富んだ室内演奏家としてもうってつけの逸材だということを知る。「彼は意思伝達において非常に敏感でちょっとした目の動きで共演者の考えを電光石火の速さで読み取ることができる」。

舘野泉トリオ（新井淑子、舘野泉、そしてセッポ・キマネン）

舘野の芸術家としての個性には先を見据える力があり、それはコンサートのために独自の視点で構想を練り、それを舞台に持ち込むところにも現れている。キマネンはクフモ室内音楽祭の初期の段階を支えてくれるかけがえのないパートナーを得る。

舘野が１９７０年に行ったようなフィンランド音楽だけのコンサートも聴衆には馴染みの形態になり、もはや独創的な企画ではない。しかし、キマネンによればそれは時代を先取りするものだった。舘野の仕事へのアプローチの仕方は、これまでのコンサートの慣習を新しい方向へと導く流れを生み出した。「泉は民族ロマン主義と現代の作曲家の作品を包括的に世に知らしめてくれた。彼は何らかの理由で日の目を見ることのなかったフィンランドの作曲家たちに注目した」とキマネンは当時の状況を解釈した。「別の時期に別の経緯でこの種の流れが来ていたかもしれないが、泉はそれをより早くより力強く実現させた」

日本でも舘野のおかげで同様の流れが来ようとしている。つまり、フィンランドのピアノ音楽が繰り返し日本の舞台でも演奏され始める。「先駆者がいなければ勝手にそんなことにはなりません。この一連の流れにおいて泉が果たした役割は、彼の人生の仕事の一部にすぎませんが、非常に価値のあるものでした」

１９７０年代に入り舘野泉はピアニストとしての実力を遺憾なく発揮する。演奏家としては、長い人生の歩みを鑑みるとその主軸となり、それを支える構造を追いかけると変遷を読み取ることができる。つまり、これまで壮大で豊かな演奏技術を要する代表的な曲目が際立っていたが、レパートリーが増え、感覚的な美を追い求めた曲を演奏し始める。私生活では、多くの雑誌で明かされていることだが、舘野は移動を繰り返す生活を送っていた。彼はフィンランドで家族をもうけ、音楽を通じて両国間の架け橋となっていた。舘野泉から放たれるカリスマ性は、フィンランドと日本のコンサート会場に足を運んだ聴衆の記憶に強い印象を残した。前述の「フィンランド人らしさ」について詩人で日本文学に精通している翻訳家のヴェイッコ・ポラメリが１９７５年1月17日に雑誌『スオメン・クヴァ・レヒティ』に寄稿した記事の中で舘野泉と第二の故郷フィンランドとの関係を的確に分析している。

「舘野泉を『フィンランドの偉大な友人』と触れ込む必要はない。長年にわたって両国間の文化のために寄与してくれているのと同時に彼自身がフィンランドの文化の一部として国内で成長し、その最新かつもっとも活気に満ちた活動はフィンランド国内にもはやとどまらない段階に達している」[46]

１９７０年に舘野泉は東芝ＥＭＩ（後に国際的なＥＭＩと合併）と専属契約を結ぶ。東芝は若き才能あるピアニストのデビューレコードとしてショパンのピアノ曲を望んだ。しかし、二枚目の収録は舘野の希望で、レオシュ・ヤナーチェクのピアノ曲集『草陰の小径』とラウタヴァーラのピアノ・ソナタ第1番『キリストと漁夫』が加わった。収録の合間に彼はシベリウスのピアノ曲を弾いて気分転換をしていた。

「ディレクターが駆け寄ってきて、いまの曲は何かと聞いた。当時日本ではシベリウスのピアノ曲なんてまったく知られていなかったからね。その瞬間に次のレコーディングはシベリウスでいくことに決まり、それがシベリウス・ブームの始まりになったんだ」と舘野の言葉が弾む。

フィンランドの芸術音楽が国際的な企業によって収録されることは当時ほとんどなかった。不毛の大地を肥沃な土壌に変えるためには、このような幸運な巡り合わせが必要であった。舘野の次の収録はＥＭＩのレーベルでリリースされる。１９７１年に彼は、ヨルマ・パヌラの指揮でヘルシンキ・フィルとパルムグレンのピアノ協奏曲第2番『川』とエングルンドのピアノ協奏曲第1番を収録し、１９７２年にはオッコ・カムの指揮で日本フィルハーモニー交響楽団とグリーグのピアノ協奏曲イ短調作品16、そしてラフマニノフの

『パガニーニの主題による狂詩曲』作品43を収録した。1974年になると大規模な『フィンランド・ピアノ名曲集』がリリースされる。このアルバムには十五名のフィンランド人作曲家の作品が民族ロマン主義の曲を凝縮したものから、特筆すべきはペール・ヘンリク・ノルドグレンの『耳なし芳一』まで収められている。

コンサート会場とレコーディングで音楽に熱心に向き合う舘野の仕事ぶりは日本でも見逃されることはなかった。ふくやま芸術文化財団は舘野泉を年間最優秀ピアニストに選出し、その芸術活動を称え、日本の文部省（現文部科学省）は『フィンランド・ピアノ名曲集』に大賞を授与している。

フィンランドでは音楽学者のオラヴィ・カウコが、大規模なレコーディングプロジェクトが計画されていることを公表する。彼は1975年2月16日付のヘルシンギン・サノマット紙の記事の中でこのピアノ名曲集がフィンランドのピアノ演奏の基礎である

ヨルマ・パヌラ（右）、エイナル・エングルンド(左)と泉。ヘルシンキ・フィルが、作曲家エングルンドとパルムグレンのコンチェルトを収録したとき。このCDはフィンランドにおいて、その年のグランプリを受賞した

民族ロマン主義と今日の音楽の多岐にわたる音楽の方向性を描写している。「このピアノ名曲集に親しむと多くのフィンランドの聴衆はそれぞれの曲の考えや感情が豊かであることに驚かされる。普段コンサートではほとんど取り上げられることのないフィンランドのピアノ曲がそこには含まれている」[47]

フィンランドのピアノ名曲を集めた『シベリウス・ピアノ名曲大系』が１９７８年にＥＭＩのレーベルでリリースされる。

「静寂が何よりも大切なこの手の曲をいったいどうやったら書けるのだろう。少年の頃は終戦直後の貧しい時代で我が家にはラジオも電話もレコードプレーヤーもなかったからね。聴きたい音楽がラジオから流されると友達の家に行って聴かせてもらった。プロコフィエフのピアノ協奏曲第３番やバルトークのピアノ協奏曲第２番を聴いて鮮烈なショックを受けたのはその頃だよ。シベリウスの音楽を初めて聴いたのも友達の家のラジオからで、交響曲第７番と最晩年の交響詩『タピオラ』だった。私の心の中に深く果てしない森が現れた。どこまでもどこまでも続き、私を静寂が支配する森へと誘った」と舘野少年はこの音楽に魅了される。

一方で、シベリウスのピアノ作品は戦後の世界的な物不足の状態では入手することが困難であった。楽譜がなかなか手に入らない。借りることができたとしても、当時はコピー機がない時代で楽譜は手書きで複写するしかなかった。それは好奇心があっても集中力がなければ、骨の折れる作業だった。舘野は少年時代に大阪のササヤ書店からガリ版で送られてくる新着楽譜案内でシベリウスのピアノ作品を調べた。『樅の木』だとか『ポプラ』など樹々の名を付した曲集があって、随分変わった作曲家だなあと思った。そこに閉じ込められた光と香りは他の作曲家にはないものだった」

１９６０年代後半、舘野はシベリウス・アカデミーで開かれたリサイタルを聴いていた。フィンランドでは中堅のピアニストだったが、俺はこんなに弾けるんだぞという筋肉マン剥き出しの演奏で少しも面白くなかった。だがアンコールだけは違っていた。繊細な音のせせらぎが澱みなく流れていく。それはシベリウス初期の作品『即興曲第5番』であり、舘野がそれまで聴いたことのない作品だった。

「まるでこの音楽が私の生まれる前から私の中を流れつづけ、それは一生続いていく川の流れのようだった」

ジャン・シベリウスは計り知れない時間をグランドピアノと向き合っているが、果たして彼のピアノ作品はピアノに馴染んだ手で書かれたものだろうか。作品によっては自然な指の動きでは得ることが困難な不自然な部分があるが、音楽は盛り上がりを見せると洗練された精神の喜びを響かせる。演奏することは簡単そうに見えるかもしれないが、どのように音楽的な魅力を引き出すことができるのだろうか。シベリウスのピアノ曲との関係を舘野は感覚を研ぎ澄ませてエッセイ集『貨物列車のピアニスト』の中で描いている。

「家族のものも寝静まった冬の夜、黒々と不気味な樅の森をどよめかせて吹き抜ける北風にひとり耳を澄ませながら、ピアノの音を通して死のかなたの世界に聴きいる彼、あるいは新緑の初々しい白樺にそそぐ日の光の美しい透明な感触をピアノの響きでたちのぼらせようとする彼、初夏の香りをつたえて窓ごしにピアノのキーにまで沁みいりそうなピヒラヤの花の香りを消さないよう、ピアノにそっと触れる彼。巨人の心の中にあった繊細な優しさ、美しさ、予感の数々に、私たちは100曲をこす彼のピアノ曲を通じて、交響作品からよりも、もっとすなおに飾らない形で触れることができる」[48]

実を言うと、舘野泉がフィンランドのピアノ曲を調べ始めたときに、なぜそれがコンサートの舞台で奏でられないのか不思議に思った。カスキ、メラルティン、メリカント、ハンニカイネン、そして「最高の中の最高であるパルムグレン」。フィンランドでは国内の民族ロマン主義に傾倒した音楽作品を演奏することに躊躊いがあるのだろうか。それはコンサートの音楽として相応しくないとでも思っているのだろうか。シベリウスも然りで偉大な交響曲の作曲家とだけしか見られていないのだろうか。舘野は権威ある情報筋から、偉大なシベリウスのピアノ作品をレコードに収録するのは冒涜でしかないとさえ言われた。それはシベリウスにとって何の得にもならないということだった。

しかし、そんな言葉に怯むことなく、舘野は徹底してフィンランドの音楽に貢献しようと努めるのであった。ピアニストで作曲家のマッティ・ラウティオは1985年11月28日のアーム・レヒティ紙の記事『ピアノ演奏の源泉水』の中でこの主題についてもっとも雄弁に綴っている。舘野はタンペレ市音楽院のコンサートホールで、ビュストレーム、パルムグレン、カスキ、そしてシベリウスなどフィンランドの音楽を数多く演奏した。自身もピアニストであるラウティオはタイプライターの鍵盤を弾ませ、「フィンランドにはサウナと粘土で作った鳥の置物よりも大切なものがあることを知らせるために、ひとりの男性が遠路はるばる日本から来なければならなかったことを考えると、なんとも皮肉な話だ。マエストロ舘野はタンペレで演奏した曲を日本でも演奏し、数多くのレコードに収録したことは言うまでもない。彼ひとりだけでプロ・フィンランディア賞に値する活躍をしている」[49]

このコンサートは、マッティ・ラウティオにとってこれまでにないくらい前向きな鑑賞経験となった。彼は音楽の視覚的な側面を力強い文体で論評に綴る。パルムグレンの『3つの夜想的情景』、『月の光』と『海』はフィンランドのピアノ芸術の礎に位置づけられる。暗い深淵と泡立つ波しぶきの中にも素朴さが感じられるカスキが作曲した『激流』の曲調は、「牧歌的な農家の小部屋で平易な詩を朗読しているかのようだ」[50]。そしてシベリウスに至るとラウティオはライオンの咆哮が聞こえたような錯覚に陥る。特別な高揚感を体験させてくれたのは『樅の木』、『即興曲』、『ロマンス』であった。しかし、ラウティオはこれまで馴染みのないシベリウスのその他のピアノ曲をどのように解釈するのだろうか。「民謡曲は、シベリウスのピアノ曲に付随するもので、これらの小品は他の作曲をしている合間に、正確にはシベリウスがあの有名な葉巻をふかしながら椅子にもたれて休憩しているときに生まれたのではないかと想像することができる。それにしても、天才の気まぐれとは、奇妙とまでは言わないにしても、なんと特異なのであろう。私が心から愛するのは、精巧に台座に埋め込まれた宝石のようなものだ。しかし、民謡に登場するあの美しき乙女の描写は、ある種のメフィスト・ワルツのようだ。おそらくシベリウスは、代々国民が口にしてきた冗談を織り込んだのだろう。フィンランドでは、『あの口うるさい婆さんたちは、どこから来たのだろう（＝何があの口うるさい婆さんに成ったんだ）、いや、若い乙女から来たんだよ（＝若い乙女があぁ成ったんだよ）』という掛詞がある」[51]

シベリウスのピアノ曲と密接な関係を築いた舘野泉は、シベリウスのグランドピアノとも特別な関係を築く。彼は１９７０年にシベリウスの邸宅であるアイノラを訪れ、初めてその楽器の前に座った。妻アイノ・シベリウスはその一年前に他界していたが、自宅はまだシベリウス家の所有物であった。指揮者のユッシ・ヤラスと彼の妻でシベリウスの娘であるマルガレータは、巨匠作曲家の平穏な日常生活に通じる扉を舘野のために開いてくれた。ヤラスと舘野はいくつかのフィンランドのオーケストラで共演している。

１９７４年に邸宅が一般公開されると舘野はフィンランドを訪問していた日本人の知り合いを連れて木造

建築のアイノラの静寂を聴きに行った。しかし、これは単なる訪問ではない。巨匠の邸宅のグランドピアノが偉大なフィンランドの音楽を響かせないことなどあろうか。日本のテレビ局が舘野泉の人生の歩みとシベリウスとの関係を語るドキュメンタリー番組の制作に関心を示していた。撮影場所は当然アイノラだ。この手のドキュメンタリー番組はいくつか制作されるが、舘野はグランドピアノの前で思いを語るたびに「とても感謝の気持ちはあるのですが、誰に、そしてどの方向に色々と感謝を伝えれば良いのか分からない」と感極まるのであった。

シベリウスの邸宅アイノラに鎮座するスタンウェイは、五十歳の誕生日のお祝いとして募金活動で集められた資金で作曲家に寄贈されたものだ。当時は楽器の寿命とされる百年が近づこうとしていた頃で、グランドピアノの調律と維持を担当している調律師マッティ・キュッロネンが楽器の状態について語っている。機構の摩耗によりグランドピアノの音が鈍くなり、同時に鍵盤の感触が均一ではなくなっている。グランドピアノ本来の響きを取り戻すことはもはや不可能であった。大規模な修繕作業が必要であるというキュッロネンの見立てにより、アイノラ財団とフィンランドの博物館当局はグランドピアノのレプリカ、つまりオリジナルのアクション機構の複製品を発注することにした。「機器の老朽化を調査しているうちに、代替え機を制作するという考えが徐々に湧いてきたんです。オリジナルは後世に引き継ぐためにそのままの状態で保管されました。これによりレプリカが正しく再現されているか、またはオリジナルにもっと近づけることが可能なのか、互いの機構を比較しながら検証することができるようになりました」。キュッロネンは２０１６年の春先に同僚のエリサ・ヴィサパーとこの前例のない作業に着手する。「それぞれの機構にはごくわずかな違いがある。オリジナルが保管されているとそのままの状態で特性も保存される。仮に機構に新しい部品を取り付けただけであれば、この情報はすべて失われていたでしょう」

「修理が行われると楽器の音はどう変わってしまうのですか」。舘野自身は二十年以上前に、避けることのできない差し迫った復元の瞬間を予見していた。修復作業の瞬間が訪れる前に、舘野はその楽器のその瞬間の音色を収録しておきたかった。彼は『アイノラのシベリウス』を1994年と1995年の二回に分けて収録する契約書を日本のレコード会社ポニーキャニオンと交わした。一作目はシベリウスの後期のピアノ独奏曲を収録し、二作目は『若き日のシベリウス~アイノラ2』というタイトルで初期のピアノ作品に加えてピアノ三重奏『ロヴィーサ・トリオ』、組曲『フロレスタン』とチェロとピアノのための『マリンコニア』が収録されている。

畑で収穫機が音を立てシベリウス邸の静寂を破る。更にこのグランドピアノとアイノラの部屋は、収録の際に多くの難題を突きつける。しかし、舘野泉と収録スタッフはこの困難を克服するために努力を厭わなかった。それは、この収録がいかに重要であるかを物語っている。この録音は、特別注文しない限りフィンランドでは入手できないものであり、販売を目的としてアイノラで収録された最初の音源でもある。

「舘野さん、なぜこのような収録をなされたのですか」と日本シベリウス協会の会員は困惑を隠しきれない。なぜなら録音から流れる音像は期待していたものではなかったからだ。つまり音響的に理想とはかけ離れ、調律が施された真新しい楽器の響きとは違った。完璧といえる音ではなかったのだ。時とともに劣化したその音色は、聴く者の耳に驚きとして伝わる。しかも、グランドピアノもコンサートで用いられるものより小さく180センチ弱しかなかった。

もし別の状況で収録していたら、確実に舘野は楽器に関して別の選択をしていただろう。エッセイ集『星にとどく樹』で彼は日本の読者のためにアイノラのグランドピアノとシベリウスとの関係を詳しく解説し、収録に至った理由も述べている。そして彼らしく象徴的な文体でこのように綴っている。

「私はこのピアノの、滲んだ草書体のような温かく美しい音色が好きだ。アイノラの山荘風の部屋の響きも、木の温か味があり、独特の雰囲気をもっている。（……）いわば雪景色の野や森を歩むような優しさと暖かさであろうか。白雪に覆われた世界はとても単調に見える。しかしその下にはたくさんの生命の色が隠されて動いている……」[52]

ファンクラブの誕生

東京の上野公園では春になると千本以上の桜が咲く。自然がもたらす色彩の素晴らしさは、この公園に何百万人もの人を呼び寄せる。春の輝きに隠れて多くの文化行事も行われている。毎年咲き誇る自然の展覧会と同じくらい多彩だ。国宝や西洋美術を所蔵する美術館、寺院、神社、上野公園の一画に建てられた東京藝術大学の校舎は、歴史の深層から鳴り響くヨナ抜き音階のようにそれぞれの場所に鎮座する。

上野公園は、江戸時代に将軍の寺院の跡地に造られた。そして西洋美術の推進の地であり日本近代化の要所として発展した。歴史の大きな転換期を思い出させる象徴として散りゆく桜の美と武士の生涯を対比させながら最後の侍と呼ばれる西郷隆盛の銅像が建てられた。

１９６１年に公園の東側の地下鉄からすぐのところに東京文化会館が建設された。東京都が開都五百年事業として建設したこの会館は大規模なコンサート活動、オペラ、バレエが行える複合的な活動を支援するための施設だ。主な役割として東京文化会館は、首都東京の本格的な音楽ホールを目指していた。そして１９８６年に世界でもっとも美しい響きをコンセプトに誕生したサントリーホールが開館するまでその役割を果たした。

舞台の袖に舘野の靴先が現れた瞬間に東京文化会館の大ホールは割れんばかりの拍手が沸き起こる。１９７０年代に入ると日本でのこのピアニストの人気は高まり、むしろ異様なほどの人気ぶりで、ソロコンサートを開催するために二千三百席あるメインホールを借りることができるようになっていた。舘野は、燕尾服を控え室に置いたまま、コンサートでは明るい青のシルクのシャツか、またはテキスタイルデザイナーのヴォッコ・ヌルメスニエミがデザインしたオフホワイトのウール生地のシャツを身に着けていた。日本のコンサートのステージで私服を身に着けて演奏することは当時としては非常に斬新で、舘野のコンサート衣装についてはフィンランドのマスコミでも報じられた。若きピアニストの魅力はピアノの演奏力だけでも十分であろうが、思わず見入ってしまうほど美しい顔立ちをしている。洗練された優雅な着こなしは、見るものを虜にする。「コンサートで演奏するピアニストの中で目立つ存在」と同時期に青春時代を過ごしたフィンランドのピアニストが世評した。「彼はまるで絵画のようだった」

化粧品メーカーのマックスファクターもその男性的なイメージに飛びつく。髭剃り後の肌荒れを防止する化粧水の広告に舘野泉がピアニストとして登場する。１９７０年代の日本において美容の宣伝にクラシック音楽と演奏家が起用されることは、広告業界と音楽業界の両方の観点からしてもまったく異例のことだった。その結果として舘野の周囲には、クラシック音楽の分野では前例のないファン文化、つまり熱烈な若い女性ファンが集い始めるようになる。そして、舘野のコンサートには一味違った趣の集団が訪れるようになったことも観客動員数の増加につながった。

休憩を挟んで舞台に登場した舘野はグランドピアノの前に座らずマイクを手に取る。それは彼にとってはよくあることで、聴衆に演奏作品と自分との関係性について語るのだった。とりわけ演奏される音楽がフィンランドの作品の場合は、彼はフィンランドでの生活についても語り始める。北半球に咲き誇るナナカマドの木、白夜、あるいは真っ白な冬景色などが作曲家と作品とともに主題として浮かび上がる。

1972年の東京文化会館の5月のコンサートで舘野が聴衆に投げかけたメッセージは極めてシンプルだった。コンサートのすべての曲目を演奏することはできないと伝えたのだ。あまりにも大掛かりなプログラムを組んでしまったために、スクリャービンのピアノ・ソナタ第4番を演奏する時間がない。「水を打ったような、いや氷水でも浴びせられたかのような会場の雰囲気に、のんびり屋の僕もさすがに、こりゃあまずいと思ったんでしょう。次の瞬間、こう口走っていました。『スクリャービンを聴きたい方は、一週間後、自由が丘の家まで来てください』」[53]と腕を組みながら語る舘野の笑顔はさらに大きくなった。その日に会場を訪れていた舘野弘は二千人の聴衆に紛れて座っている。「私は一週間後にスクリャービンを聴きたい人全員に演奏すると約束した」という息子の理解できない発言を聞いて心臓が止まる思いがしたことだろう。

「冗談だと思っていました」とこのときの聴衆のひとりであった吉松隆は言う。その当時まだ青年だった彼は、プログレッシブ、そしてロックに心酔し、後にクラシックの世界で作曲家として活躍することになる。彼はこれまで人生で一度もクラシック音楽のコンサートに足を運んだことはなかったが、このコンサートを見逃すことができないと思った。フィンランドのピアノ音楽、ラウタヴァーラ、ノルドグレン、シベリウスとその同時代の音楽家に魅了されていた彼は「日本のコンサートの舞台でこのレパートリーを演奏しているのは舘野さんだけでした」と語る。

「私は舘野さんがコンサート終了後にアンコール演奏で何曲も弾いていたのを覚えています。拍手喝采が全然収まらない。ご挨拶に伺いたかったのですが、祝福の列ができていて入り込めませんでした。若い女性が大勢で長い列をなしていましたからね」と吉松の屈託のない声が響く。彼は舘野が自宅でコンサートを開くと言っても真に受けなかった。「数年後にプロの作曲家として舘野さんと雑誌で対談したとき、本当に自宅にお客さんを招いたのか本人から聞かずにはいられませんでした」

もちろん、有言実行された。緑が丘の舘野の自宅がにわかに騒がしくなる。電話は鳴り止まず、人々はいつどこでコンサートが行われるのか尋ねる。参加希望者は驚くほど多く、遠くは北海道からも問い合わせが入る。家族は恐怖心さえ抱いた。なんという思いつきなのか。コンサート当日の朝、家のまわりには三百人近くの行列ができていた。「お兄ちゃん大変大変」と悠子が駆け込んできた。現地に駆けつけた人の一部はスクリャービンを聴きに来た。一部は自分のアイドルを見に来た。グランドピアノがある部屋は八畳で、もうひとつの部屋が六畳。二つの部屋は襖をはさんで繋がっている。九十人ほどの収容スペースを確保できるが、聴衆は廊下に沿って中庭まで並んで立たなければならず、もっとも近い聴衆はグランドピアノにしがみつくようなありさまだった。スクリャービンのソナタに加えてショパン、ラフマニノフを演奏した。希望者が全員参加できるように一時間弱の演奏会を三回行わなければならなかった。

開いたドアや窓から春の陽が差し込み、暑さでグランドピアノの調律はすぐに狂ってしまうが、聴きに来た人たちは幸せなひとときを過ごすことができて大喜びだった。彼らは人生で初めてホームコンサートに参加し、演奏家の自宅でその家族と話をすることができた。このときに参加者がファンクラブのアイディアを持ち出した。

東京文化会館のステージで聴衆に贈られたホームコンサートの招待状が、クラシック音楽界で日本初のファンクラブの設立につながる。舘野泉の芸術活動を支援する事務局が1974年に東京で設立される。そしてすぐに、大阪を中心とした関西地域、東北の仙台、北の北海道、南の四国と九州に事務局が誕生する。各クラブには独自の会報と会員行事があり、会員には音楽愛好家、プロのピアニスト、医師、ビジネスマンなどがおり、最盛期には約千名が、今でも五百名近い会員が名簿に名を連ねている。

ファンクラブの会員は舘野が企画したコンサートの広報、チケットやCDの販売などをサポートしている。定期的に食事会を開き、一年に一度は集会を開き、ファンクラブの活動を推進するための会合を行っている。ポピュラー音楽の分野とは異なり、クラシック音楽の分野では非常に目立った存在であることは疑いの余地はないが、舘野泉ファンクラブはその先駆的な立場もあり、日本の芸術音楽の分野における同様の活動のお手本となっているようだ。

このファンクラブの役割は主に、商業化され激しい競争に晒されている芸術活動を裏方として支援し応援することだ。舘野は大規模なツアーを頻繁に開催する。ときには七日間に及ぶシューベルトを特集した公演を日本各地で行い、二年間をかけて全国を巡る舘野泉フェスティヴァルなどのツアーが企画されている。これらの活動にはファンクラブの存在が不可欠であり、会員は自主的に支援をしている。それ以外にも会員はファンクラブの活動を通じて仲間意識を共有し、会員同士の絆を深めることにも価値を見いだしている。

「第一線で活躍する演奏家は一般の聴衆にとって、少なくとも日本では、遠い存在であるという印象を私は持っています。演奏家と聴衆との交流は、コンサートを介して音楽のやり取りで行われるのが基本です」と東京のファンクラブの代表を務めるピアノ教師の松田純子は思っていた。「その点で泉さんは例外です。さまざまな聴衆と気兼ねなく接してくれますから」

特にファンクラブが発足した当初は、舘野が会員を自宅に招いて食事会を開くこともあり、食事はみんなが持ち寄った。コンサートの遠征先で自由時間があれば彼はファンと過ごすこともあった。

「ファンクラブの活動で、泉さんがコンサートを開く長野の山間部の蓼科村を一度訪れたことがあって、そこの中華料理屋さんで夕食を取ったんです。窓が大きくて森の景色が一望できて」と松田はそのときの情景を思い描く。「泉さんは私たちと夕食をともにして、それぞれの席を回ってファンクラブの会員の方々と歓談されました。自分から話しかけるというよりは聞き上手な方です。でも芋焼酎が少し入ると饒舌になられますが」。ファンとの交流はこれでは終わらない。「会員は山小屋に宿泊して、翌朝お土産用にリンゴ園に収穫に行きました。そうしたら泉さんも合流してきて一緒に収穫したんです」

舘野泉ファンクラブはまもなく設立五十周年を迎える（※２０２４年に五十周年を迎えた）。現役世代を中心に活動が行われているが、会員たちがアイドルと慕う舘野泉と同じように年齢を重ねたファンも多い。最高齢の会員のひとりに柴田妙子がいる。もうすぐ九十歳を迎える彼女は、要職は退いたが今でもコンサートに足を運んでいる。音楽を愛してやまない柴田妙子によると舘野泉の接点はピアノのみではないのだそうだ。他者との繋がりは奥深いものだ。「我が家は東京大空襲で焼失してしまって、南日本の茅葺屋根の古い民家に逃れたんです。大変な時代で」と柴田は首を横に振った。

彼女は戦後に結婚してしばらく専業主婦をしていた。趣味に割く時間ができると、若い頃に弾いていたピアノを再開し、舘野弘に指導を仰いだ。その縁もあって舘野弘と泉からファンクラブの代表になってほしいと頼まれる。彼女には思いも寄らないことだった。「ファンクラブですか」と彼女は同意することに戸惑ってしまう。その当時まだ子どもが幼かったからではない。性格的に代表になる器ではないと感じていたが、本当の理由は他にあった。魅力的な日本人女性は白髪を手でかきあげながら、「ファンクラブって若い方が熱中するあれですよね」と呟いた。(なお、柴田妙子は七十代後半まで事務局代表を務めたが、2024年4月1日に九十二歳で亡くなった。現在は松田純子が東京のファンクラブ五代目の事務局代表を務めている)

お箸と5弦式カンテレ

もう秋の気配が漂い始めている朝、泉は家から近い市場に行った。ヘルシンキ港に面した広場にはたくさんの屋台が店を連ね、野菜や魚など新鮮な食材を売っている。それを求めて集まる買い手や活気に溢れた雰囲気が好きな人々、そして旅行者などでごった返し、売り子の張り上げる声が響き渡る。泉のもっとも好きな場所である。そこには生き生きとした活力がみなぎっているのだ。

市場の端っこに屋台ではなく小さな箱に座り、声を張り上げるでもなくただ黙って座っている老婆がいた。目の前にはその朝森で摘んできたであろうキノコが慎ましく並べられている。いつも市場で商売をしているわけではなく、近在の農家からお小遣い稼ぎにでも来たのであろう。フィンランドではキノコは椎茸を除いて一般に栽培されていない。森や草の茂みなどから採ってくるのである。泉はその老婆に英語で声をかけてみたが、彼女は怯えたような面持ちで返事もしない。いくらかとフィンランド語で聞き直してみるとそれには答えたが、慎ましい値段だった。泉はそのキノコをいくらか求めて帰宅した。別にどうして食べようとかプランがあったわけではない。ただ笊《ざる》に置いて見ているだけでも嬉しかった。生きた香りが漂い、新しい命がそこにある。以前にもそんなことをして彼は楽しんでいた。夕暮れ時にマリアが訪ねてきた。彼女とは最近恋仲になり親密に付き合い出したのである。キノコを見るなりマリアは顔色を変えた。

「そのまま食べては駄目よ。それは毒を持ったキノコなの。お湯で二回茹でると毒は抜けて素晴らしい味になるのだけど、市場ではそのことを教えてくれなかった?」

湯掻いて毒抜きしたキノコは天下一品の味だった。マリアは命の恩人である。それ以後もヘラ鹿のステーキに添えて何度も賞味した。ナナカマドの実のジェリーと合わせて食すると野生の味が横溢してなんとも応えられないのである。

泉とマリアは1973年7月に東フィンランドのサヴォンリンナで出会った。しかしそれは初めての出会いではなく、数年前からシベリウス・アカデミーの図書室やヘルシンキ・フィルとのレコーディングなどでも顔を合わせてはいたのである。まだ学生であったマリアはアカデミーの生徒会の代表で、日本人の留学生のことで泉にコンタクトを取ったりもしていた。アルバイトで図書室に勤めていた時期もあり、フィンランド作品の楽譜を閲覧にくる泉ともよく会っていた。1971年に泉がヨルマ・パヌラ指揮のヘルシンキ・フィルと2曲のフィンランドのピアノ協奏曲の収録をしたときにはマリアは同フィルの副団長をしていて、録音時に必要なオーケストラの譜のことでも泉とはやりとりがあったし、彼のコンサートやラジオ放送され

る演奏などもよく聴いていた。常々素晴らしいピアニストと思って尊敬していたし憧れもあった。

「あなたピアニストが必要じゃない？」サヴォンリンナのリュセオの階段を降りてくるマリアに泉は訊いた。彼は階段を上っていくところで、そこにいるのは二人だけであった。既にお互いに知っている仲ではあったが、親密な言葉を交わしたのは初めてである。マリアにはその秋ヘルシンキで大事なコンサートがあり、そのためにミラノに行ってソプラノ歌手、カルラ・カステッラーニのレッスンを受けてフィンランドに戻ってきたばかりであった。そしてオーストリアの名ピアニスト、エリック・ヴェルバのマスターコースに参加する予定であったが、あてがわれたピアニストに不満でヘルシンキに帰ろうと思っていた。ヴェルバの講座を覗いてみたときに泉がピアノを弾いていて、なんて素晴らしいのと思って、事務局に舘野に伴奏してもらえないか聞いたが、彼のスケジュールはいっぱいという返事だったこともある。

一方、泉はそんなことは知らず、階段を降りてくるマリアの清々しい容姿に打たれて咄嗟に「あなたピアニストがいるんじゃない？」と言ってしまったらしい。恋が生まれたのである。間もなくペラミエス通りの泉のアパートで同棲生活を始める。二部屋だけの小さなマンションだったが二人は幸せであった。婚約を交わすとか結婚するという話はなかったが、泉はある日マリアを連れてヘルシンキの目抜通りにある立派な宝石店に行った。指輪を二つ注文し、その場で名前と日付を彫ってもらったのである。それからも泉は相変わらず演奏会でフィンランド中を飛び回り、マリアは西フィンランドのロヒア音楽院の非常勤講師を勤める生活が続くが、１９７３年のクリスマス頃にマリアと泉は初めて一緒に日本に旅をした。同年秋のヘルシンキでのマリアのコンサートは大成功で、是非同じプログラムで日本でもリサイタルを開くべきだというのが泉の考えだった。

「新しくて不思議な世界が開けました。古式ゆかしい日本の文化は、もちろん視覚的にも、そして雰囲気からも随所に感じられ、どうやってこの文化を受け入れるのか、そして理解することができるのか多少の戸惑いがありました。人も多いし、髪も黒々、そして未知の言語と文字」とマリアは当時を回想する。「好奇心旺盛に自分の周りにあるものすべてに目が行ってしまって、でも日本人は外国人に不慣れなのか逆に私のことを見てくるんです。特に小さな子どもたちは不思議な様子で私を見つめていました。当時の日本、特に東京以外には西洋人はまだほとんどいませんでしたから」

東京の冬は風が冷たいけれど穏やかだ。気温は0度を下回ることは稀で、雪が降るとしても年に数日程度だ。穏やかな気候にもかかわらず、暖かい海流に囲まれたこの島国ではこの季節がもっとも寒い。マリアは寒い気候に慣れているが、室内の温度が10度を下回ることには不慣れだった。「1月に予定されている東京でのコンサートのリハーサルをしているとき、室内でも次第に吐く息が白くなった」。緑が丘の古い家は壁一枚で冬の寒さを凌いでいる。そこに寝泊まりし、夜は分厚い毛布で寒さに耐える。「ガールスカウトで寒い季節にキャンプに行ったことがあるけれど、その経験がなかったら私は日本の冬を生き抜くことは無理だったでしょうね」

1975年1月に舘野家に長男ヤンネ・ユキ、1976年4月に長女サトゥ・ミドリが誕生する。家族の共通語は当然フィンランド語だ。かれこれこの国に十年も住んでいる舘野は、この頃にはフィンランド語を流暢に話すことができた。もちろん子どもたちが幼かった頃、日本語を教えたり、おとぎ話を日本語で読み聞かせたり、子どもと遊ぶときに日本語で接することはあったが、コンサートのスケジュールが優先される生活では、家庭で体系的な日本語での対話を維持することは困難だった。またそれは学問的に多言語の学習方法として当時は支持されていなかった。「その頃は子どもが生まれたら一つの言語をきちんと学ばせることが良いとされていたんです」とマリアは言う。「今は昔とは違って、最初から両親がそれぞれの母語で子どもに話しかけるのを推奨していて、そうするとそれぞれの言語は子どもの頭の中に共存して蓄積されて、両方とも使いこなせるようになるようです。残念ながら当時はこの方法を知らなかったんです」

舘野家の子どもの日常生活は、友達の家庭とは趣が異なっていた。「妹のサトゥと僕が幼かった頃、はっきりしていたことが二つあった。普段は父が演奏旅行で家にいないことが多かったことと、夏になると父の故郷の日本へ帰省すること。母も働いていたので、ベビーシッターのヘッラさんとカーリナさんにしっかり面倒を見てもらっていました。でも、父がいなくていつも寂しかった」とヤンネは自分の幼少期を思い描いた。兄妹は何かにつけて父がいつ帰ってくるのかを話していた。「お父さんが家にいて、リビングでグラン

© Heikki Rissanen

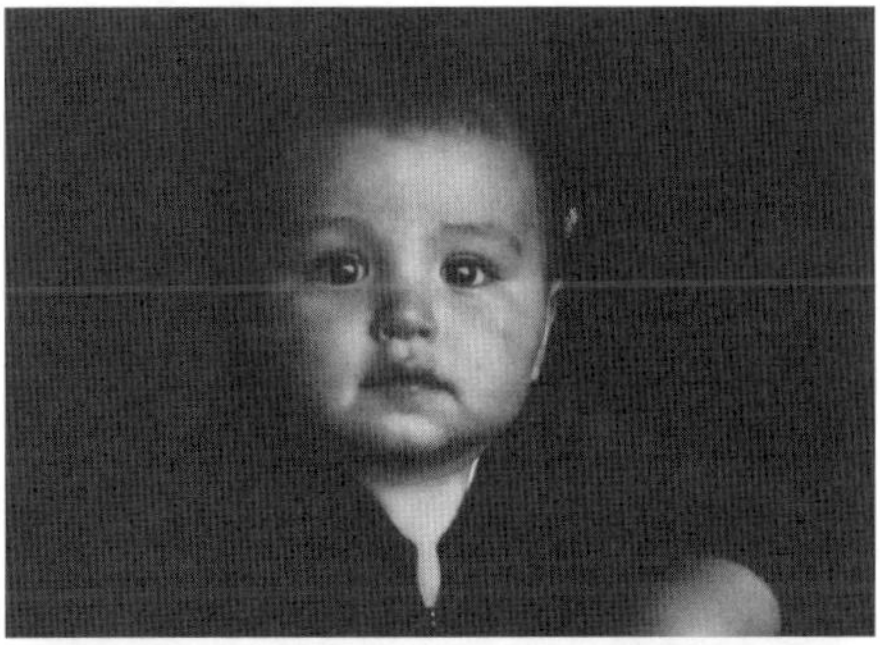

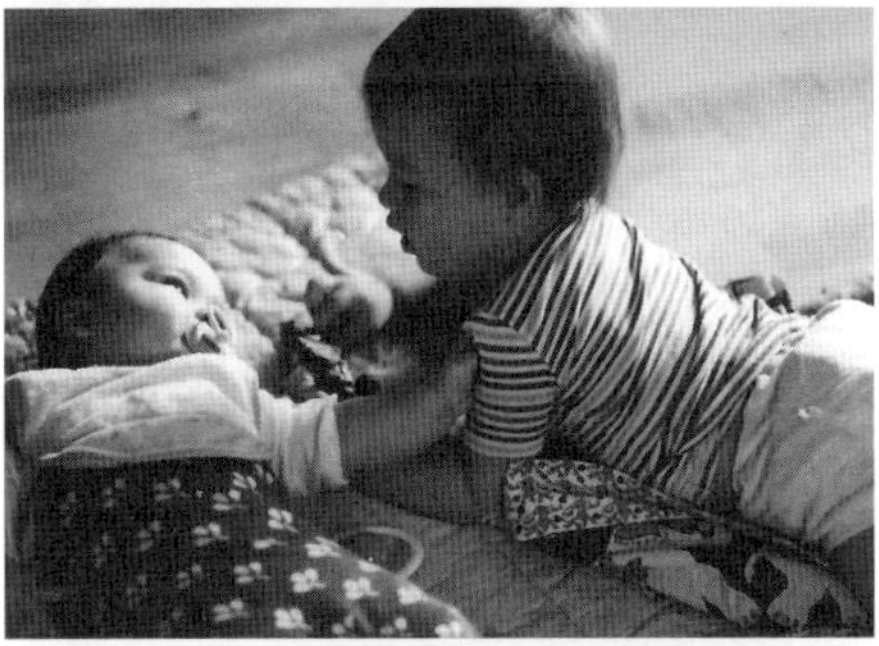

ドピアノを弾いている。安心感を覚える時間だった」

子どもたちは「母の元で」成長する。マリアは、泉が家にいるときは口出しせずに淡々と家のことを行い、泉は彼なりの接し方で子どもたちとの日常を過ごす。「かまってほしければ、父はいつでも私たちのために時間を割いてくれました。父の練習の邪魔をしたときも、決して怒りませんでした」とサトゥは語る。「父は物事を前向きに捉え、よく冗談を言っていました。性格的にかなり寡黙な人で、人を信じて疑わない。ありのままでいさせてくれる」

子どもたちにとって最高の思い出は、夏休みに日本の祖父母のところへ家族で旅行に行ったことだった。祖父母と共通の言語はないが、そもそも子どもの世界で言葉は問題にはならない。「子どもには言葉の壁なんてない。仲良くなるのは簡単さ。祖父母も孫に会えてうれしがっていた」とヤンネとサトゥは語る。国際結婚、とりわけフィンランド人とアジア人の家庭で育つことは、ヤンネとサトゥが幼かった当時非常に稀なことであった。学校では、それもあって時に見つめられたりからかわれたりすることもある。友達の輪に入りたい

幼い子にとって集団に溶け込めずひとりぼっちになるのは気がふさいでしまう。「友達と一緒にいて違いが目立つのは嫌でした。おそらく性格的に恥ずかしがり屋なところもあって、その考えを助長させたのだと思います」とサトゥは語る。彼女はフィンランド人の女の子のように金髪になりたかったのかもしれない。「子どもの頃は好き勝手に物事を考えます。大人になるにつれて自分の生い立ちに誇りを持つようになりました」

「外見が違うことで注目されて、更に両親が型破りな職業に就いていると、自分が何に誇りを持ち、学校で何を話し始めたらよいのか、頭の中で葛藤することもありました」とヤンネは幼少時代の悩みを打ち明けた。フィンランドとアジアの音楽一家であることを特別悪く思ったわけではない。「もっと気になったのは、友達の父親はみんな車を持っているのに、うちには車がなかったことだ」

ヤンネが好きだったヴァイオリンは、友達との会話で盛り上がる話題ではない。それはヤンネ自身にとってもその当時は趣味のひとつでしかなく、それよりもアメリカン・フットボールやバスケットボールなどのスポーツ観戦をしたり、絵を描いたり、テレビを見たりすることに夢中だった。しかしながら、演奏に対する一種の情熱のようなものは未就学児の頃のヤンネには既に芽生えていた。なぜなら日本製のお箸と5弦式のカンテレで演奏の真似をしていたからだ。両親は五歳のときに息子を東ヘルシンキの音楽学校のヴァイオリニスト、ゲーザ・シルヴァイに預け、レッスンを受けさせた。

「両親は仕事が忙しくて私の趣味に積極的に参加する時間はありませんでしたが、基礎コースを受けていたときに父がたまたまフィンランドに帰っていて、レッスンで伴奏するために学校に一緒に来てくれたんです。学校関係者は舘野泉が伴奏者として現れて少し驚いた様子でしたが、父と一緒に演奏ができて最高でした。父はキャロルズのダブルバーガーセットをご褒美に食べさせてくれました」

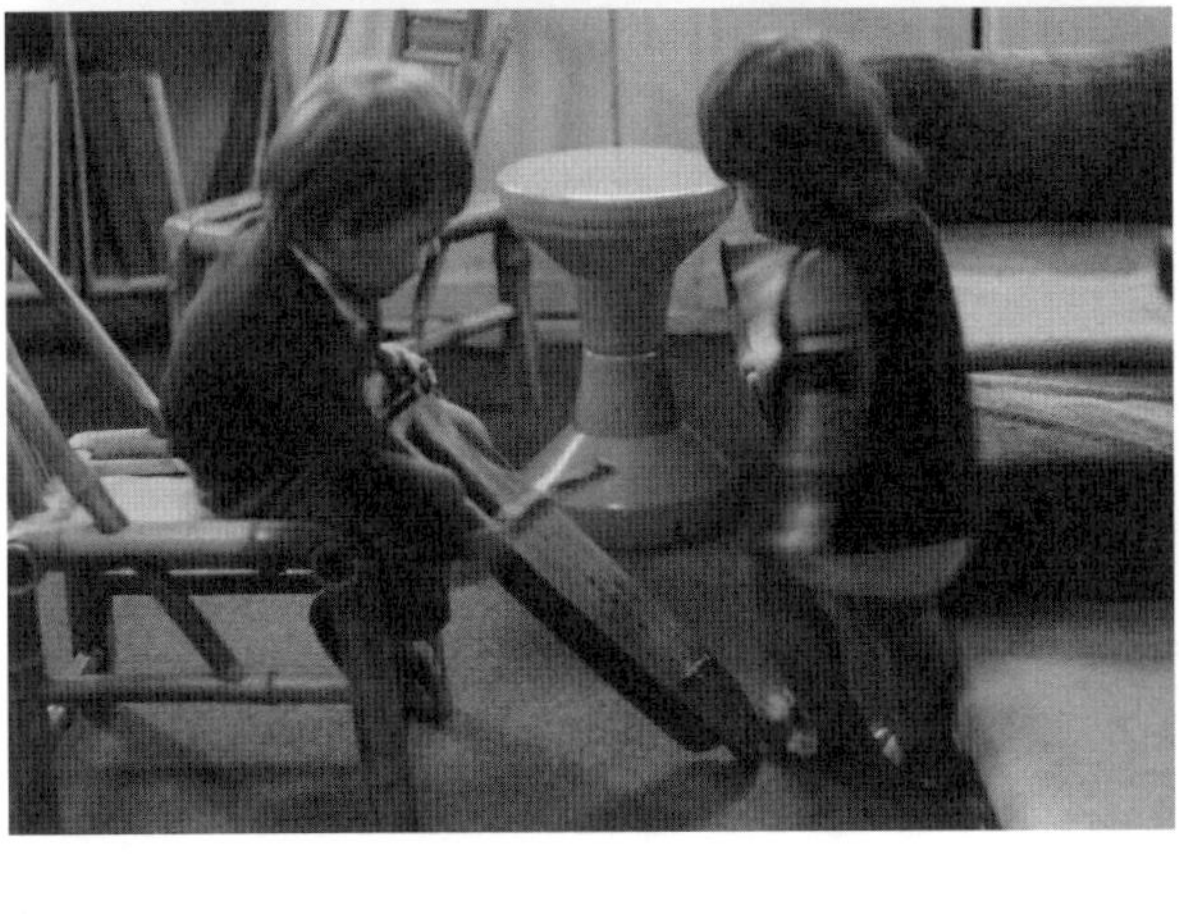

お箸と５弦カンテレで演奏
の真似をするヤンネ

ヴァイオリン演奏に本格的に打ち込むようになったのは、ヤンネが思春期を迎えた頃に叔父でヴァイオリニストのティモ・ホロパイネンのお手本を聴いてからだ。叔父の勧めでヤンネはヴァイオリニスト、ユーリ・ゲレッツィの講習を受講する。講習から戻ったヤンネは、本格的にヴァイオリンを始めるには年齢的に遅すぎるのではないかと両親に訴えるも、「特別な反応が返ってきたわけでもなく、音楽家の職業は本当に厳しいものだと言われただけでしたが、それでも私がようやく純粋に演奏に興味を持ったことに両親が喜んでくれた。そのように感じました」とヤンネは当時を思い出す。「サトゥは、本当はピアノを続けたかったんだと思います。傍目には父も、少なくともそうなることを望んでいたと思いますが、サトゥの性格は三味線の練習を嫌がって押し入れに逃げ隠れたお婆ちゃん譲りでした」

「父の生徒さんの柴山直子さんが私と私の友達にピアノを教えに来てくれたんです。どっちが演奏する

3歳の頃のヤンネ

かで友達と喧嘩になってしまって数回でレッスンは打ち切りになってしまいました」とサトゥはそのときの苦い思い出を語った。サトゥと友達のどちらも先に演奏したくなかった。「とても腹が立ったのでピアノを弾くのをやめて二度と楽器には触れなかった」。この決断は揺るぎないものだったようで、同時に彼女はクラシック音楽を聴くことすらやめてしまう。「密かに父の音楽を聴いていたんです。でもさすがにコンサートに行って聴くとなると十代の私には本当に無理な話だったわ」

「サトゥはそれでも僕が海外の演奏旅行に行くときはお土産にCDを頼んでいたよ。ヘヴィメタのCDをね。フィンランドではまだ手に入りにくくても国外では、特に日本では入手が容易だった。それをね、すごく小さな静かな音で聴いているんだ。僕やマリアの邪魔にならないようにだろうね」

舘野家では子どもたちに音楽の英才教育をしたわけではないが、耳をすませなくても家にいるだけで勝手に音楽が響いている。幼少期にヤンネとサトゥは、父が仕事先から持ち帰ったたくさんのレコードを聴いた。名の知れたピアニストやヴァイオリニストの曲もあれば、バレエ音楽、『動物の謝肉祭』、エルヴィスやABBA、マドンナ、映画のサウンドトラック、そしてロシアの男声合唱団の歌などがあった。子どもたちがお土産に頼んだものもあるが、自宅に収集しているレコードから判断すると舘野は幅広いジャンルの音楽を聴いているようだ。舘野が若い頃にお気に入りだった音楽家にはクラシック音楽の巨匠の他にジャズピアニストのエロル・ガーナーやアート・テイタムがいた。舘野自身もジャズを「単なる趣味の一環」で弾いていた時期があった。年が経つにつれてアルゼンチンタンゴの魅力にも抗えなくなる。その魅力は、土砂降りの雨の日にマリアにも明らかになる。

「(泉とは違って)私の音楽の好みはかなり偏っていて、何か気に入らなければ聴かないものもありました。

そういえば、再び日本を訪れたとき、泉は私をどこかへ連れていこうとするんです。彼は少し謎めいていて、どこへ行くのか教えてくれない。行き先は遠くて土砂降りの雨の中、駅から駅へと駆け巡りました。目的地に着いて初めてアルゼンチンから来日したタンゴグループを聴きに来たことが分かったんです。大ホールの前列の最高の席に座ったのですが、雨の中を走ってきたので疲れていたし髪も濡れていたのでホールの後ろのバルコニー席に変えてほしくて。泉はとても残念がっていましたが、渋々私の願いに応じてくれました」。バルコニー席に座ってマリアはひどい過ちを犯したことに気がつく。ソリストもダンサーも一流なのにその席からはタンゴをまともに見ることができなくなってしまったのだ。「そのコンサートで私はアルゼンチンタンゴの素晴らしさに気がつきました。タンゴにはまってしまいました」

演奏という手段で自己を表現する人もいれば、より平凡な生き方を選択する人もいる。芸術が日常的なことと言えるならば、サトゥが行き着いた介護業界も日常的な仕事だといえる。

「私以外はみんなが楽器を弾いたり歌ったり音楽を職業にしているから、その意味では私は家族の中で音楽から離れた異端児なのかもしれないですね。私にも音楽的な素養があるのかもしれませんが、性格的に内気でその道に進む勇気がなかったんです。学校の歌の試験でもクラスメイトの前で歌わなきゃいけなかったのに、それすらできなかったですから」

ヤンネは最終的に日本でヴァイオリニストの道を歩むことになる。オーストラリアのメルボルンでの交換留学とシカゴのルーズベルト大学でヴァイオリンを学んだことでその道が開ける。

「オーストラリアに留学していたときの一番思い出は、父がメルボルンに来たことです。メルバホールでソロコンサートがあったんですが、父がトラブルに巻き込まれてしまって。演奏先のインドネシアから直接オーストラリアに向かったのはいいものの、父は入国ビザを取得するのを忘れていたみたいなんです。おそらく外交官の知人に助けてもらって事なきを得たのですが、やきもきしましたよ」とヤンネは当時を振り返る。「メルバホールは、ほぼ満席でした。オーストラリアでの私の生活ぶりを父に見せることができたのとホストファミリーを紹介することができて本当に良かったです」

オーストラリアでの一年間でヤンネはヴァイオリンの演奏技術を磨き、シベリウス・アカデミーへの入学を決意する。父も母もアカデミーの教員なのだから彼は合格するはずだ。学生たちの間でもそう囁かれていた。入学試験は上々の出来だったが、彼は不合格となってしまった。

「その年はヴァイオンリンで合格したのはわずか九名でした。受験に失敗して落ち込んでいる私を慰める手立てを父は知っていました。自分の道を見つける選択肢はひとつだけではないと経験から父は知っていたようです。そのときまで父も大学受験に失敗していたことを私は知りませんでした」

舘野泉は家族との絆を大切にしてきたし、社交の場でも、遠征先でも人との輪を大切にしている。しかし、彼が一匹狼、つまり他者との交流を避け、自分の世界に浸るときもあるのではなかろうか。とりわけ難解な演奏の前に彼は孤独を望む。「泉は平然と演奏しているように見えますが、大事なコンサートの前になると次第に彼の心はどこかへ行ってしまうんです。それは演奏日の数日前に始まることもあり、要求が高いコンサートであればあるほど集中する時間も長くなる。並外れた集中力がなければ泉が普段行っているような曲目を持続的にこなすことは不可能だったと思う」とマリアは語る。彼女自身も音楽の専門家として、この孤独が耐え難いものだとしてもその必要性を理解している。重要なコンサートが近づいていると、家庭で日頃の悩みを持ち出すのは避けたほうがよい。返答が期待できないからだ。「その手の話は頃合いを見計らって話すようにすることを徐々に学びました」とマリアは話し、微笑ましさを感じる声で「それですべて上手くいったわけではないですが」と付け加えた。

音楽から一歩離れると執筆の仕事が始まる。舘野は「頭の片隅には常に締切日の文字が浮かぶくらい」たくさんの原稿に追われていた。とはいえ、十分な睡眠時間は確保しなければならない。彼は、疲れると素直にそれを受け入れて居眠りをする。いつだったかクフモ室内音楽祭で舘野が演奏することになっていた。彼の姿がどこにも見当たらない。あたりを探していると大きな樫の木の根元で居眠りをしていた。「舘野さま、舘野さまゲート番号……にお進みください」と空港の待合室でアナウンスがコールされ、びっくりして居眠りから目を覚ましたこともあった。自宅に客を招待して楽しい夜を過ごしていたとしても、疲れていると舘野はこっそりとその場を離れて仮眠する。睡眠は欠かすことができない生理現象、食事はもっぱら神聖な儀式なのかもしれない。「泉にとって食事は朝一番に考えて、夜寝る前に最後に考えることなのよ。とんでもない美食家ね」とマリアは呆れ顔で話した。

舘野泉の人物像を探るためにある市場での出来事に戻ろう。舘野は2月の寒さ厳しい朝に市場に立ち寄った。「ヘルシンキ港の市場で入荷したばかりの見事なムール貝を見た。どれも揃って大粒の黒い殻が濡れた髪のように艶々《つやつや》としている。この貝をみじん切りの玉葱と白ワインでさっと茹でたらどんなに美味しいだろう。大きな鉄鍋に溢れるほど一杯に豪勢にである。白の辛口イタリアワインで、戸外の雪景色を見ながら味わう。身は紺碧の地中海に遊ぶ想いだろう」[54]と舘野はエッセイ集『星にとどく樹』で思い描いている。

彼は大きな鉄鍋二つで茹でなければならないほどムール貝を買い込んだ。家に帰る道すがら、男は夢から醒める。マリアはムール貝を見たら顔をしかめるかもしれない。「いつかムール貝を買ってきて教えてみた。

殻を叩いてみて閉じるものは良し、反応のないものは食べると毒だから捨てるようにと。おそるおそる叩いてみた殻がゆっくり閉じていくのを見ると、つんざくような悲鳴をあげて彼女は台所を飛び出していった」[55]と舘野は綴っている。

帰宅した舘野は市場で大量のムール貝を買ってきたことを黙っておいた。その晩マリアはご機嫌で、政治から世界情勢、芸術、文化一般などについて熱烈に話をし、ムール貝のことなどとても言い出せないまま夜は更けて寝る時間になってしまった。

でも今晩のうちに食べてしまわないと貝の鮮度が落ちる。マリアのすやすやと安らかな寝息を聞いて彼はベッドを抜け出し台所へ向かった。ムール貝を鉄鍋二杯分茹で、ひとりで黙々と全部食べた。「黙りこくって食べられることに、貝のほうでもとまどっているようだった」[56]と舘野は詩的な表現で語った。しかし、彼は貝殻をどう処理したのだろうか。テーブルの上にそのまま置いておくことはできない。マリアが朝起きたら気づいてしまう。「厚い外套、毛皮の帽子、手袋、耐寒用の靴を身に着けて、零下二〇度の戸外に出た。三階から中庭のごみ捨て場まで降りていき、闇の底に貝殻を投棄。（……）完全犯罪は斯《か》くして成功したのだった」[57]

酒杯を重ねて『怪談』へ

「（舘野さんの）演奏はこの地上的なものからまったく離れて浮遊しているようだった」[58]と作曲家ペール・

ヘンリク・ノルドグレンは『怪談Ⅱ』（小泉八雲の『怪談』によるバラードⅡ Op.127）の楽譜の冒頭で述べている。１９７２年に仙台で自身初となるこのピアノ・バラードが初演された。その会場の雰囲気は舘野の心にも忘れられない思い出として焼き付いている。「ノルドグレンは演奏の後に感極まって言葉が出てこなかった」。この背景にはいったい何があったのだろうか。１９７０年の大阪に向かう新幹線での二人のやり取りに話を移すことにする。

舘野泉とペール・ヘンリク・ノルドグレンは新幹線の食堂車にいた。本来ならノルドグレンの思い描いていた将来は別の場所にあった。彼はオリヴィエ・メシアンに師事し、作曲を学ぼうと努力していた。しかし、その研究のための助成金が下りなかったのだ。彼が舘野のコンサートツアーに同行したのは偶然の巡り合わせだった。日本の文部省（現文部科学省）の助成金制度が改訂され、フィンランド人も給付の対象となった。ノルドグレンはこの給費を受けた最初のフィンランド人となり、東京藝術大学で作曲の勉強をする前に大阪大学で半年間の日本語教育を受けることになった。

途切れることのない街並みが窓の向こうで駆け抜ける。その速さ故に新幹線の車内から日本の景色をゆっくりと眺めることはできないが、食堂車では好奇心をくすぐるような会話が弾んでいた。

舘野は頃合いを見計らってノルドグレンにある提案をする。しかし、「とんでもない」とあっさり断られてしまう。ノルドグレンはまだ作曲のキャリアを始めたばかりであり、弦楽に特別な思いを寄せていた。鍵盤楽器にはそれほど関心がなく、ピアノのために曲を作る気もなければ、そもそもピアノを学んだこともなかったのだ。

男性たちは食事をしながら日本酒に酔いしれる。新幹線は高速で西に向かう。「どうしても無理だろうか。

ペール・ヘンリク・ノルドグレンと泉

試してみないか」と食い下がる舘野。日本酒を手にとり躊躇するノルドグレン。新幹線は大阪に向かって高速でひた走る。「私はピアノを学んだこともなければ、それまでピアノ曲を書いたこともないので自信がなかったし、はじめは断わっていたのだが」[59]とノルドグレンは考えを明らかにし、「食堂車で何杯も酒杯を重ねるうちに、やってみようという気持ちになってきた。自分には未知のピアノ曲を書くというのも、大きな挑戦ではないか」[60]と思い至る。

話は宙に浮いたまま新幹線は大阪に到着する。そのとき舘野はこれっぽっちも意図していなかったが、ほんの少し前にその穏やかな物腰でノルドグレンの作曲家人生にピアノ曲という新境地を開いていた。それから一週間が経った。ノルドグレンは舘野に書きかけの草案を見せに行く。『カリグラフィー』といった抽象的な仮題が付されていた」[61]。舘野はこの草案を詳しく読み込んで「いいね、すごくいい」と丁寧に頷いた。一週間ほどで完成版が舘野の元に届く。曲名が『耳なし芳一』となっていることに舘野は度肝を抜かれる。最初に草案を持ってきた後に、ノルドグレンは小泉八雲の『怪談』を偶然にも手にする。ギリシャ系イギリス人で後に日本に帰化した新聞記者ラフカディオ・ハーンが著した怪奇文学作品集だ。冒頭にあった盲目の琵琶法師の話に強い感銘を受けたノルドグレンは、『怪談』を基に作曲に取り込もうと思い立った。その経緯と作曲当時の心境を楽譜の序文で語っている。

盲目の琵琶法師は、壇ノ浦の合戦について琵琶の音色に乗せて物語ると聴く者はみな涙をする。この下関海峡で十二世紀に起こった源氏と平家の最後の戦で、栄華を誇った平家が滅亡してしまう。滅ぼされた平家の霊は成仏することなく亡霊となって現れた。風が強くなると海から生々しい戦の音が聞こえてくる。死者を鎮めるために寺が建立され、その近くに墓地が建てられた。それでも死者の霊は成仏しなかった。芳一は

寺に招かれて琵琶の弾き語りを始める。この音色の美しさに魅了された和尚は芳一を寺に住まわせた。

夕暮れ時になり、芳一は寂しさを紛らわすために自分の部屋の縁側で琵琶の稽古を始める。蒸し暑い夏の夜、足音が近づいてくるのが聞こえた。やがて芳一を呼ぶ武士の声が聞こえた。その武士は使いの者で、主君と身分の高貴な方々が芳一の琵琶の弾き語りを聞きたがっていると伝えた。芳一が琵琶を奏で壇ノ浦の合戦を語ると、刀がぶつかる音、風を切って飛ぶ矢の音、船が衝突する音、そして兵士が海に落ちていく音が響き渡る。

琵琶法師の身に危険が迫っている。夜ごとに出かけるようになった芳一の身を案じた和尚は、彼の身体中に般若心経を書き綴って芳一の身を守った。夜になると芳一はまた縁側に座らなければならない。平家の亡霊から誘われても声を立ててはいけない。さもなければ亡霊に引き裂かれてしまう。しかし、不注意にも耳に経文を書くのを忘れていた。亡霊たちは般若心経が書かれていない芳一の両耳をもぎとった。この物語の最後の場面はおぞましいけれど、芳一は「耳なし芳一」と呼ばれるようになり琵琶の評判も上がり不自由なく暮らしたのだそうだ。

十九世紀末の近代化を推し進める日本でギリシャ系イギリス人新聞記者であるラフカディオ・ハーンが日本に伝わる怪奇な説話を収集し、英語で再話した『怪談』は、ノルドグレンに強烈な印象を与えた。これを基に彼が作曲した10曲からなる『小泉八雲の『怪談』によるバラード』が完成し、舘野に捧げられたのだ。あの世とこの世が絡み合う。この世を彷徨う亡霊の話が中心をなすこの物語は、仏教や生前の生活、そして自然や超自然的な世界と強く結びついている。

日本人には馴染みの物語である『耳なし芳一』が仙台で初演され、大きな反響を呼んだ。演奏は衝撃的であり、レコード会社からもすぐに、音源を収録したいと申し入れがあった。

「この曲のイメージは非常に複雑で、コントラストで満たされた非常に広いダイナミックな作品だ」と舘野は世界感を描く。「レコード会社はダイレクトカッティングでの収録を望み、そのために一発で成功しなければならなかった。修正は不可能だったんだよ」

『耳なし芳一』の演奏が終わると、ノルドグレンが日本に滞在中に作曲を開始したピアノ協奏曲が続く。彼自身がこれまででもっとも成功した曲と評価するピアノ協奏曲第1番が完成する。1975年4月にフィンランディア・ホールでカリ・ティッカが指揮するフィンランド放送交響楽団のソリストとして舘野が記念碑的なコンサートの初演を行う。その後、東京では渡邉暁雄の指揮で、札幌では尾高忠明の指揮で演奏が行われた。

この協奏曲は三回しか演奏されなかったが、札幌の観客にこの曲について尋ねれば、それぞれの視点で成功談を語るはずだ。舘野自身は、「聴衆は完全に熱に浮かされていたようだった」と受けとめ、「演奏後に七回お辞儀をしに舞台に出ていった」と当時を振り返っている。その代わりにノルドグレンの協奏曲第2番は、現代音楽作品の憂き目を見る。1999年のオウルンサロ音楽祭で初演は行われたが、それ以降は鳴かず飛ばずであった。

2000年に入ると舘野との絆から創作意欲が湧いたノルドグレンは再び『怪談』を基にした曲作りに着手する。最終的に13曲のバラード、3曲のピアノ協奏曲が作曲され、ピアノ曲はすべて舘野に捧げられた。舘野は『怪談』の全曲をレコーディングしているが、それらは全曲を通して演奏するものではなく、任意のグループで二、三曲演奏されるものだと言っている。

ノルドグレン自身は、自分の音楽に向き合う舘野の心の広さを感じていた。それは作曲をする上で非常に大きな影響を与えており、ノルドグレンは『怪談Ⅱ』の楽譜の序文でこう綴っている。

「舘野とともに音楽の道を辿ることは、私の作曲家としての人生に計り知れない貴重なものを与えてくれた。（……）新しい作品に触れるとき、彼はまったく先入観に捉われず、その解釈には稀に見る自然さと大らかさが支配していた。私の作品では、その大切な要素である〝抒情的劇的〟性質と、完全に一体となっているようであった。（……）彼はピアノ曲の第一歩に大きな励ましを与え、以降の創作に迷いなく立ち向かう力をくれたのである」[62]

ノルドグレンの譜面には、深黒の夜のような世界が描き出される。「彼の調性音楽は魔法のように神秘的だ。ダイナミクスや大きなコントラスト、そして大胆さがある」と舘野は言った。

このような真面目な話をした後に、唐突に冗談を言って場を和ませたり、詩人のように思い出に浸ったりしなければ、舘野らしくない。聴いている人が『怪談』の世界とはまったく別の話を彼がしているとは気づかずに、この曲を象徴する例え話をしていると思い込んでしまうくらいだ。「前に話したっけ」とピアニストは思い出話に花を咲かせるのであった。

ノルドグレンは1973年に日本からフィンランドに帰国し、日本人の妻である姿能冨《しのぶ》とともにカウスティネンで暮らしている。舘野がそこに行くと、まず十四頭の人懐こいヨークシャーテリアが舘野の足元で戯れ合い、膝に飛び乗り、首元を舐めてくすぐるのだ。走り回る犬たちは、犬のコンテストにも熱心な姿能冨の飼い犬だ。「僕のペットも見てくれるかい」とノルドグレンは庭にある小さな池に舘野を連れていく。そこには一匹の金魚が泳いでいた。「少なくとも金魚は大人しいからね」とノルドグレンは言った。

白夜の国から日出ずる国へ ——音楽祭でのあれこれ

玄関の扉が半分も開かないうちに、礼儀正しく両親を敬う日本の文化が垣間見られた。チェロ演奏者のエルッキ・ラウティオは1973年に初めて舘野泉の日本でのコンサートに同行する。まずはモスクワに列車で向かい、そこからアエロフロート機で大阪まで飛ぶ。大阪から東京の緑が丘まで電車を乗り継ぎ、最後に商店街を抜けて舘野の実家へと歩く。ラウティオは日本滞在中ここで寝泊まりする。「両親と息子が再会したときの双方の思いが随所に感じられた。互いにお辞儀をして挨拶を交わしながら笑顔を見せる」とそのときの様子をラウティオが教えてくれた。「和やかな雰囲気ではあったが父が息子に何かを訴えかけている。もちろん私にはその日本語が分からなかったけれど、後に泉が父親に散髪するように言われたのだと教えてくれた。彼の髪は伸び放題だったからね」

舘野泉はエルッキ・ラウティオを日本フィルハーモニー交響楽団のソリストとして迎え入れる手配をしていた。それに加えて二人はデュオコンサートを行う。日本でもっとも古く、三大紙のひとつである毎日新聞は、このデュオの演奏を高く評価しながら、同時にフィンランドから日本に訪れる演奏者が少ないことを嘆いていた。評者の遠山一行《かずゆき》の記憶に残っているフィンランド人音楽家といえば、偉大なバス歌手のマルッティ・タルヴェラと最近指揮者として頭角を現してきたオッコ・カムしかいなかった。しかし、遠山はラウティオと舘野の演奏を聴き、同等の音楽を日本の音楽界はもっと受け入れる余地があるのではないかと疑問を投げかける。

シベリウスの交響曲と渡邉暁雄が指揮する曲目によって、これまでフィンランドの音楽が遠く離れた島国で知られるようになったとフィンランドでは強調される節がある。しかし、それがフィンランドの音楽の知名度を日本で高めた真実のすべてではない。1970年代に入るとフィンランドでの論調が変わり始める。この当時、日本の音楽界の情報をフィンランドに伝えていたのは、とりわけペール・ヘンリク・ノルドグレンだった。ノルドグレンが記した日本に関する記事の中で、日本の重要性を音楽という営みにおける国際的な枠組みで捉えている。つまり、この国は西洋音楽を消費するだけではなく、才能ある音楽家を育成し、そこで育った現代の多くの作曲家が印象的な音楽を生み出している。ノルドグレンは日本人記者が書いたフィンランド人音楽家の考察に加えて、指揮者パーヴォ・ベルグルンドの来日のこと、そしてこのときのコンサートや記者会見での舘野の貢献ぶりを取り上げている。彼はこのピアニストが作品や演奏家を含めてフィンランドの音楽を日本の聴衆に紹介していることを知っていた。

更には日本人が遠い異国のフィンランドに非常に温かい態度で接してくれることを肌で感じていた。なぜだろう。それは彼の理解を超えることだった。自然への愛、両国が歴史的に孤立した背景、気性が似ているためだろうか。音楽という観点で見ると遠く離れた文化を繋ぐ何かしらの共通する価値観が潜んでいるのであろうか。「これ以上あれこれ詮索せずに、日本という土壌がフィンランドの音楽に適しているとだけ述べるにとどめておく」[63]とノルドグレンは1972年2月のヘルシンギン・サノマット紙の記事で見解を示している。

ノルドグレンは、このまま両国の交流は途切れることなく活発的に行われ、今後十年間でより多くの成果

エルッキ・ラウティオと泉

が期待できると見ている。フィンランドでは、たとえばピアニストのラルフ・ゴトーニやチェリストのアルト・ノラス、そして後に両国間の架け橋となる役割を担うセッポ・キマネンが音楽活動を開始している。フィンランドの合唱団も日本に訪れるようになり、タピオラ室内合唱団とヘルシンキ大学男声合唱団が初来日している。１９７９年にジャパン・タイムズ紙はドキュメンタリー番組「海外の日本人」を取り上げ、舘野のフィンランド愛と、ピアニスト自身がフィンランドでもっとも多忙な音楽家のひとりであると紹介している。

舘野泉の日本での公演で長期間にわたって定期的に共演したフィンランド人の音楽家はエルッキ・ラウティオをおいて他にいない。日本で舘野は手一杯という言葉を体現するかのように次から次へと音楽関連の仕事をこなしていた。彼は毎年ラウティオを自身のツアーに同行させ、人脈を使って室内楽コンサート、更にはオーケストラでラウティオがソリストとして演奏できるように手配していた。ラウティオは「何度も日本を訪問したことは覚えているが、舘野は合計十三回だったと正確に答えた。

「泉は立て続けにどこかへ演奏に行っていて、コンサートの後にはいつも彼のサインを求める大行列ができていた。彼ほどの人脈があると、コンサートの主催者の誰かに何気なくチェリストの友人のことを話して、ついでに舞台で共演できるように口説いたんじゃないかって疑ってしまうよ。だって、それ以外の音楽事務所からは仕事の依頼は一切なかったからね。もちろん話が決まったら実務的なことは泉のマネジメント会社が引き受けてくれたけれど」とラウティオは教えてくれた。

電車が一秒単位で時刻表通りに運行するように、ツアーは日本ならではの時間厳守の精神で行われた。移動生活も十分な睡眠を確保すれば何も問題はない。「泉は睡眠の才能に恵まれている。コンサート前に仮眠が必要だと感じると三十分前でも居眠りして全力でステージに向かう」とラウティオはツアーに同行していてそのことに気づいた。「泉と一緒だとなにしろ楽だし演奏が楽しい。室内楽の演奏は夢のような居心地だ。セッションの必要に応じて彼は率先して練習をして、ステージで何の心配もなく想像力を解放する」

舘野とのコンサートツアーを通じてラウティオは、作曲家の間宮芳生と出会い、創造的な交流を深める。間宮はソリストの演奏を聴きに行ったときに、日本の民謡を基にしたチェロとピアノのデュオのために書き下ろした小品をラウティオに紹介した。音楽家同士の創作意欲に火がつく。ラウティオは間宮にチェロのためにもっと大きな曲を書いてくれないかと提案する。一方の間宮はラウティオのために何かを書きたいという思いを募らせていた。間宮はシャーマニズムから発想を得てチェロ協奏曲を作曲することにした。この曲の世界観はアフリカ中部のガボン共和国の呪術に基づいて展開していく。1970年代にフィンランドに訪れた間宮芳生はフィンランドの民族音楽の伝統にも親しみたいという願望を打ち明けた。「フィンランドの民謡の音源を大学で何十もかき集めた。そして間宮は『チェロとピアノのための5つのフィンランドの民謡』を書き上げ、私たちフィンランド人の音楽の起源を非常に異国情緒豊かに描き出してくれた」とラウティオは評した。

作曲した民謡をラウティオに気に入られた間宮は、精力的に次のチェロ・ソナタの構想のことも打ち明けている。それから二十年の歳月を経て間宮は、静寂と爆発的な自然の力を対比させた曲をラウティオと舘野のデュオのために捧げた。その対比は時間を超越した印象に終始する。ラウティオはこの曲を「前世紀のチェロ・ソナタの中で最高のもののひとつ」であると評価した。

遠く離れた日本の地で演奏活動することに関して、郷に入りては郷に従えということなのだろうか、ラウティオと会話をしていてもそれほど異国情緒を思わせる言葉が出てこない。どこにいても演奏することは、妥協のない練習、曲に親しみ集中すること、そして想像力を自由に働かせることが前提となるのであろうか。「日本が日常の世界なのか散文の世界なのか定義するのはさらに難しい」とラウティオは同国がその両面を兼ね備えていると指摘する。日本にいると滞りなく物事が進むのは当然であり、来訪者を丁寧に迎え入れ、ホテルなど宿泊施設も一流で、リハーサルや公演への送迎は時間厳守で行われる。ここまでが私たちがよく知る日常の世界で、それから散文の世界に突入する。混雑した街路にアスファルトの隙間から春の花が顔を出すように着物姿の日本女性が現れる。何気ない街角で般若心経を唱える声が響く。食事処へ行けばその謎めいた品書きは能楽を鑑賞しているかのよう。箸を握るだけでも学ぶことが多い。

特殊だと思える現象のひとつに舘野の周辺に誕生したファンクラブがある。日本のあちらこちらで見受けられる「大家族」のような存在だ。ラウティオはこれまで公演でいろんな場所を訪れたが、これに類するものに出くわしたことがない。「舘野泉は明らかに好かれている。ファンはコンサートの後に打ち上げをして食事とお酒で盛り上がる。悪酔いしないように頃合いを見てお猪口をひっくり返しておくのが得策だ」とラウティオは笑い出す。「泉はファンに向かって乾杯の音頭をとる。ポケット辞書を頼りにする程度の私の日本語では、何を話しているかまったく分からないが、雰囲気から察するに何か面白い話をしたんだと思う」

ラウティオは話すことが好きな人だ。ファンの集会では片言の日本語でもお構いなしに会話に加わる。「エルッキは会話中に、『なるほど、なるほど』と日本語で連呼していた。みんな彼が日本語ができると思っていたよ」と舘野はため息まじりの笑みを漏らす。

しっかりしたロープのような関係で繋がっていると、長期にわたる仕事はそれ自体が価値の高いものになっていく。王道から外れ独自の物語を綴り、先駆的な役割に相応しい人物が必要になる。舘野泉の物語は、フィンランドと日本の音楽の交流において独自の架け橋を初期の頃から長年にわたって築いてきた。しかし、その最初の起源ということになると「音楽の架け橋」の構築にはキリスト教の布教活動が結びついていた。

フィンランド人宣教師は、１９００年に日本で宣教活動を始めた。青年だった渡邉忠雄はフィンランド人宣教師から洗礼を受け、キリスト教伝道の一員となる。これにより彼自身もフィンランドに神学を学ぶために留学し、宣教師としての道を歩んだ。

渡邉忠雄はフィンランドに長期定住した最初の日本人として知られている。この容姿淡麗な青年はフィンランドを巡り、綺麗なフィンランド語で説教を施した。伝道先で彼は音楽を学ぶフィンランド人の学生、シーリ・ピトカネンと知り合う。若者たちは恋に落ち、１９１１年に婚姻関係を結んだ。この結婚はフィンランド人と日本人の初めての国際結婚となる。

渡邉忠雄とシーリは、両国の文化の豊かさ、つまり「誕生の秘密」を理解できるように子どもたちを育てた。息子たちは将来海外で活躍できるように語学教育にも力を入れて育てられた。長男の忠恕は国際的に有名なジャーナリストになり、弟の暁雄はオーケストラで活躍する指揮者になった。二人とも生涯を通じてフィンランドと日本の文化的な関係を大切にした。

渡邉暁雄は、シベリウスの交響曲をステレオ録音で完全収録した世界初の指揮者だ。１９６０年代初頭に日本フィルハーモニー交響楽団を指揮し、1981年に二度目のデジタル録音を行った。彼は1984年に日本で設立されたシベリウス協会の初代会長を1990年まで務めた。彼の後任として舘野泉が会長として招かれ、二十五年間その職を務めた。

「渡邉と舘野は日本社会との貴重な架け橋の役割を果たしてくれた。彼らには文化交流を推し進めるために必要な人脈と手段があったし、フィンランドがどのような文化を伝えようとしていたのかを認識していた。そのためにやりがいがあり、文化交流を行う理由も明確であると考えてくれた」と四十年以上外務省の職員として大使館で参事官や大使などを歴任したティモ・コポネンは切り出した。1975年から1978年にかけて駐日フィンランド大使館で参事官として勤務したことで、多様化が急速に進む交流の世界においてアジアの関係者と協力することができたことがいかに有益であったかを身をもって体験した。

「アジア諸国では、商売においても文化的な営みにおいても個々の繋がりが重視され、物事が進展します。逆に言えばそれなしでは何かを達成することは難しいのかもしれません。日本では古くからの習慣、つまり、定石化された尊厳ある手続きに従って、協力し合いながら穏便に物事を先に進める。この手段では偶発的なものは生まれない。国際間の文化的な交流になると、ときに意識的に、ときに偶発的に相違が生じてしまいますが、自身が忍耐強く交渉すれば、何かを失うことは決してありません」「また、いつ文化的な事柄を全面に押し出すべきか、日本側といつ商業的及び経済的な事柄を前に進めるべきかその頃合いを学ぶのも交渉を進める上で役に立ちます。日本人と接する際に慎重にしなければならないのは、日本人が『いいえ』という返事をするような質問をしないように心がけることです。余談ですが日本語の『いいえ』は面白いことにフィンランド語の否定辞『Ｅｉ（いいえ）』と逆さになっているように聞こえます。あとひとつは、自己責任は果たしますが、日本人は他人の失敗には厳しい面があります」とコポネンは自身の経験を踏まえて教えてくれた。

自身の外交官としての職務を通じてティモ・コポネンは国家間の繋がりを強化する上で、音楽が大きな力を発揮すると確信する。なぜなら文化交流を高い水準に引き上げることはその他の活動、たとえば政治的な繋がりや、教育や文化を管轄する省庁との連携を強化することに結びつくからだ。その意味において渡邉暁雄は1970年代の文化交流の架け橋のみならず、政治家との太いパイプを持っていた。つまり、彼は鳩山信子と結婚する。妻の父は1950年代に日本の内閣総理大臣を務めた鳩山一郎であり、兄は外務大臣を務めた鳩山威一郎だ。「鳩山家はアメリカのケネディー家と同じぐらい日本では高貴な家柄だと私は認識しています。フィンランド人が日本の政府高官と非常に緊密な関係を持っていると、それはまた文化的な交流において可能性の扉を開くことにつながる。渡邉だけでなく、後に舘野も皇室と親交を深めた。皇室はフィンランド音楽、特にシベリウスの音楽に非常に強い関心を寄せていた」

創立百周年にあたる1982年にヘルシンキ・フィルハーモニー管弦楽団は、日本公演を果たす。そのときに同オーケストラは、シベリウス、渡邉、舘野という頼れる切り札を手にしていた。渡邉は同オーケストラの客員指揮者として、舘野はソリストとして何度も共演している。

1971年から1990年までオーケストラの事務局長を務めたレイヨ・ユルキアイネンは、両音楽家との交流が共感できるものであったという印象を持っている。渡邉や舘野の人脈や文化芸術分野での知識がなければ、この公演は実現していなかったのではないだろうか。「もちろん私たちにとってまたとないこの計画を実行するためには、これら二人の音楽家の存在は欠かせません。オーケストラ全体にとっても非常に実り豊かな経験となりました」とユルキアイネンは確信を持って答えた。ヘルシンキ・フィルハーモニー管弦楽団は、日本でコンサートを行った北欧諸国で最初のオーケストラだ。日本の主催者の要請でコンサートツアーでは、シベリウスのすべての交響曲、ヴァイオリン協奏曲、そして『フィンランディア』が演奏される。まさにヘルシンキ・フィルハーモニー管弦楽団のために選び抜かれたようなプログラムだった。なぜなら交響曲第7番を除くすべてのシベリウスの交響曲を初演したのがこのオーケストラということもあり、お家芸の継承のような日本公演になったからだ。

今回の来日公演のおかげで日本の観客はフィンランドのオーケストラの解釈によるフィンランドの音楽界の巨匠シベリウスの音楽に初めて触れることができた。その東京公演は、明仁天皇と美智子皇后も鑑賞された。天皇皇后両陛下が一般の演奏会を鑑賞されるのは稀で、そのような機会があると日本では大変名誉なこととされる。これはスカンジナビアのオーケストラの訪問を形式的に評価されてのことなのか、それとももっと個人的な理由がおありになったのだろうか。天皇陛下ご自身もチェロを演奏され、美智子さまはピアノをお弾きになることも、そしてシベリウスの音楽を愛奏されていることも国民には知られている。東京公演のアンコールには『フィンランディア』が演奏され、楽員たちは涙を浮かべながらひたすらにシベリウスの曲を演奏した。「忘れることのできない感動的な瞬間だった」と舘野は思い出にひたる。

ヘルシンキ・フィルはオッコ・カム、ペルッティ・ペッカネン、渡邊暁雄を指揮者として全国を周り、ヴァイオリン協奏曲のソリストは古澤巌、ピアノは舘野泉であった。シベリウスにはピアノ協奏曲はなく、一般的にもっとも知られている北欧の曲ということでグリーグのピアノ協奏曲が選ばれていた。舘野自身はこの作品が日本では大衆的な名曲という扱いで、安価な作品だという印象を与えていることを憂いていた。エッセイ集『星にとどく樹』で彼は書いている。「どうしてあんな厚化粧の演奏をするのだろう。この曲の正当な評価がないのは演奏家の側にも大いに責任のあることだと思う。（……）安っぽい感傷やごてごてのロマンティシズムとはほんとうは関係のない音楽なのだ」[64]

四国松山でのコンサートの後ではオーケストラの楽員たちに素晴らしいプレゼントが用意されていた。道後温泉に招待されたのである。浴衣を着て座敷に座り、思い出に残る熱燗と夕食に舌鼓を打った。

毎年暮れの音楽雑誌では批評家たちが集まって過ぎ去った一年のうちでもっとも感銘を受けた演奏会を選ぶのが慣例になっている。そしてそれは全会一致でヘルシンキ・フィルの演奏会であった！　毎年のようにウィーン・フィル、ベルリン・フィル、ニューヨーク・フィルなど綺羅星のような世界のオーケストラがひしめく東京でのことである。そのことをコンサートマスターのペッカ・カリに伝えると彼は茶目っ気たっぷりの表情で「我々が世界一のオーケストラだって？　まあ我々は森の樹々のようなもので、あいつのビブラートはポプラの木のようにいつもざわめいているし、もう一人は白樺、こいつは樅の樹みたいだ。全部集まって森の交響曲みたいに手を取り合って世界一だからな」と嬉しそうに笑った。

「今すぐに行動に移すことが重要ではないでしょうか」。ヘルシンキ・フィルハーモニー管弦楽団の日本公演からわずか一年後、フィンランド航空が東京への直行便を開設した。アジアへの最初の橋が架け渡され、文化・経済のすべての面において両国の交流がより深まることになる。

舘野は数年前から日本大使館の依頼で毎年シベリウス・アカデミーのホールでリサイタルを行ってきたが、この機会にリサイタルを大使館とフィンランド航空の共催で行い、会場も六百席のシベリウス・アカデミーからフィンランディア・ホールに移したらどうかと提案したのである。音響的には必ずしもベストではないにしろ、フィンランディア・ホールはヘルシンキのど真ん中に位置し、客席数も千七百の大ホールである。提言は早速受け入れられた。「日本から新たな大使が赴任する前に天皇陛下に謁見することになっていて、皇后さまは、舘野さんがフィンランドにおられますね、とお声をかけてくださる。大使館と私の間のコミュニケーションも常に円滑である」と舘野は語る。

大使館の文化事業は無料で行われるのが原則であり、フィンランド航空も制服姿のキャビン・アテンダントが当日の会場の入り口で聴衆を出迎えてくれるのであった。コンサート当日は各大臣や日本人使館側の招待客が詰めかけ、ホールの外には入場整理券を求める人々の長蛇の列ができた。全部で千七百人しか収容できないのに二千数百人の希望者があり、入場できなかった人々から不満の声が上がったこともあり、翌年からは希望者にフィンランド航空のタウン・オフィスで前もって一人二枚まで渡すという形に変わった。

舘野がフィンランディア・ホールで演奏する曲目は『展覧会の絵』、シューマンの『謝肉祭』や『幻想曲Op.17』、ドビュッシーの前奏曲集IとII、それにロマン派の作曲家のソナタや小品、シベリウスや他のフィンランド人作曲家の作品などで占められているが、間宮芳生の『ピアノ・ソナタ第2番』やノルドグレンの

ヘルシンキ・フィルと一緒に回った松山道後温泉にて（撮影：Heikki Rissanen）

『小泉八雲の『怪談』によるバラード』など、一般にはハードな曲も散りばめられている。

コンサート最後の拍手喝采が終わらないうちに舘野マリアは急いでホールを抜け出し、タクシーを拾って、招待客を迎え入れる準備をするために自宅へと向かう。コンサート終了後にフィンランド航空や日本大使館、そして舘野の知り合いが客として招かれ、打ち上げが行われる。

「いつも食事はすべて私が用意していました」とマリアは話す。「大使たちは本当に良い人たちばかりでしたが、ある年に大使からウイスキー用の氷がないとか、これはウイスキーグラスではないとか、いろいろと忠告されたので、翌年にはアイスペールとウイスキーグラスをしっかり用意したんです。そうしたら何ということでしょう。その大使はお酒をやめたって言うんですよ」


グローバルな発展、つまり連絡や情報の伝達の加速化によって、文化的及び人的な交流のあり方にも変化が見られるようになった。半開きのドアがどんどん開いていくように、グローバル化とともに文化に対する意識も変わり始める。精神的な創造物も、それによって生み出された心象風景も、物質的な産物と等しく、あるいは輸出製品と同等に扱われ始める。

東アジアの特派員を務めていたユハニ・ロンポロは1987年9月17日のヘルシンギン・サノマット紙で「鱈で芸術を売るよりも、芸術で鱈を売るほうがはるかに簡単だ」[65]とアイスランドの大統領ヴィグディス・フィンボガドッティルが1987年に日本で行われた文化イベント「スカンジナビア・トゥデイ」の開幕で発言したと伝えている。「北欧の文化を輸出することは、日本人に北欧諸国で行われている他のことに関心を持ってもらうための最善の策だ」とこの文化イベントの趣旨を述べている。

北欧諸国が連携して日本で大々的に行った「スカジナビア・トゥデイ」で各国がそれぞれのイベントを主催し、国の宣伝活動を行った。北欧閣僚理事会が派遣国に資金を提供した。日本でこのイベントを支援したのは民間企業で、その中心をなしたのが世界最大の百貨店グループの西武であった。この島国の文化に対する支援のあり方は、北欧の考え方と大きく異なっている。つまり、日本では芸術に対する公的な支援は比較的薄い。この国は資本主義が深く根ざしていて、それを基に経済体制が機能している。当然のこととして文化に対する支援も商業活動の一環として行われている。

「スカジナビア・トゥデイ」において日本人は映画、文学、音楽、芸術工芸品、美術展などを通じて北欧諸国の文化的な作品に触れることができる。芸術家やイベントの支援団体が日本に派遣されるだけでなく、北欧諸国の国家元首やその高官も来賓として来日する。

フィンランドもこのプロジェクトの一役を担っている。イベント期間中にクラシック音楽の代表者、つまりシベリウス四重奏団、チェリストのアルト・ノラス、ピアニストのエーロ・ヘイノネン、ヘルシンキ・フィルハーモニー管弦楽団の音楽監督としてパーヴォ・ベルグルンドとオッコ・カム、そしてタピオラ合唱団などが来日している。舘野泉はフィンランドの現代音楽を演奏し、指揮者の渡邉暁雄は自身が指揮者を務める日本フィルハーモニー交響楽団とともにシベリウス、サッリネン、コッコネン、そしてヤルネフェルトの音楽を披露した。

このイベントを通じて北欧諸国の文化的な遺産がどれほど深く、そして包括的にアジアの人々に理解されたのかを、誰も判断しようとはしない。芸術に携わる一部の人々に理解されたと信じたいようだが、このキャンペーンの規模を理解している人にとってひとつの明らかな問題は、「北欧の文化イベントには巨額の資金が投資されてきた」ということだ。

舘野泉はフィンランド音楽の親善大使としての自身の仕事を文化の輸出という視点で意識して取り組んできたわけではない。自分の好きなこと、そして意味があると感じたことをしてきたにすぎない。しかし、まだ日本に紹介すべきフィンランドの音楽はたくさんある。これまで以上に精力的に1989年以降も活動を続けてみると、自身の音楽活動と自身の懐事情の両面において、確かに文化の輸出にはお金と時間がかかるものだと身をもって知るのであった。

「ちょっと用があるのですが」。1983年から2011年まで舞台芸術促進センターESEKの書記長を務めたレーナ・ヒルヴォネンは、ルーネベリ通りの角を曲がり事務所へ向かってくる舘野の姿を思い返した。舘野は毎年恒例のフィンランド音楽祭「白夜の国のソリストたち」の運営に対する手厚い支援と、このイベントに協力してくれるスタッフへの支援を必要としていた。教育省の下部組織として機能するESEKは、その支援を得るまさに正しい問い合わせ先だった。異文化交流支援プロジェクトにおけるその役割は、強力な財政的かつ経営的な支柱として機能することだ（2012年初頭から音楽振興財団MESに事業が引き継がれる）。

ＥＳＥＫが行う支援の条件を満たしているという点において、舘野のプロジェクトは理想的な案件であった。舘野は開催国の出身で、両国間で芸術活動を行ってきた実績がある。そして何より母国でフィンランドの芸術音楽の利益のために働きたいという意志を持っている。これまでフィンランドから日本へ楽団を派遣するなどの支援はしていなかった。創造的な舞台芸術としての音楽を遠く離れた島国に送るとなると、団体ではなくあくまでも演奏家を単体で派遣する程度の支援しかなく、しかも、これまでその手の案件ですら支援が行われたことはほとんどなかった。この点を強化する目的で長期計画が提案されており、明確な芸術的なビジョンを持つ舘野の幅広い人脈と母国での知名度がこの計画を推し進める上でも有益であるとみなされた。

「泉はいつも控えめで丁寧に自分の要件を示してくれました。私たちは長年、協力関係を築いてきました」とレーナ・ヒルヴォネンは微笑んだ。「彼の熱心さが伝わってきました。その熱意はどこから来るのでしょう。我が国の音楽文化を非常に高く評価してくれて、それを母国で披露したいという強い意思以外に理由が見当たりません」

１９８９年がフィンランドと日本の外交関係樹立七十周年を迎える記念の年であることに舘野は気づいていた。そのタイミングが音楽祭の構想を実現するきっかけとなるが、このピアニストには長い間この企画に対して心の奥底に秘めた思いがあった。この音楽を聴く日本の観客に北欧諸国の文化の営みで育まれた素晴らしい音楽と音楽家に親しんでほしかったのだ。更に経験豊富な奏者だけでなく、才能豊かな若い世代の音楽家を紹介したいと考えていた。それだけではない。舘野は芸術が商業化され、それによって芸術分野の活動が窮屈になっていることに嫌気が差していた。純粋に音楽だけを信じたい。つまり、電光掲示板に燦々と輝いて表示されるような名曲だけでなく、スポットライトを浴びていないような楽曲も幅広く舞台に持ち込みたかったのだ。音楽祭の趣旨はフィンランド音楽に焦点が当たることであるが、舘野は音楽家自身も楽しめるようにレパートリーを自由に選択できるようにした。そうすることでこの音楽祭は、フィンランド中心から、より国際的で魅力的なものへ成長する機会を得ることができる。

音楽祭に向けて幸先の良い船出となった。フィンランドと日本、両国の教育と文化を管轄する省庁に加え、駐日フィンランド大使館と舞台芸術促進機構（ＬＵＳＥＳ）もこの活動の後援となり、フィンランドの協賛企業にはフィンランド航空、再生可能燃料メーカーのネステと商業銀行のＫＯＰが名を連ねた。舘野は日本の代理店から不動産や保険、そして投資会社がこの音楽祭に支援を表明していると伝え聞いた。協会組織では、東京で活動する日本フィンランド協会やシベリウス協会が協力してくれた。

日本では真剣に物事に取り組むことを「袖を捲る」と表現する。まさにそのような状況だった。文化関連事業者や大使館の専門知識を活かして運営部門が設置されプロジェクトの運営を担当する。東京ほどの規模の都市で、軽く太鼓を叩いても響かないことは誰もが承知だ。音楽を伝えるのであれば北は北海道から南は九州まで響かせなければならない。そうなると音楽が盛んに行われている地方都市がイベントの中心地としての役割を果たす。各地に事務所を構える舘野泉ファンクラブは全国的な規模でこの活動を支える。

桜がちょうど咲き始めた１９８９年4月にフィンランドの音楽家の第一陣が来日する。舘野の夢は叶いつつある。しかし、春の日差しが煉獄の炎の如く燃え広がったのであろうか。せっかくの感興をさますような連絡が舘野の耳に入る。日本企業からの支援が見込めなくなったというのだ。音楽祭の財政的な基盤が揺らぎ始める。

コンサートホールを押さえ、奏者も雇っている。ホテルを確保し、移動を手配し、広告も打たれた。そして何よりこの準備には膨大な時間と労力が費やされてきた。どうしてこんなことに。何を考え、この先どう対応すべきなのか。

音楽祭は既に始まっている。支払いにも期限がある。二か月にわたるイベント期間中も資金調達に迫られる。演奏によって得るはずだった舘野の報酬もこの穴埋めに使われることは免れ得ない。舘野の悩みの種は、来客をもてなすばかりではなく、音楽祭の財政まで切り盛りしていてはピアノの練習に割く時間がないことだ。芸術面での質の低下に繋がってはならない。頃合いを見計らって緑が丘の自宅にこっそり戻り、誰にも邪魔されずにグランドピアノに向き合う必要があった。

初年度の音楽祭は多大な損失を計上した。百万マルク（フィンランドの旧通貨）あった総予算が初年度だけで三分の一にまで枯渇してしまった。

舘野は音楽祭そのもの、つまりその反響には満足している。東京にある真新しいサントリーホールで行われた「シンフォニー・サウンズ・オブ・ノース」の目玉は、エイナル・エングルンドのピアノ協奏曲だ。オッコ・カムの指揮による東京フィルハーモニー交響楽団のソリストとして舘野がピアノを演奏した。会場はほぼ満席となった。室内楽コンサートの会場となった真新しいカザルスホール（現日本大学カザルスホール）には春の間、たとえばピアノ奏者エーロ・ヘイノネン、ユハニ・ラーゲルスペッツ、リスト・ラウリアラ、チェンバロ奏者兼作曲家ユッカ・ティエンスー、ヴァイオリン奏者エーヴァ・コスキネン、ソプラノ歌手マルガレータ・ハヴェリネン、メゾ・ソプラノ歌手舘野マリア、そしてウルフ・セーデルブロムが指揮する十二名で構成されるフィンランド・チェロ・アンサンブルが出演した。

第一回目のフィンランド音楽祭「白夜の国のソリストたち」は財政的な面で大きな挫折を経験した。しかし、日本での報道数においても、そして来場者数においても心温まる歓迎ぶりが伺え、今後を見据える上で実り多いものになった。舘野は教訓から学び、それを踏まえながらも自らの信念を変えることなく新たな計画を進める。第二回、第三回の音楽祭は、百万マルクに達するまで順調に資金調達ができたが、教訓を踏まえて財政的な面での引き締めが図られた。更に公益法人野村財団と笹川平和財団などの支援を得ることができた。音楽祭には再びフィンランドの素晴らしい音楽家が訪れる。ピアノ奏者アルト・サトゥカンガス、エリック・トゥオマス・タヴァッシェルナ、ヤンネ・メルタネン、クラリネット奏者カリ・クリーック、チェロ奏者ヤン＝エリック・グスタフソン、バリトン奏者ウォルトン・グロンロース、ポリテク男声合唱団、ジュビラーテ少女合唱団、西ヘルシンキ音楽学校室内管弦楽団、そしてオストロボスニア室内管弦楽団などが出演した。

１９９２年の第四回目の頃には経済不況の煽りを受けて財政基盤が厳しい状況に追い込まれてしまう。音楽祭に暗雲が立ち込める。日本でスポンサーを探すことが困難になり、フィンランドからの支援も枯渇し始めていた。舘野の思いは引き裂かれる。フィンランドを代表する音楽家が素晴らしい演奏をし、観客も熱烈な歓迎で迎えてくれるという前向きな思い。相反して音楽祭の財政面での絶え間ない不安が大きな代償になりかねないという後ろ向きの思い。損失が再び数十万マルク増えている。

５月が終わろうとする頃、舘野泉はエルッキ・ラウティオと東京文化会館の楽屋でコンサートの開始を待っていた。舞台に上がる直前に二人は、美智子さまが特別観覧席にお見えになられたと伝え聞いた。美智子さまが皇后として公の場でコンサートを鑑賞されるのはこの日が初めてなのだそうだ。

「警備員が行き来するからだろうか、演奏中にホールには風が吹き込んできて、楽譜が飛ばされてしまったよ」とラウティオは言った。

皇族がご鑑賞されるときは、コンサート終了後にお茶会が用意される。「皇后さまは、ささやかな声でお話なされる」。美智子さまは、ラウティオと英語で会話をされた。「皇后さまが興味をお持ちになられている音楽についてお話ししました。皇后さまに、私の家族はみんな楽器を弾くので家族演奏家で、皇后さまとご一緒できたら光栄ですとお伝えしましたが、同時にそれぞれ用事があって家族全員が揃うのが難しいという寂しい胸のうちを聞いていただきました」

音楽祭を巡って山積する問題が悩みとしてのしかかる。このイベントの生みの親であり、原動力であり、更には遠く離れた二つの国を結ぶ唯一の架け橋である舘野は、最終的にひとりでこの問題の解決を図った。五回目となる１９９３年の音楽祭「白夜の国のソリストたち」は予算や規模の面で大幅に縮小して開催し、これを最後に打ち切ることにしたのだ。

「泉は音楽祭が終わってしまうことを残念がっていたが、この企画から手を引いたのは賢明な決断だ。イベントを継続するための経済的な支援をどうやって得るのか心配するのも年々面倒になる。ドイツでヘルム・ディックスが同様のフィンランドの音楽祭を行ったが、日本のほうがはるかに大規模なものだった」とレーナ・ヒルヴォネンは評した。彼女は、これほど幅広く多様なフィンランドの音楽に特化したイベントは、後にも先にも日本で行われることはないのではないかと見ている。

「舘野泉はフィンランドでピアニストとして評価されていますが、日本での人気ぶりはまるでポップスターのようだった。日本での彼の位置付けをフィンランドでは知るよしもなかった」

フィンランド音楽祭「白夜の国のソリストたち」は、日本のコンサートホールで五年間開催され、延べ百五十人のフィンランドの音楽家が来日し、約百回にも及ぶコンサートを行い、文化交流と世界観を広げる機会を提供した。その他にも北欧音楽委員会（NOMUS）と北欧各国の音楽情報センターが後援し、舘野が主導した小規模な音楽祭「ノルディック・ライト」は1991年から1993年まで行われた。

フィンランド音楽祭「白夜の国のソリストたち」の閉幕の際に、舘野泉はとある童話に準《なぞら》えて自身がその童話の主人公にはならないと述べている。「活動する上で多くの方々から多大なご支援をいただきましたが、残念ながら財政的に厳しく、自身の懐も寂しくなりました。イベントを始めた当初は『裸の王様』の物語に出てくる少年になりたかったのに、だんだんと自分が裸の王様になってしまうのではないかと不安でした。そして自分がすべきことはピアニストとして演奏することだと気付かされたのです」

舘野らしい心象風景

夜の闇を貫いて東北本線の蒸気機関車の汽笛が谺《こだま》する。それは流離《さすら》う野生動物の群れの咆哮のようでもあり哀愁や郷愁の情を誘うようでもある。機関車では火夫が熱い炉の前に立ち、絶え間なく石炭を注ぎ込んでいる。仙台五十人町の祖父の家で幼年時代の舘野泉は叔父や叔母と一緒に寝ながらその響きに聴き入っていた。祖父誠は長い間室蘭で眼科医をしていたが、脳梗塞を患い廃業して故郷の仙台に戻っていたのだった。

舘野泉の初めての旅はまだ生後一年にも満たないとき。函館の桟橋で母に抱かれた写真が残っている。その旅は室蘭の祖父祖母に初孫を見せる旅でもあったろうし、父と母は札幌の日本放送協会（現ＮＨＫ）で演奏もしたらしい。揺籠の泉は放送局の調整室で泣いていたという。

中学生時代、泉は「名曲解説辞典」でハチャトゥリアンのピアノ協奏曲のことを知った。辞典には譜例がいくつか提示されていたが、その第1楽章冒頭の形は闇を縫ってひたすらに北に走りゆく蒸気機関車の汽笛を連想させた。強く意思的でありながら見知らぬ未来に向かって動いてゆくのであった。その時代には楽譜や音源を手に入れることは夢のまた夢であったが、東京藝術大学在学中にレフ・オボーリンの生演奏を初めて耳にすることができた。オボーリンはハチャトゥリアンにピアニストとして助言を与えていた人物で、1936年の初演も任されていたのである。「オボーリンはとても控えめな折り目正しい人で、ハチャトゥリアンの激しい曲を弾いているときでも暴走するようなことはなかった。演奏スタイルは身振り手振りも少なく端正で、それでいて演奏は一流だった。とても印象に残った」と舘野は感想を述べる。

熱烈で感情的で情感は溢れるかの如く、主張する場面では多彩に、人生の喜びは豪快に、この協奏曲は作曲者自身とよく似ており、彼は独特のカリスマ性を放っていた。創作段階のハチャトゥリアンとオボーリンの談義には活気がみなぎっていた。伝えたいことを言葉にできないときには歌ったり口笛を吹いたりうめき声を上げたりして伝えた。この作品は華々しく受け入れられ、特に第二次世界大戦が終わった頃にはハチャトゥリアン・カペルと仇名されるほどのアメリカのピアニスト、ウィリアム・カペルも現れ、世界各地で演奏されるようになった。

舘野に初めてハチャトゥリアンの協奏曲を演奏する機会が訪れたのは1972年のヘルシンキ・フェスティヴァルであった。何を演奏したいか聞かれ、ハチャトゥリアンの名前を真っ先に挙げた。指揮者はフィンランドが初めてという小澤征爾である。小澤と舘野は国際電話で何度も連絡を取り合いハチャトゥリアンに対するお互いの考えも確かめ合った。しかしヘルシンキ・フェスの総監督を務めていたセッポ・ヌンミの耳にそのことが入ると「ハチャトゥリアンだって！　とんでもない。あんな下劣で野卑な音楽は絶対駄目だ」と雷が落ち、結局はヘルシンキ・フィルとエルッキ・ラウティオの組み合わせでラウタヴァーラのチェロ協奏曲を小澤が振り、フィンランド放送交響楽団と舘野の組み合わせでマッティ・ラウティオの新作ピアノ協奏曲をパーヴォ・ベルグルンドが振るという形に変更されたのである。それから二年後の１９７４年に日本フィルの定期演奏会でハチャトゥリアンを弾いてほしいという依頼があった。指揮はまだ若く日本ではほとんど知られていなかったイルジー・ビエロフラーヴェクで、彼を日本に招待したのが当時小さな会社で音楽部門を担っていた中藤泰雄と関田正幸の二人組だった。後に日本の楽界を大きく支えることになったジャパン・アーツの会長・社長である。しかし当時は事務所もなくビエロフラーヴェクには自分たちのアパートに住んでもらい、食事も一緒にしたという。

演奏会は大成功だった。ハチャトゥリアンの協奏曲に賛辞の批評が送られ、批評家の菅野浩和氏は朝日新聞に熱烈な賞賛の記事を寄せた。その二年後に再び日本フィルの定期演奏会でハチャトゥリアンを取り上げることになった。しかもそのコンサートを指揮するのはハチャトゥリアン自身だという。待ちに待ったコンサートだったが、直前に作曲者が体調を崩し、程なくして彼は世を去った。コンサートは外山雄三が指揮で代役を務めたが、それを聴いていた高校生がいた。井上喜惟《ひさよし》である。後に指揮者としての実績を重ね、舘野とはプラハでブラームス、ラフマニノフ、グリーグのピアノ協奏曲3曲をチェコ交響楽団とコロンビア・レコードに録音もしたが、１９９９年にアルメニアの首都エレバンで舘野を迎えてハチャトゥリアンの協奏曲を二夜続けて演奏することになる。

「1999年当時のアルメニアは非常に貧しく、国家としての体制も整っていないみたいだった。飛行場にはアルメニア・フィル差し向けの車が迎えに来ていたが、空港を出たか出ないうちにエンストを起こし、車を叩いたり蹴ったりして動かしていた。ホテルも碌なものではなく、煎餅布団に剥き出しの寝台という感じ。街に食事に出てもちゃんとしたレストランはなくて、ある店では店内に置いてあった巨大な冷蔵庫が突然くずれ落ちるなんていうこともあったよ。オケの練習が始まって三十分経ってもメンバーは揃わず、だいぶ内職に出ているみたいだった。怒り心頭に達したオケのボスがお前たち何をやっているんだと二十分も大演説をぶち、やっと練習が始まるありさまだった。でも始まってみるとその演奏はすごかった。総毛が立つような迫真力があった」と舘野は述懐する。彼の中に抜き難いこの曲のイメージがあるという。第1楽章では自分が何万もの騎馬軍団と共に中央アジアの高原を疾走するのである。共に疾走しながらも自分は孤独である。どこに向かうのかは分からず、ただ前に前にと疾走するのである。幼いときに聴いた北に北にと向かう蒸気機関車の汽笛も鳴り響いているようだ。第2楽章には数十小節も続くオーケストラの持続音がある。弦楽器によるピチカットが延々と続き、それに合わせてピアノは静かに歌い始め、音楽は凝縮されて力強い頂点に向かい成長する。真夜中の平原。古城の上に冴え渡った月がかかり、血の滴がぽたぽたと滴り落ちている。あまりに凄絶なイメージだが、舘野はそう古くはないアルメニア人大虐殺の話はまったく知らなかったという。そういえばピアノの練習室には悲しい絵がたくさん架けられていた。トルコにオーケストラとの共演で招かれたときに、これからは何を弾きたいか希望を聞かれたが、ハチャトゥリアンだけは絶対に演奏できないとの断りがあった。トルコ側に触れられたくない問題があったのだろう。

エレバンではオーケストラとの二回の共演のほかにリサイタルも用意されていた。『『展覧会の絵』なども演奏しました。終わってからアルメニア人のピアニストが『あなたのピアノはピアノじゃない。人間の声みたいに色彩が豊かだ』と言ったのが印象的でした」と舘野は思い出に耽る。このときのハチャトリアンの演奏は日本から来たエンジニアによって録音され、十数年の時を経てCDとして世に出た。「誰もが早くCDをと望んだが、自分の心の中ではビエロフラーヴェクとの最初の共演がいつまでも耳に残っていて、違うものでは出したくなかったんだ」と舘野は往時を振り返る。

「演奏会が終わって一人でホテルのレストランに行ったんだよ。いい演奏ができたし最後に一番高いものを食べようと思ってね。ところがメニューもウェイターが話すのもアルメニア語だけ。しかし一番値の張るものは一人で食べるには大きすぎると言っているらしいことは分かった。お互いに身振り手振りで絵も描いたりして大奮闘のすえ分かったのは、それが大きな兎の丸焼きということだ。それでは無理と引き下がったけど、その値段がなんとたったの十ドルだったんだよ」と思い出話になった。

その翌年、舘野は再びエレバンに招待される。今度はアルメニア・フィルと矢代秋雄のピアノ協奏曲を二回演奏するためだった。一年の間にエレバンの町はすっかり変わっていた。高級外車が走りホテルの格もまったく違う。レストランも整いブランドもののブティックが立ち並んでいた。高級娼婦と思われる女性も多く見られた。マフィアが入り外国資本も入るようになったんだよと聴かされた。

舘野はハチャトゥリアンの協奏曲を弾くよう三度、日本フィルから要請を受けている。今度はフィンランドの指揮者ユッカ＝ペッカ・サラステとだったが、サラステとは既に同曲をタンペレで共演している。またフィンランドの指揮者オスモ・ヴァンスカとは日本で関西フィルと二回共演していた。マニラ・フィルやアイスランド交響楽団とのレイキャヴィクでの共演もある。国として総人口三十数万のアイスランドではまだシンフォニーホールはなく、映画館が練習場でありコンサート会場でもあった。近年国がコンサートホールを建てる計画があったが、それも財政難で立ち消えになる。それで市民が立ち上がって有り合わせの材料で苦心して建てたのが現在のホール。木材を多用し、暖かな雰囲気で音響も素晴らしく、レイキャヴィク市民の誇りとなっているという。こういうことは島国のアイスランドだからできたのではないか。

1980年代のヘルシンキで舘野はハチャトゥリアンをフランスの指揮者シャルル・デュトワとも日に亘って共演している。オーケストラはヘルシンキ・フィル。まさにハチャトゥリアン舘野と仇名がついても良い活躍ぶりであったが、舘野はどうしても1974年のイルジー・ビエロフラーヴェクとの共演が忘れられない。それでヘルシンキ・フィルの団長ユルキアイネンから連絡を受けたビエロフラーヴェクからも「1974年の演奏は今でも覚えている、今度も素晴らしい演奏ができるのを楽しみにしている」との返事があった。だが演奏会の前の週にビエロフラーヴェクから体調が良くないので残念ながらキャンセルせざるを得ないとの連絡が入った。このときのショックと失望は大きく、すべての意欲が失われたと舘野は述べている。指揮の代演にアメリカから若い指揮者が来たが、まったくハチャトゥリアンを理解していないようで、コンチェルトの代わりにシューベルトのイ長調ソナタを演奏させてもらった。ステージにはもちろんオーケストラの団員もいず、翌日の新聞やラジオでは大騒ぎとなった。団長のユルキアイネンはしばらく前に定年退職していたので何もコメントはできなかった。

この事件の後、舘野はクオピオ市交響楽団とプロコフィエフの4番、ラハティ交響楽団とラヴェルを共演しているが、もうフィンランドでの活動には限界があることも認識していた。フィンランドのみならず世界的な傾向でクラシックのリサイタル文化ともいわれるものが消滅しており、そして北欧の音楽市場はあまりにも小さくて経済的にも助けにならないということである。オペラやオーケストラの演奏会は国や市の運営で予算もあり入場料も安いが、個人のリサイタルには何も補助がない。世界的に有名なアーティストのリサイタルも聴かれなくなってきている。音楽活動が活発なのはむしろアジアの国々である日本や韓国、中国なのである。国際コンクールを見ても上位入賞者はすべて日本人か中国人、または韓国人。音楽のため、生きていくため、生活のためにも活動の場を日本中心にすべきではないか。

東欧の聴衆と触れ合うとしばしば感情が揺さぶられる瞬間がある。「精神的に病むような重大な事態に直面している」と訴えかけられるように東欧地域のあちらこちらで意気消沈したような重たい空気に包まれていて、統制と貧困がそこかしこに見受けられる。正直に言えば、物事が常に思い描いた台本通りに進むわけではない。そのことを認識するのは大切なことだ。舘野泉のもっとも記憶に残る東欧遠征は１９８０年２月にソ連、サンクトペテルブルグ、ビルニュス、キーウ、ハルキウ、そしてキシナウを訪れたことだった。出発の数日前に舘野は高熱を出した。フィンランドで猛威を振るっていたインフルエンザ「テキサス風邪」が舘野の体力を奪い、体を震わせる。練習ができる状態ではないし、寝るにも寝られない、食欲もない。ツアーを中止すべきだろうか。とんでもない。舘野は休養をとり、ハチミツとレモンで味付けした紅茶で急場をしのぐことにした。そして少しでも熱が下がるとグランドピアノに向かおうとするのだが、ほんの少し練習し

ただけで熱は再び上がってしまう。病んだ体ではベッドで安静にするしかなかった。

しかし、悪夢の真っ最中でも休めない。病に追い打ちをかけるかのように電報が入る。ソビエト連邦の国営コンサートビューローであるゴス・コンツェルトからだ。キシナウで行われるはずだったリサイタルがオーケストラとの共演に変更され、曲目もプロコフィエフのピアノ協奏曲第3番という通知だった。「この協奏曲を最後に弾いたのは、もう四年前だ。やさしい曲ではない。練習する時間もない」[66]と舘野は顔をしかめる。「しかし私は、自分の誇りにかけてもやろうと思った」[67]。彼はスーツケースに荷物を詰め、空港までのタクシーを手配した。輝くダイヤモンドのように細氷が舞う冬の日、タクシーの後部座席で光から隠れるように小さく丸まって座るピアニストの病状は更に悪化していた。

モスクワの飛行場でサディンコフが迎えに来た。彼はツアー期間中に通訳と身の回りの世話をしてくれた。まず舘野は日本大使館へ連絡を取らせてもらうように頼む。ハルキウに遠征を続ける前に大使館公邸で練習したかったのだ。「ニェット（ダメです）」とサディンコフは拒否した。外国公館と連絡を取ることを禁じられているのだそうだ。うまくいかない。それは二週間のツアー期間中の最初の「ニェット（ダメです）」だった。

悪天候によりハルキウ行きの便は十時間運行を見合わせた。待合室で仮眠をとっているときに、舘野はすでに「零」の地点に立たされていると感じた。つまり、これ以上事態が悪くなることもないだろうと思うと、心が軽くなった。それにしてもサディンコフは流暢に日本語を話す。彼の一番の楽しみはソ連の極東に派遣されたときに日本のラジオを聴くことだそうだ。この年配の男性は、過去の戦争のことに強い関心を寄せていた。通訳は、自分の警護人の病状を気にかけてくれた。そして、彼は舘野に民間療法で一番効果があり筋肉痛を和らげてくれる辛子の湿布を毎晩貼ってくれた。

ハルキウの気温は氷点下だった。咳はようやく止まったが、舘野は思い通り話すことはできなかった。ここ数日ピアノにも触れていなかったが、七日目の朝になって彼はようやく弾くことができた。

「自分の体力がなくなっていることに気がついた。ベートーヴェンのソナタの最初の和音を叩く力もない。それでも夕方にコンサートで演奏できるかどうかは気にしていなかった。私はただただ練習ができるようになったことに感謝するだけだった」

ハルキウの聴衆はベートーヴェンのピアノ・ソナタ第27番ホ短調作品90、シューマンの『交響的練習曲』、シマノフスキのピアノ曲『仮面劇』、ノルドグレンのバラード『怪談』に収められた『雪女』と『耳なし芳一』を聴くことができるのか。この遠征で訪れた都市では練習と演奏以外にすることはない。どこもかしこも閑散としていて何もすることがなく、物資も乏しく貧しい。外国人向けのホテルのレストランでキャビアを食べたり、シャンパンを飲んだりして出演料を使ったとしても、ポケットには海外に持ち出せないルーブルがたくさん残るだろう。休日にはタチアナ・ニコラーエワのバッハの協奏曲のコンサートを聴きに行ったり、ヘンデルの『ユダス・マカベウス』を聴きに行ったりした。聴衆も多く、ヘンデルの曲では児童合唱団がついてステージは大勢の男の子たちでいっぱいだった。演奏の始まる前にいかにも官吏らしい男の挨拶があった。簡単に「皆さん、今晩は素晴らしい音楽を楽しんでください」程度の挨拶だと思ったら、それがなんと延々二十分も続く。何を話しているのかは全然分からないが、たぶん「今日は党のお陰でこのような会が与えられたことに感謝しよう」ということではなかったか。そのうちに高い段の上に立つ男の子たちが貧血を起こしたかで何人もが崩れ落ちてきた。小用がしたくなったか、慌ててズボンの前に手を当てて楽屋に駆け込む子たちもいる。それでも演説は変わらず続けられていくし、聴衆も何事もなかったかの如く静かである。そして『ユダス・マカベウス』は始まったが、ステージの上の男の子たちが倒れたり楽屋に駆けていったりの状態は曲の終わりまで続いた。普通通りに拍手が起き、演奏会は何事もなかったようにめでたく終わった。同行した通訳のサディンコフからも何のコメントもなかった。

ツアーで最後に訪れたキシナウに到着したとき、舘野はワイン栽培の風景と街の雰囲気に魅了される。他の場所とは異なり、広場は人々で賑わっており、雰囲気は開放されている。ピアニストは人々の中に混じって街を散策したくなった。オーケストラのリハーサルが終わると、サディンコフは自分の護衛人をホテルへ送り、自分の部屋へ身体を休めに行った。舘野はスーツケースからカメラを取り出し、街や群集、その活気を撮影するために広場に駆け出した。喜び勇んで飛び出したのはいいものの、そこにも統制が敷かれている。「周囲の人たちがなにか不安そうで、怖いものを見るような目つきで私のことを見ている。これは危ないと、カメラをポケットに突っ込んだ瞬間、背後から二人の男にがっしりと両脇を抱えこまれた。銃をもった兵士だった。広場の隅の建物に連行され」[68]小さな部屋に錠を掛けられてしまった。隣の小部屋には農夫らしい年老いた夫婦が閉じ込められている。二時間もしてから署長の尋問が始まったが、お互いに共通言語がない。彼は英語が分からないし私はロシア語が話せない。身振り手振りでお互いが分かろうとする努力を続けるうちに、署長もこれは危険分子ではなく、それどころか好感の持てる男だと感じたのだろう。「モニュメント、ハラショー（大丈夫）。ニェット（それ以外は撮影してはいけない）」という意味のことを言ってカメラもフィルムを抜き取らないで返してくれた。笑みを浮かべて握手までしてくれたのである。

その晩のキシナウでの演奏会は大成功だった。オーケストラもよかったし、プロコフィエフの第3ピアノ協奏曲の演奏が終わっても拍手は鳴り止まなく、アンコールに2曲演奏した。スークの『愛の歌』とシベリウスの『ロマンス』だったと思う。このコンサートを指揮してくれたロシア人は後にヴァイオリニストのヴィクトリア・ムローヴァとフィンランドに演奏に訪れた際、監視の目を潜って西側に共に高跳びしたのである。

二週間のツアーが終わってヘルシンキに帰るとき、舘野はサディンコフにお礼の品を贈りたいと思った。免税店で手に入れられるコニャックを考えていたが、サディンコフが欲しいと希望したのはいいコーヒーだった。「こういうものは手に入りませんから」と言って寂しそうな笑みを浮かべた。

あの低音のトリルの奥には何があるのだろう

笑顔と涙が、たったひとつの音に共存する。同様に生と死も隣り合わせで。ときに均衡を破り、死があまりにも近づきすぎると、その音楽はもはやこの世のものではなくなってしまうことがある。

フランツ・シューベルトの音の世界を表現できる言葉はない。驚くべき若さで人間の精神の動きを音領域に落とし込んだ作曲家は、大いに尊敬していたベートーヴェンの足跡を辿って、ピアノ・ソナタの分野で独自の道を探さざるを得なかった。シューベルトに特徴的な頻繁に鳴り響くあの世の音色。それが明白に存在したのは、余命数か月となった三十一歳の若き巨匠が三つの大きなピアノ・ソナタ、ハ短調、イ長調、変ロ長調を書いたときだけだった。

二十世紀最高のピアニストのひとりと称されるスヴャトスラフ・リヒテルは、1973年5月にコンサートのためにヘルシンキを訪れ、シューベルトの後期の作品からハ短調と変ロ長調ソナタを演奏した。フィンランディア・ホールの大ホールでのコンサートは、時間を超越した経験と語られている。つまり、穏やかでゆったりとしたテンポが、時間の深層へ聴衆を誘い感覚を失わせる。オラヴィ・カウコは1973年5月11日のヘルシンギン・サノマット紙で次のように評している。「舞台の上にいるのは、もはや演奏技術が優れたピアニストでも、解釈を伝える一流の演奏家でもなく、自分の演奏を聴く観客よりもシューベルトの近くにいると感じられる孤独な思想家だ」[69]

「素晴らしい論評だ」と舘野泉はカウコの意見に反応した。彼もこのコンサートを鑑賞していて、ハ短調ソナタに関しては運命的かつ衝撃的な感銘を受けたと語り、変ロ長調ソナタに関しては、「とても疲れていたので、演奏中に眠ってしまったけれど、それでも大きな感銘を受けた」と告白している。

シューベルトの音の世界を内面化するのに時間がかかったと舘野は言う。自身が評価する音楽をコンサートの舞台で演奏することに踏み切った理由は、明確な理由がないからでも、死の気配を感じたからでもない。ピアニストを始めて二十年の節目が近づいてきたからだ。

1978年11月はフランツ・シューベルトの没後百五十年にあたる。この記念すべき年を祝してヘルシンキでもイベントが企画された。それは前年の秋からラルフ・ゴトーニが温めていた計画で、「シューベルティアーデ」という音楽イベントとして十五回行われ、盛り上がりを見せた。このイベント名は、シューベルトが身内や友人たちを自宅のサロンに招いて開催した演奏会に由来する。その演奏会でシューベルトの多くの作品が初演されている。ゴトーニはヘルシンキの文化施設であるシベリウス・アカデミーのホールで総勢四十名の声楽家の協力を受け、影に埋もれた作品も含めシューベルトの代表的で輝かしい歌曲に取り組んだ。シューベルトの作品の回顧展のようなこの音楽祭は翌年の秋にも引き続き行われる。シベリウス・アカデミーは、シューベルトの作品を演奏する五回のコンサートを企画し、その間にシューベルトの21曲のピアノ・ソナタがすべて演奏された。ピアノ・ソナタにおけるシューベルトの作品の変遷を辿ると、作曲家の特徴が浮かび上がる。初期の頃のソナタに見受けられる不完全性と未完成さが、巧みに歌うピアニズムを伴う成熟した曲作りに変化している。

このシューベルトに特化したコンサートには、十四名の国内ピアニストが招聘された。舘野泉もそのひとりだったが、当初この誘いを彼は断っていた。「私も再三頼まれたが固辞した。まだシューベルトを弾けるとは思っていなかったからである。しかし最後には押しきられ、『ハ短調を弾かせてくれるのなら』という条件で、承諾に踏みきった」[70]

コンサートのパンフレットでソナタを紹介する他のピアニストとは異なり、舘野は聴衆にシューベルティアンとしての音楽の世界についてこのように語った。「正直に言うと、最初はシューベルトのソナタを演奏することにまったく興味がなかった。なぜなら私はこれまでシューベルトの音楽を遠い存在として経験してきたからです。そのために意図的にシューベルトの演奏を後回しにしていました。

シューマンの音楽は私にとって常に非常に身近なものであり私のコンサートのレパートリーの中心的な位置を占めてきました。対照的にシューベルトの作品では、『さすらい人の幻想曲』とピアノ三重奏曲変ロ長調だけしか私のレパートリーに入っていません。シューマンのようなタイプの人がシューベルトの音楽世界に近づくことは、多くの場合非常に困難を伴います。それでも、私はシューベルトの音楽に大いに敬意と称賛の念を抱いており、勇気を出して演奏する適切な瞬間を待っていました。
シューベルトの語り口は、しばしば極端に削ぎ落とされます。彼の音楽には天国と地獄、笑顔と涙、希望と絶望が隣り合わせであり、その根底にあるのは果てしない孤独です。同時に悲しみと喜びがひとつの音の中で奏でられることもあります。洗練さはシューベルトの音楽の強みですが、その一方でまさにそれが演奏する側にとって最大の問題を引き起こします。この繊細な音言語を解釈するために常に自分自身の中に新しい次元を探求し、発見しなければなりません」[71]
オラヴィ・カウコは再び聴衆の中にいた。彼は舘野の演奏を聴き、1978年11月29日のヘルシンギン・サノマット紙で次のような見解に辿り着く。「舘野はコンサートのパンフレットでシューベルトの音楽は自分にとって未知のものであると述べている。しかし、このソナタの問題点に焦点を当てたとき、舘野自身の表現を借りれば一音に共存する希望と絶望が舘野を魅了したという印象を聴衆は受けた。なぜならたとえば緩徐楽章の雰囲気をより大きな内的な葛藤にまで高めることがほとんどできなかったからだ」[72]
舘野泉自身もシューベルトの音の世界には達したと感じている。しかしながら多次元性の中で洗練された音言語は将来のコンサートを考慮するとまだ十分に開かれていないと彼は信じている。
父の舘野弘は1984年12月に脳出血で倒れ、それによって彼は生涯を終えることになる。「私の心の中でこのソナタ（シューベルトの変ロ長調）はそれまでと違った姿で響きだした」[73]、舘野は自身の人生の辛い瞬間を音楽に託す。つまり、コンサートプログラムに変ロ長調のソナタを組み込んだ。そのときの思いを『星にとどく樹』にこう綴っている。「ヘルシンキはもう晩秋である。紅葉黄葉が美しい。じつに多彩な色どりなのに、派手やかではなく、深く静かである。樹下には、枝の拡がる範囲に円を描いて、落ち葉が積もっている。ここには静かな満ち足りた美しさがある。冬を前にして樹々がめいめい自分の寝床を敷いたように思える。あるいは美しい色とりどりの落葉は、大地への樹々の感謝であろうか。何という優しさだろう。変ロ長調ソナタ冒頭の数小節、深いやすらぎと充足感に満ちた大旋律。音は厚いけれど厚ぼったくなってはいけない。朗々と歌われるべきものでもない。静かに内側から光りだすような音で、ただ其処《そこ》にあるというだけで光の輪が拡がるような歌にしたい。（……）ドラマとは剣《つるぎ》がきらめいたり大砲が轟くことではない。ハンカチがそっとすべり落ちることだ、と誰かが言った」[74]

舘野弘は翌年1986年5月に亡くなった。父の訃報を受けた舘野泉はヤルヴェンパーにあるシベリウスの邸宅アイノラを訪れ、シベリウスのグランドピアノで父のお気に入りの曲を演奏する。息子にとって父は教育者であり、励ましの人であり、親友だ。追悼の曲として『即興曲第5番』と『ロマンティックな情景』を捧げた。

「いくつか門が開けた」。会話をする舘野は内に秘めた感情をほんの一瞬だけ表に出し、書斎につくと父の死によって生まれた感情の変化を音楽に反映させ始めた。エッセイ集『星にとどく樹』で舘野はシューベルトの音の世界との関係がますます深まったと綴っている。「父が永眠して、私の心の中でこのソナタはそれまでと違った姿で響きだした。冒頭の数小節を以前は深いやすらぎと充足感に満ちた旋律と感じていたのだが、あの遠い雷鳴のような低音のトリルの奥には何があるのだろう。果てしない孤独と絶望が淡い光の輪となって、その奥に死神の姿が見えてくる。よく見るためにテンポは無限に遅くなくてはならない。私は父の手をとって冥界を見て歩いているような気がする。これまではそんなものは見えていなかったのに……」[75]

舘野泉は何かに興味を持ち始めると、それに没頭しその対象が大きく広がっていく。シューベルトの音楽への関心が、協奏曲作品やレコーディングにも向けられた。シューベルトの楽曲は、1990年代のソロコンサート活動で中心的な曲目となり、作曲家の生誕二百年の記念の年にあたる1997年に舘野はシューベルトに焦点を立てた大規模な日本ツアーを実施する。つまり、作曲家の全21曲のソナタを七回のコンサートシリーズとして大阪、東京、札幌、福岡の四か所で二十八回の演奏を行った。

舘野の解釈によればフランツ・シューベルトがピアノ・ソナタの分野で初めて「境地に達した」のはト長調ソナタ第18番『幻想』の頃、つまり最後の三大ソナタが書かれるわずか二年ほど前だとしている。初期の段階のソナタはベートーヴェンを範とするあまり精神的な影響が作品に反映している。「シューベルトは、彼の本質とはかけ離れた難事業に骨身を削らなければならなかった」

シューベルトの本質とは何か。この問いはピアニストとしての舘野泉を考察する上で新たな地平を開く。

フィンランドを訪問する舘野弘

音楽家の幾層もの個性、そこから浮かび上がる表現力は舞台で演奏するときには必ず存在する。いかに深い水源から、いかに自由に広範に表現力が流れ出すかによって聴衆は奏者の個性を判断している。どのような音楽だと奏者はありのままの自分でいられるのか。奏者の解釈が、聴衆が曲目に抱く思い込みや幻想なるものと一致しないのはなぜか。

演奏家の個性を語ることは、どれほど魅力的であっても、多くの場合単なる思い込みや、ときには音楽家自身を不快にさせるような謂れ無い選別につながることがある。舘野泉は自らの根底にある音楽を奏でる原点を『音楽の友』２０２０年11月号で語っている。「演奏するときに、自分の考えや弾きかたを強調する人がいるけれど、結局は音だけが頼り。小さな曲でも音を探って深って、ひたすら音に添うことだと僕は思っています。そうしていると、おのずと音楽が導いてくれるんですよ」[76]

ロマン派音楽、スラブ音楽、前世紀から今日までの現代音楽のような表現の幅が広く、または手つかずの音楽ですら、舘野は分け隔てなく仕事として自然に取り組んできたと推測される。ピアニスト人生において本流に乗らないという生き方もある。つまりもっとも権威があり誰もが耳にするクラシック音楽の規範以外にも価値を見いだすことができる。しかし、舘野泉の巨大な規模に膨れ上がったレパートリーの背景にはそれなりの理由がある。「依頼されたものを私は演奏する」と彼は話し始め、「多くの人は見た目が厄介な現代作品を演奏することを拒否する。私自身はたとえ一度しか演奏しないとしても常に課題を受け入れてきた」とその理由を教えてくれた。

舘野には居心地の悪い音楽はないのだろうか。バッハ、モーツァルト、ベートーヴェン、シューベルトなどヨーロッパの主要な巨人たちとは精神的な距離感があると彼は述べている。もちろん彼のコンサートやレコーディングを聴くとその距離感は明らかではっとさせられる。何が彼をヨーロッパ音楽の本流から遠ざけてしまったのか。その更なる糸口を得るために舘野がこれまで記した数々の文章の断片を紐解く必要がある。舘野の前向きな思考を端的に綴った書物に『絶望している暇はない』がある。その中で舘野は幼少期の音楽的な影響についてこのように言及している。「だから気づいたら、好きなもの――音楽に囲まれていました。（……）もちろん、弊害もあるんですよ。バッハ、ハイドン、ベートーヴェン、ショパン、シューベルト……こういった有名な曲は、生徒さんの演奏で数限りなく聴いてきたので、正直、飽きてしまったから、自分では、どうにもしっくりこなくて、あまり弾きたくない」[77]

舘野らしいユーモアのある文章だが、これを読むとエッセイ集『命の響』のある断片が鮮明に浮かび上がる。「高校時代の僕は、誰もやったことのない曲を弾きたいという欲求が強かった。好奇心だけでなく、ほかの演奏者の癖や手垢がついていない曲なら先入観にとらわれることなく自由に弾ける、という思いもあったのかもしれません」[78]。自由闊達に行動する意志こそが若き舘野を己の道へ導いている。それは同時に彼がピアニストとして成熟期を迎えるまで本場ヨーロッパの伝統的かつ洗練された代表作品に本格的に取り組まなかった理由でもあった。

シューベルトに特徴的な内面化した音の世界は、これまで数多くの楽曲に取り組み、そして人生のさまざまな段階を経験した舘野のピアニズムの表現の一部として成長し始める。一方、先を見据えた主題と調性の理論、善に対する飽くなき追求といったベートーヴェン的な思考に舘野は全面的に向き合うことはなかった。つまり、ベートーヴェンのソナタや室内楽作品、さらには協奏曲を演奏することはほとんどなかったが、ワルツの主題に基づく約一時間の『ディアベリのワルツによる33の変奏曲』の演奏は、舘野の色彩豊かな表現と見事に調和がとれている。

構造面に優れたバッハの音楽は、舘野のピアニスト人生で長きにわたって奏でられることがなかった。２０００年代を迎えようとする頃のピアニストのコンサートの曲目にバッハの作品、前奏曲とフーガで構成される『平均律クラヴィーア曲集』が見受けられる。舘野はバッハの音楽に手をつけなかったが、それでも取り組みたい曲も心の奥底にあった。それは『ゴールドベルク変奏曲』で、いつかその日がくれば彼はその作品に取り組み始めただろう。バッハは向かってくる。しかし、その音楽と本格的に向き合う日は運命の悪戯なのであろうか、決して訪れることはなかった。

孤独に耐え、自力で成長する

学ぶことが上達するための秘訣なのだろうか。それとも上達する者が特別な存在で、優れた技術をしまい込んでおくポケットでも持ち合わせているのだろうか。それとも共通の目的に情熱を持って取り組んでさえいれば、技術や分野の違いはあれど上達に繋がる必然的な出会いに繋がるのであろうか。

舘野の指導では、情熱さえあれば背景が異なる学生でも成功を掴むことができる。つまり、上達につながる影響を事細かく読み取る能力だけを養うのではなく、自分が目指すものをしっかりと見据えて情熱を持って取り組むことが必要なのだ。

この日本のピアニストは、その人柄で出会った人々に強い反応を引き起こす触媒のような教育者でもある。

しかし、生徒が演奏に関する詳細で分析的な指導を要求するとなると、舘野は教育者としての居場所を失ってしまう。舘野はシベリウス・アカデミーで指導していた1968年から1980年代までを振り返り「私はあまりいい先生ではなかった」と率直に述べている。彼は説明を端折って「教えることから離れていつも演奏で旅に出ていた」とその理由を教えてくれたが、思慮深く成熟した彼の思いをエッセイ集『貨物列車のピアニスト』でこのように綴っている。「私が指導したとすれば、彼らが常に自分自身の力でやっていくようにということ、彼ら自身の内部にあるものを抑えつけないでひきだすということ、精神的面と技術面のバランスを傍らからサポートすること、そして彼らが何よりも自分自身の内面の声と自分の耳に忠実であるように、ということであろう」[79]

舘野泉は、学問的な理想を実現するために生まれてきてはいない。それはソリストとしての活動においても、教職に関わる仕事においても同じだ。東京藝術大学在学中にピアノのサークルから勧誘を受けたことがあった。他の学生たちと音楽を研究するのが目的のようだ。しかし、舘野は「そんなことをしても私には何も意味がない」と誘いを断った。「そこかしこで生徒同士であれこれ学びたいと思ったことは一度もないし、だからといって多くの偉大なピアニストやその影響力を評価しないわけでもない。基本的にピアノを弾くことは孤独に耐え、自分の思考を磨くことだと幼い頃から思っている。そもそも音楽を愛していなければこの分野で成功することは不可能ではないか」

音楽に対する好奇心と愛情が舘野の言うようなことであれば、長く演奏旅行に出ていたとしても生徒たちは自身で努力を重ね、ピアニストとしての精神的な支柱を育んでくれるだろうと舘野は信じていた。度重なる欠勤のために良心の呵責に苛まれることはあるが、結局のところ彼の考えが正しければそれほど気にする必要もない。先天的に向上心のある人は自分の道を見つけるのだから。

久保春代は東京藝術大学在学中、悩んでいた時期があった。これまで受けてきたピアノの授業に少し不満を感じていた彼女は、ひょんなことから舘野泉のレッスンを受けることになる。彼女はそれを秘密裏にやらなければならなかった。「オーケストラとのリハーサルで泉さんの譜めくりを務め、間近で演奏を聴く機会がありました」と久保は何気なく話すが、「それは初恋のような大地を揺るがすものでした」と次第に感情を表に出し始める。

久保は舘野こそが自分が探し求めていた先生だと気がつく。舘野は日本を離れることが多い。彼のレッスンを数回しか受けられない。それは百も承知で彼女は舘野に教えを乞うことにした。「そのことが藝大でばれてしまいましたが、どうやって私が上達したのか、その秘密を私のほうから打ち明けても何も問題はありませんでした」

卒業間際に久保はフィンランド政府の留学助成金について耳にする。彼女は行動に移し、シベリウス・アカデミーで学ぶ権利を申請し、音楽の分野では初の外国人留学生として一年の助成金を、さらに翌年続けてもう一回、助成金を得ることができた。「フィンランド政府奨学金を得るのは大変でした。日本人の学生が日本人の教師の指導をなぜフィンランドで受ける必要があるのか、正当化する必要があったんです」

久保は申請書にフィンランドのピアノ音楽に親しみ、母国で演奏したいという願望を綴った。「日本でも北欧の音楽に対する関心が高まっていましたが、演奏する側の人数が深刻に不足していたんです」。舘野が北欧音楽のために献身的に行ってきた活動がフィンランドで知られていたことが、この日本人女性が１９７３年にシベリウス・アカデミーで学ぶ機会を得る強い根拠となった。

音楽が単に滑らかな指さばきだけを学ぶことならば、フィンランドに来た時点で久保には十分な演奏技能が備わっていた。新しい雰囲気の中で彼女は失っていたものを取り戻し始める。「日本では誤りを正すことがあたかも教育であるかのように行われ、ミスをしないように常に注意しなければなりませんでした」と久保は語る。「泉さんはお手本をたくさん弾いてくれました。そして音楽のどこに私が魅力を感じているのか、それを起点にどうやったらその周りも解放的で生き生きとし始めるように演奏ができるか考えてほしいと言われました。少しずつ自分の感情を通して音楽を表現することを学んで、のびのびとした演奏になってきたんです」

楽譜に記号を付すのではなく、指運びの配列を書き留めるようにする。舘野は取り組んでいる音楽を弾くたびに常に初心に戻る必要があるという例を挙げる。

「楽譜に指示が多すぎると、音楽が昨日のことのようにありふれて聴こえてしまう」

政府から支給された助成金で十分にやりくりできた。そして久保はこれまで夢にも思っていなかった充実した留学生活を送る。彼女と同じく奨学金を受給している多様な国の学生たちと、旅行したり演奏したりして楽しむことができたのだ。フィンランドでの数年間は幸せだった。「学生コンサートやホームコンサートでほぼ毎週演奏することができて、本当に楽しくまた勉強になりました。フィンランドは文化の力を理解している国であると感じました」と彼女はシベリウス・アカデミーの教育方針が素晴らしいと感謝していた。

卒業証書授与の時期が近づくと、その後に日本に戻らなければならないと考えるだけで久保は憂鬱な気分になった。彼女は優秀な成績で学位を収め、1975年春に外国人の学生として初めてコンサートをする権利が認められたほどだ。「泉さんの指導がなければ、ピアニストとしてこれほど精神的に成長することはできなかったと思います。演奏が成功するたびに、自分の力で新たなレベルに到達したんだと感じました。すべての成長の背後にあるもっとも大きいことは泉さんから伝えられた優しさと善意でした」

久保のときとはまったく正反対の教育を翌秋に舘野はすることになる。エッセイ集『貨物列車のピアニスト』で彼はあるフィンランド人の学生について語っている。その学生は「噴火口がなくて地下でのたうっている火山のようであった」[80]。その学生の父はチェリストで、頑固で火のような芸術家である点では息子も同じだった。音楽的にこの青年は最初はムラがあって普通でないように見え、ときには奇妙に感じることもあった。しかし彼は自分の考えをしっかり持ち、それを舘野に伝えることができた。十代を迎えた若者の演奏技術は未熟で指導するのは困難に思われた。彼は真剣にピアノを勉強したことがなかったようで、手はうどんのようにふにゃふにゃであったのもそのせいだ。若者の未熟さはさておき、舘野はこの青年を信じることにした。

舘野は、彼には資質があり、それを組み合わせれば偉大なピアニストの個性を持つように育つと著書に綴っている。「私の言うことも常によく聞き、その中から取るべきものは取り、捨てるべきものは捨てていった。最初の数年はひどく内気な少年であったが、最近は自分の考えも活発に表明し、また巧みな質問で私から必要な知識を引き出すのだった。醜いあひるの子が白鳥になる日も近いと思われた」[81]

その青年の名は、マルッティ・ラウティオで、音楽の代わりにアイスホッケーの選手になることが将来の夢と語るほどこのスポーツに励んでいた。彼はトレーニングに向かうときにラウタヴァーラのチェロ協奏曲のフィナーレのメインテーマや、バッハの独奏チェロ組曲のダンスのリズムを口笛で吹く。「素晴らしい音楽だ」と若者は考え、パックをアイススケートリンクの壁に打ち付ける。

1975年の秋にシベリウス・アカデミーのジュニア・アカデミーに通うようになったラウティオは、これまで無意識に影響を受けていた音楽に初めて本格的に取り組む。他の人と知識と技術を共有する意志はあったが、プロのピアニストに求められる演奏技術を学ぶ道筋が彼にはなかった。

そのときから四十五年後にラウティオは、恩師である舘野の著作物の一部を翻訳してもらって読んだ。そして心から笑うのであった。舘野からは一度も聞いていないが、日本人の知人からそれとなく聞いてはいた。舘野がエッセイ集でラウティオのことに触れていて、その内容にぐうの音もでない。

「最初のレッスンでショパンのワルツ、イ短調作品34―2を弾きました。これは技術的にショパンのもっとも簡単なワルツのひとつであり、楽譜を見ながらの私の演奏はかなり下手だったと自覚しています。弾き終わってから泉先生はおそらく二分ほど沈黙していました。それは驚くほど長い二分間でした。そして最後に『良かった』と言ったのです。一年ほど経って『良かった』が何を意味するのか理解できるようになりました。つまり、それは演奏が酷かったってことだったんです」

ラウティオは、スケールを練習して安定的な技術力に磨きをかけなければならなかった。指に独立性を持たせ、手の位置をより自然にする必要がある。舘野は生徒の肩と前腕に手と指を置き、鍵盤の感触を肌で教えた。

「先生は何かを特定の方法で弾くことを強制しませんでした。それは彼の指導法の一部ではなかったのですが、お手本を何度も弾いてくれました。それは学生にとって大変ためになりました。それによって技術的な、そして音響的な問題の両方を勉強することができたのです」

ラウティオが舘野の教えの意味を理解できないときはいつも、グランドピアノが二台並んでいる教室で舘野は生徒を自分のほうに呼び寄せ、舘野が弾くグランドピアノの音を二人で並んで聴いている。

「それは音色のバランスを伝えるための賢い教え方でした。演奏者が聴く音とホールにいる聴衆に届く音には大きな差があるのです」

「泉先生にはいろいろと気を配っていただきましたが、テンポや音楽的特徴、細かいアゴーギグの部分などは最終的に自分で対応しなければなりませんでした」。それにはラウティオも最初は驚いたが、舘野が意図的にそのように仕向けていることに徐々に気がつき、先生の教えの根本をなすものであると納得する。

「先生が伝えたかったことが、直感を信じて私自身の内面から音楽を解釈してほしいということだと理解しました。先生は、私の中に芽生えた信頼に切らすことなく水を与えてくれました。芽吹き始めたばかりの脆弱な植物を踏みつけないように細心の注意を払っていることに私は気づいたのです」

舘野の言葉の少なさは、クラスにゆったりとした寛容な雰囲気を作り出す。仮に何か言葉を発するときは、長い静寂と瞑想を経て言葉が放たれるのが普通だ。ラウティオが楽譜に記されたソアーヴェの演奏指示が何を意味するのか尋ねると泉は「知らない」と答えた。舘野はしばらく沈黙しているが、まだ何か言いたげな表情だ。「ソアーヴェの記号を見て、イタリア製の白ワインを飲んだ気分になった。それはとても口当たりが良い味わいだ。これが何かの役に立ちますか」と舘野は伝えた。

「マルッティ、少し表情が硬い」と舘野はラウティオを驚かせたことが一度あった。「それは先生の元で学んだ七年間で私が言われたもっともきつい一言でした」とラウティオは笑い出した。「ときどき私が弾き終えると先生は自然と日本語で話し始めようとする。日本語は数語続きましたが、フィンランド語に戻さなければならないことに気がつくのです」。その瞬間からラウティオはマエストロが私の演奏に興奮していることを知りました。「それはにぼしを得た猫のようなものでした」

ラウティオの卒業試験は技術的に完璧なものではなかったと思っていたが、舘野はその音楽からみなぎる闘志と強烈な集中力を感じていた。「彼の演奏には、先生の教えた通りに弾くとか、型にはまった解釈に従うという考えがない」。舘野は自著で「すべては彼の手と心で洗いだされて新しく生まれかわったのである」[82]と綴っている。

ラウティオは審査員から25点満点中25点の評価を得た。その結果、この若者は混乱に陥ってしまう。自分がそれほど高得点を得るに値しないと感じ、審査員に再試験を要請するほどだった。舘野は生徒の反応を傍観しながら、「ああ、これでよかった」[83]と独り言を呟くのであった。

舘野泉とともに『タンゴ・デュオ!』のCDを制作したピアニスト水月《みづき》恵美子と東京のとあるイタリア

ンレストランで待ち合わせることにした。グレンミラー楽団の演奏で有名な曲『チャタヌーガ・チュー・チュー』が流れる店内に彼女は座っていた。テーブルには熱々のパスタとサーモン料理などが運ばれる。華やかに飾られた店内で水月は、舘野と知り合った経緯を自分の音楽人生を踏まえながら話してくれた。彼女はフィンランドでの留学も経験し、何度もフィンランドを訪れている。それから何年も経ち語学力が幾分落ちてしまったとのことだったが、彼女を含め多くの日本人ピアニストがなぜシベリウス・アカデミーに留学するのかその理由を聞かせてもらった。

「このように弾かなければなりません。本当に正確に。譜面通りに。音を間違えずに」と水月はまずは完璧な精度を求める日本の指導のあり方を述べた。確かにそれは技術面での向上に繋がるのかもしれないが、果たしてそれが音楽を学ぶことなのかは疑問が残る。

水月はプロのピアニストを志し、桐朋学園大学でピアノを学んだ。そして室内楽や指揮も学び、二期会オペラ振興会での伴奏者を務めるなど音楽的な見識を深めた。とりわけ課題を通じて総譜を機敏に読み取り、各作品において何が重要で、どのような構造で音楽が描かれているのかを認識することを学んだ。彼女はソロのピアノ演奏には興味を感じていなかった。あくまでもそれはピアニストとしての将来の計画の一部ではあったものの、選択肢として少し物足りなさを感じていた。しかし、若い頃から燻っていた思いが舘野との出会いによって変わり始める。

大学在学中に水月はピアノメーカーのヤマハが主催するピアノの講習を受講する。講師として招かれていたのが舘野泉であった。「それは感動的な出会いでした。舘野先生はこれまで私が出会ったどの先生とも違う方法で音楽を語られる」と水月は舘野との出会いを語ってくれた。「音楽を視覚的に捉えることを先生はとても大事にします。先生が指導で強調されていたことは、音楽が醸し出す印象を捉えることでした。つまりどのように心象風景が音楽から浮かび上がるのかを捉え、まずは大きなイメージを形づくり、その後でようやく音色を探し、個々の音を明確に定義するのです」

三年後に水月は舘野がソリストを務めるグリーグのピアノ協奏曲のリハーサルを聴きに行きたいと懇願する。「グリーグの協奏曲を私なりに解釈して録音してみたんです。その音源を先生に渡して感想を聞かせてほしいと頼みました。その結果、先生は私をフィンランドへ留学するように招いてくれて、シベリウス・アカデミーに推薦してくれたのです」

同じ頃チェルノブイリ原子力発電所で事故が発生し、その放射能の影響がフィンランドにも及んだ。留学には影響は小さいものと思われていたが、1986年4月のこの悲劇的な事故の副作用に水月は巻き込まれてしまう。「(そのような状況では)日本を離れフィンランド行きを志願する人は少なかったのです」と水月は語る。「フィンランドの高等教育機関への志願者は毎年三十名程度ですが、原発事故後はわずか四名しかいませんでした」

水月は1987年にシベリウス・アカデミーで勉強を開始する。そこで彼女は「私はいつも旅に出ている」という舘野の言葉が真実であることを実感する。「その当時、先生は日本で本当にたくさん演奏されていました。半年ほど演奏旅行に出ておられたので、私はフィンランドでひとりぼっちでした。でも楽しい時間でもありました。おかげでレッスンで演奏する曲を落ち着いて準備することができたのですから」

舘野がようやくフィンランドに戻ってくると、水月は週に三回レッスンを受け、舘野の演奏の譜めくりを何度も手伝い、他の指導と同じように授業の一環として譜めくりにも取り組んだ。その裏には舘野がレッスンではあまり弾き方について語らず、更には曲についての自身の見解を述べないということがあった。譜めくりをしていると先生のピアノ演奏に対する考えを間接的であれ感覚的に掴むことができる。

「至近距離で先生の声と表現を聞くことができて、本当に私の心で共鳴しました。経験に勝るものはないと実感しましたし、何よりこの経験が深く記憶に刻まれました」

音を超えた音楽の世界

「音楽がそれを体験した者の意識の中でどのように琴線に触れ、感動的な体験を生み出すことができるか、それは謎に満ちており、おそらくまだ解明されていないことがたくさんある」。この声明文は鏡面仕上げされたステンレス製のレリーフの表面に彫られている。文字を追いながら、鏡面に映し出される自身の姿や、変化し続ける周囲の動き、あるいは下から見上げると開けた空を眺めることができる。

目がレリーフの鏡面に沿って動くと、調和や黄金比、そして感覚によって開かれる世界観について書かれた文字の断片が浮かび上がる。「聞こえたり、聴いたりすることは、人間のもっとも社会的な感覚だ。聴覚を通して、私たちは出会った人と精神的な繋がりを得ることができる。聴覚、特に音楽をともに体験すると人類全体の絆を強固にする力となる」

建築家のイルポ・ヴァイサネンのレリーフ「調和の関係」はオウルンサロ音楽祭の最初の十年間の記念としてオウルンサロ市庁舎のファサードに取り付けられている。

「舘野がここにいるときは、ヴァルヤッカ島までピアノを引っ張って運んでくる。ヴァイオリンのほうが軽くて楽だが、これはある意味で名誉な作業だ」と地元新聞はオウルンサロ音楽祭の毎夏恒例のファンファーレのような会話を引用する。つまりコンサートで使用するピアノをヴァルヤッカまで運ぶ作業が音楽祭の開始の合図のようになっているのだ。この作業をオウルンサロの消防士が制服を着て行う。ケーブルフェリーで島へ運び、覆いのある小道を抜けて目的地へ、そして音楽祭が終われば多少雨が降っていたとしても同じ道を引き返すのだ。わざわざそこまでピアノを運ぶ理由は、舘野が人けのない自然が生い茂る島の森を気に入ったからだ。島の真ん中に赤い木造の建物がある。舘野はこの古い製材所の建物が室内楽に最適だと思った。

オウルンサロは伝統音楽と青少年のクラブ活動が盛んで、その結果として体系的な芸術教育に投資が行われてきた。しかし、西部地域には地域を団結させ、地域の若者の音楽学習に刺激を与えるような質の高いクラシック音楽のイベントが行われたことがなかった。そこで地域の要望を満たすために音楽祭が企画された。この企画を推し進める決定的なきっかけとなったのは、1996年の秋に高校の講堂で舘野泉が行ったコンサートだった。町の教育長をしていたマルック・セッパネンがこの演奏を聴き、感銘を受けたのだ。

「これほど優れた音楽家が、わざわざ小さな自治体を訪れ、しかも質素な会場でまともな楽器もなく演奏するなんて。私のような中年世代のフィンランド人ならラジオ放送で彼の演奏を耳にしたことがある。フィンランド音楽を素晴らしい解釈で演奏してくれたあの方だ」

イベントの後にセッパネンは舘野にこの自治体と、町の建築物や町の文化的な取り組みを紹介すると、ピアニストがこの小さな自治体の文化的な意欲に共感を覚えてくれた。それもあって、セッパネンはこの自治体の長であるトゥオモ・ライハの支援を得て手紙で連絡をとり、クラシック音楽イベントの開催への協力を正式に舘野に依頼する。

翌年の12月に舘野がシューベルトのコンサートで近隣地域を訪れた際に、自治体の担当者たちとともに舘野は、自然豊かなこの地域を巡りコンサート会場に相応しい場所を探した。「私が候補地に求めた、独自の物語を持つ空間を見つけることが目的だった。そこで音楽が自由に歌い、聴衆のすぐそばに音楽家がいる」と舘野は音楽祭の原点を明らかにした。この地域には、ヴァルヤッカ島の製材所の建物、リミンガンラハティの自然センター、テルットゥ・ユルヴァカイネンの画廊、板葺屋根のケンペレ旧教会、地域の大聖堂と呼ばれるルミヨキ教会とコンサートイベントの中心として活動しているオウルンサロホール、そしてオウルンサロ教会など候補に恵まれている。

オウルンサロでこの企画が始動し、軌道に乗り始めると、すぐにこの計画が野心的なものへと広がりを見せる。つまり、音楽祭と並行して視覚芸術の展示も計画される。オウル出身の陶芸家であり視覚芸術家であるアンッティ・ウロネンは、森の中に天然素材を使った彫刻を制作した。それは時間の経過とともに形を整え、最終的にはその場の自然に帰るというこの企画以前から彼が取り組んでいたテーマだった。ベリー摘みやキノコ狩り、そしてスキーでこの場所を訪れる人々を今後何年間も彼の彫刻が驚かすことになる作品になるだろう。

オウルンサロとその周辺自治体で企画された国際文化イベント「彫刻ソナタ」が1998年に産声を上げる。その名の通り彫刻と音楽を結びつけることが目的だ。ボスニア湾の海岸地域で行われるこのイベントには、それぞれの芸術分野を指揮する舘野とウロネンの人脈を駆使して、さまざまな芸術分野を交流させその相乗効果に期待が寄せられた。更には地元の伝統と多国籍からなる文化を融合させたいと考えていた。

「彫刻ソナタ」は資金調達にも成功し、幸先の良い出だしとなった。セッパネンと彼の作業チームはこの追い風を受け、最初の夏のイベントは順調であったが、その先に進むためにはときには横風を受けながら、ときには強い向かい風を受けながら航海しなければならなかった。二年目を迎えた頃には、イベント名に「舘野泉と彼の仲間たち」という副題が付き、オウルンサロ音楽祭として継続されることになった。財政状況は厳しく、初年度の規模で計画を維持することが困難になってしまった。予算は当初の半分に目減りしてしまったが、この新しい文化イベントは国際交流に力を入れている自治体にとって非常に魅力的で重要であることから、音楽祭は規模を縮小して続け、視覚芸術に至っては二次的な扱いを余儀なくされた。

このような芸術祭を地域の文化的な活動の一環として定着させるためには、一筋縄ではいかず、それ相応の反対の意見も考慮しなければならない。オウルンサロでも行政と住民の合意のもとでこの計画が進められている。反対派は自治体の限られた資金を「小さな町のハイカルチャーな大騒ぎ」に投資することを望んでいない。支持派は、精神的な価値観と、その地域のビジネス活動における費用対効果が見込めると判断してこの音楽祭を正当化する。

「もちろん裏では予算をめぐって擦った揉んだがありましたが、芸術家が安心できるよう私たちは車輪を回し続けようと努めました。自治体の資金だけでこのようなイベントは開催できません。企業からの支援や後援も得ることができ、またこの音楽祭によってフィンランド・フェスティヴァルズの会員になることができました。それは私たちにとって大きな出来事でした」とセッパネンは語る。「音楽の世界は、音だけではありません。音楽には自然と静寂の関係にも似た音を超えたものがあります。その考えが私たちの背中を押したのです」

自治体は音楽祭を支援する手段として、運営に精通した組織と整った伝達媒体を提供する必要があった。組織の再編成と地域のネットワークがなければ、継続的に要求に答えることは困難だった。2000年に、このイベントを真摯に受け止めるイベントの支援及び後援をするオウムスカというグループが設立された。多方面から作業に取り組むことが未来への鍵だと判断されたのだ。そして最初の十年間は「日本の判子が押された」、つまり日本人の音楽家たちが音楽祭を盛り上げてくれた。

舘野泉がこの音楽祭のために構成した主題と芸術的な視点は、多面的に音楽祭が楽しめるように自由に運営されている。オウルンサロ音楽祭で、もっとも異国情緒を感じさせたのは日本の音風景との共鳴だ。間宮芳生や吉松隆、そして武満徹ら日本の作曲家がフィンランドの夏に響きを与える。更にこのフェスティヴァルのために委嘱された作品、2001年と2004年にオウルのマデトヤ・ホールで初演されたペール・ヘンリク・ノルドグレンのピアノ協奏曲第2番と第3番からも日本文化が強く感じられた。

舘野は自身の演奏でもそうだが、他の演奏家にもゆとりを持たせている。音楽祭に参加する常連の奏者の多くはピアニストにとって気心の知れた仲間であり、あらゆる面で彼らの音楽的な才能を十分に把握している。その代わりにこの芸術監督は自分の世界に入り込み、直感で物事を即決してしまうことがある。それによって何が起こるか。その答えは世界各地を旅した舘野の足跡が教えてくれる。

1999年エレバンのアラム・ハチャトゥリアン・コンサートホールの練習室で舘野は弾いていた。そこに見知らぬ女性が入ってきたことに舘野は気づいた。彼女はアルメニア人ピアニストのアナヒット・ネルセシアンで、舘野のリハーサルを聴いていて何か言いたそうにしていたが、もじもじしていた。「彼女と話そうとしたが、共通の言語がなかった。彼女が話せるのはアルメニア語かロシア語だけで、私はその両方とも分からない。ただ彼女もピアニストであることだけは分かった。どのレベルの演奏家なのかは判断できなかったが、直感的にこの女性は素晴らしい芸術家だと思った」と舘野は優しく微笑んだ。「私はその場で即決して彼女を翌年行われるオウルンサロ音楽祭に招待した」

また、フランスのピレネー山脈の麓にある作曲家、デオダ・ド・セヴラック生誕の地で、舘野はオペラ歌手のジャン＝ジャック・クバイネと出会う。彼がどの程度の歌手であるかは未知であったが、舘野は彼が素晴らしい音楽家であることを直感し、その夏にオウルンサロに来て出演しないかと誘うのであった。

アイスランドのチェリスト、ブリンディス・ハトラ・ギルヴァドッティルの物語は、札幌コンサートホール・キタラから始まる。ブリンディス・ハトラはヴァイオリニストのエイドゥール・ハフステインスドッティルとともに日本への招待を受け、舘野泉とトイヴォ・クーラの初期の大作であるピアノ三重奏曲を演奏した。これは演奏に四十分を要し、チャイコフスキーのピアノトリオを思わす大曲であった。

「これまで一緒に演奏したことはなかったのですが、演奏するのが楽でとても楽しかったです」とブリンディス・ハトラは感想を語った。「演奏をしていると彼が日本の観客に心から愛されているって感じたんです。私たちも女王様のように大切にされました。彼を知る人は皆、彼が美味しい料理とワインを愛する人だって知っているので、ツアー中はグルメになったような体験ができるんです」

日本での公演後、ブリンディス・ハトラはレギュラー演奏者としてオウルンサロに招かれる。思いつきのようなこの決断の速さとは対照的に、彼女は舘野の芸術監督としての向き合い方に何か直感的に、このピアニストから醸し出される何か安らぎのようなゆったりとしたものを感じ取った。それは音楽祭の雰囲気や同僚との交流にも現れている。

「演奏家であれば誰でも知っているように演奏というのは緊張を伴うもの。周りの人の心を落ち着かせてくれる彼の人柄は、彼と一緒に演奏するすべての者の心を和ませるものなのです」とブリンディス・ハトラは続ける。

舘野は室内管弦楽団のラ・テンペスタの若手演奏家たちにも信頼を寄せている。このオーケストラは、オウルンサロ音楽祭が開催される少し前にヘルシンキの学生が設立したばかりで、一緒にステージで経験を積む時間がなかった。「私が幼い頃にプロの音楽家になろうと決心したとき、父が私を日本のステージに連れていってくれました。ステージで学ぶんだと父に言われたのですが、このときと同じようなことをラ・テンペスタにも言い聞かせました」とコンサートマスターを務める舘野ヤンネは語る。ラ・テンペスタは以後十年間オウルンサロ音楽祭の常連として、クラシックから現代音楽まで音楽祭のプログラムを豊かにしてくれた。

「素晴らしいソリストたちや指揮者たちと演奏することができました。特にユハ・カンガスの指揮がとても印象に残っています。彼は自分のスタイルにこだわりを持ち、初志貫徹なところがあるので、最初は少し怯えていましたが、私たちが最終的に求めていた結果を得ることができました。他に印象に残ったのは本名徹《ほんな》次さんの指揮で共演できたことです。私たちは父をソリストとしてノルドグレンの左手のためのピアノ協奏曲『死体にまたがった男』を演奏し、日本でこの曲をレコーディングもしました」と舘野ヤンネが教えてくれた。

多額の報酬を求めてオウルンサロ音楽祭に参加する演奏家はいない。なぜなら運営側の懐事情は知れているからだ。このイベントの魅力は、1970年代に舘野泉がセッポ・キマネンとともにフィンランドの夏の催し物として確立したクフモ室内音楽祭と同じように、自然、人、ボランティア精神、手作り感にある。資源も乏しく、時間もない。本業の合間に芸術的な計画を練り上げ、それを実践する組織を立ち上げなければならなかったが、キマネンはクフモ室内音楽祭の実現に向けて情熱を注いだ。そして、「森の音楽を聴きましょう」と触れ込んだ。舘野もオウルンサロの大自然の中に赴いた。オウルンサロ音楽祭を企画したのは自治体の職員だったが、紆余曲折を経てこの音楽祭はフィンランド西部の8月の終わりを彩る夏の風物詩として定着し、音楽に加えて、ダンス、視覚芸術、文芸も引き続き行われている。

イルポ・ヴァイサネンは、舘野泉の芸術的な活動をその当時の思想に結びつけている。「記念のレリーフ『調和の関係』は、数学的な思考から答えのない無形の価値へと思考を導く。時代を超えて音楽と芸術一般が、全人類の創り上げてきた文化遺産へ価値を開く」

懐かしい思い出、文化の力

冒険欲なのだろうか。舘野泉が頻繁に東南アジアでコンサートを行っていることを他にどう説明することができようか。それは時間の無駄にならないのだろうか。ベトナム、タイ、ラオス、ミャンマー、インド、インドネシア、フィリピンなど西洋のクラシック音楽からすれば馴染みのないように聞こえる国々ばかり。それらの国々にまともな楽器やコンサートホールがあるのかどうかも分からない。それらの国々で暮らす人々は、ドビュッシー、もしくはショパンのピアノ曲を知っているのだろうか。どのような観客がいるのだろう。

「舘野さん、ヨーロッパと日本での演奏活動に注力したほうが懸命ではないでしょうか」と問われると、舘野は「東南アジアへの旅をやめるつもりはない」と答えた。舘野はエッセイ集『星にとどく樹』でよく寄せられる質問に次のように答えている。「異質の文化に触れる喜びや驚きもある。さまざまな自然に身を置き、違った光や色彩に目を見張る。珍しい食べものを味わうのも楽しいし、さまざまな人に出会う喜びもある。でも多分、そんななかでいちばん好きなのは、それらの地域では人間が手を使って生活している、手仕事をしている、手でもって世界と繋がっているということではないか。産業や工業といったって、ほとんどが手仕事や家内工業みたいで、だから貧しいのかもしれないが、私には、文明社会が次第に手や足を失って、ボタンさえ押せばなんでもできるようになってしまった、そのことに対する倦怠や反抗があるかもしれない」[84]

東南アジアの一角で西洋クラシック音楽の発展を舘野泉は肌で感じていた。それは若かりし頃の彼の両親の姿を見ているようであった。舘野弘と光が音楽に初めて触れた頃には、生活も貧しかったし、質の高い音楽教育を受けることもできなかった。「でもみんな新しいことを学ぶことに貪欲で、その熱意は誠実で純粋なものだった」と舘野の声には懐かしさが感じられた。何が起こるか予測もつかない東南アジアの演奏会でも同様の純粋さが随所に感じられたと彼は語る。

「たとえ素晴らしい演奏会場で一流の楽器を使い、耳の肥えた聴衆に奏者が演奏したとしてもコンサートが成功するという保証はない。逆にみすぼらしい会場でまともな楽器がなく疲れ果てた奏者が演奏したとしても、まるで神様の贈り物なのかと思うほど記憶に残る素晴らしいコンサートもある。どの演奏も神の申し子のようなものだ。だからこそ演奏するのが楽しいんだ」

1980年代のフィンランドと日本の両大使館や外務省の文化活動を通じて、舘野泉は東南アジアで演奏するようになった。

「文化的な交流を深めることは、大使館の基本的な役割のひとつだ。東南アジアの発展途上国にも、経済的に自立し文化的な活動をするエリート層がいる。彼らには知識や技量もあり、関心事は我々が目指すところと何ら変わりがない」と1989年から1992年までインドネシアで大使を務めたティモ・コポネンは説明する。「しかし、我々の目的は、国々を結びつける文化的な要因に親しむだけではなく、現地の文化を理解し、それによって人的な交流の根本を見極めることにある。東南アジアの多くの国々では、経済的な繁栄が今のところ大多数の国民に高い生活水準を保障するに至ってはいませんが、文化的な豊かさは古くから健在している」

コポネンはインドネシアに赴任すると、ジャワ島、ジャカルタ、スラバヤの大都市、そして楽園の島バリのような異国情緒豊かな地でコンサートを開催するために舘野を招聘する。コンサートはホテルの大広間や大使館の公邸で行われる。

「楽器が不足することもありましたが、日本の楽器メーカーと非常に良好な関係を築いていた泉さんのおかげで、まるで魔法のように楽器が現れ、調律も行われました。泉さんはとても思いやりがある方で、私たちに落ち度があったとしても、彼から愚痴がこぼれるようなことは一切ありませんでした。もちろん地元の団体ともっと連携を強化すべきだったと思うときがありましたが、それはあくまでもこちら側の問題です」

舘野と仕事をするようになってコポネンが学んだことは、コンサートの前に演奏家をそっと一人にさせておくことだった。しかし、演奏が終わればお腹を空かせた舘野をサポートする。

「そのときは分厚いステーキをテーブルに用意しました」

バリ島に行ったことがないとしても、美しい日の出、色彩豊かな自然、熱帯気候の暑さと湿気、寺院や観光地のことを聞くと胸躍らせることだろう。あまり知られていないかもしれないが、この島には千年以上の歴史を持つ文化遺産がある。それはガムランという打楽器で合奏される民族音楽で、ヒンズー教の寺院や村の宗教行事や儀式で演奏される。ダンスや演劇はもちろん高揚感をもたらすものとして日常生活にも広く根ざしている。

「かつてヘルシンキからデリーに飛んだことがある」と舘野泉が東南アジアを舞台に話を展開する。「その晩早速、インドの伝統音楽のコンサートに案内された。会場に着くと、ステージには花がいっぱい飾られ、美しいサリー姿の女性が燭台のキャンドルに火を灯し、花びらを撒いている。馥郁《ふくいく》とした香の薫りも漂っていた。数人の奏者が床に座って調弦や試し弾きをしており、聴衆はホールを出たり入ったりしている。すべてが流動しているのだった。いつコンサートが始まるのかと思っていたら、それはいつの間にか始まっていた。珍しい楽器の音色や複雑なリズム。即興に熱が入って、延々と奏楽は続いている。演奏の最中も聴衆は出たり入ったり動いている。同行のフィンランド大使館の参事官に『このコンサートは、あとどのくらいかかるんですか』[85]と舘野が囁くように訊くと、「彼はうっとりとした表情で、『まだ二〜三時間はかかるかもしれないし、興が乗ると夜明けまでのこともありますよ』[86]と言った。

演奏場所に向かうときにバリの音楽家は決まって靴を脱ぐ。古代の信仰によれば、楽器を介して人々は神と直接繋がることができるとされているからだ。それ故、楽器をまたぐことも禁じられている。楽器として鉄琴のような鍵盤打楽器とさまざまな音階に調律された銅鑼が主に使われる。鉄琴はペアで演奏され、一方

ミャンマーのシュエダゴン・パゴダ

トルコ

マケドニア

インド

インド

舘野は世界各地で幅広くコンサートを行っている。遠征先はヨーロッパや日本以外にも米国、中国、インド、オーストラリア、アジアや南米の国々にまで及ぶがもう一方のよりも音程が高く調律されている。一緒に演奏すると微妙なずれによってうねり音が生じ、その音がバリ島の人々の耳で美しく響く。ガムラン音楽はそもそも平均律の理想に従っていないが、その代わりにジャワ島では楽器が互いに調和している。

ガムラン音楽は伝統的な日本の音楽のように心を震わせる。舘野の祖先が能楽を職業としていた当時の日本では、大まかに言えば楽器もそうだが、音楽の意味合いも異なっていた。楽器は同じ寸法で作られておらず、その寸法と音色の違いのために合奏するのには適していなかった。音楽も種類があるがそのほとんどで和声という音楽の要素が発達していなかった。しかし、微分音と音色の豊かな変化が音楽の特徴をなすものであった。音楽は神聖な目的というよりは、むしろ語り聞かせの一部として機能し、西洋の伝統の影響を受けるまで独立した芸術という形態で発展していなかった。しかし、ガムラン音楽と日本の伝統音楽を強く結びつけているものは音楽そのものに関係する。つまり演奏者は、どちらの伝統においても敬意に値するくらい高い水準の演奏力ではあるが、自己を表現するためにその演奏技術を披露しているのではないのだ。

舘野はアジアの音楽をそこまで深く掘り下げることはしなかったが、エッセイを執筆する過程で西洋の音楽の発達に関して大胆とも思える持論を展開する。先ほどアジアの音楽を一般化したのと同じように舘野の考えを大まかにまとめるとこのようになる。「西洋音楽の発達は最初に教会や宮殿で起こり、作曲家は自分より身分の高い者のために音楽を書いていた。しかし、ベートーヴェン以降、作曲家は自立して自身の思いを曲に込めるようになった。個を追求していた音楽は、やがてその個性が商品となってしまった」

舘野のバリを訪問していた当時、この島でクラシック音楽のピアノ・リサイタルが演奏されることは滅多にないことだった。コンサートホールもなく、舘野は観光ホテルの式場でリサイタルを行った。式場の隅から隅まで竹と花の装飾が施されている。曲目として彼は東南アジアのツアーで頻繁に演奏するベートーヴェンのソナタ『テンペスト』、ショパンのピアノ・ソナタ第3番、そしてムソルグスキーの『展覧会の絵』を選んだ。

外交ルートを通じて招待された客人たち、カラフルなバリの衣装を身に着けた地元の住民たち、そして観光客の一団が観客席に座る。式場の外にはガムラン奏者が座り、舘野のコンサート中は演奏を控えるが、コンサートが終わると鐘のようなけたたましい音が鳴り響く。「ピアノとガムランが交互に絶え間なく響き渡る。私にはそれが本当に面白くてね」と舘野は語る。「でもね、この島で初めてピアノ・リサイタルが行われるずっと前からガムラン音楽のほうが先に西洋音楽に影響を与えているんだよ。知っていたかい」

もっとも有名な話は、1889年のパリ万国博覧会にまで遡る。そのときにパリに伝わったガムラン音楽はジャワのもので、テンポの速いシンコペーションと連打で進行するバリのものよりも穏やかな特徴があった。ジャワの伝統によれば、各装飾楽器は主旋律に独自の変調を組み合わせることで調和して途切れずに演奏ができるのだそうだ。「音楽は月光と流水のようなもの、つまり常に流れているのにその場に止まっているかのようだ」とその動きが例えられている。

かの有名なクロード・ドビュッシーは、パリ万国博覧会のジャワのブースに立ち寄った。彼が東洋の曲に惹かれたのは、異国情緒というよりも音楽の構造、調性とリズム体系、多声音、音の色彩だった。

「文明がもたらす雑音をよそに、未だ魅惑的な民族がどこかに存在している。彼らは呼吸するかの如くいともたやすく音楽を自分のものにしている」[87]とドビュッシーは『ルヴュ・ミュジカルS・I・M』誌の記事「デュ・グー」で書いている。「彼らの音楽は、海が奏でる永遠の拍子や木の葉を揺らす風の音、そして何千もの小さな音だ。彼らはそれらの音に注意深く耳を傾ける。彼らには疑わしい論文を読む必要はない。ときにはダンスも含まれる彼らの伝統は、いにしえの時代から歌に記録されていて、何世紀と時が経つにつれて各個人が独自の風味を効かせる。このようにしてジャワの音楽は、パレストリーナ様式を子どもの遊びのように、聞かせるような対位法に従っている」[88]

舘野の姪、真理は東京藝術大学を卒業したのち、バリ島の音楽家と結婚し、バリ島でガムラン音楽を演奏していたが、デング熱で亡くなった。そして、彼女の夫も同じ運命をたどった。真理の妹、真穂はカリフォルニアでピアニストとしての活動を続けている。舘野泉のいとこの中野秀男はヴァイオリニストとして活躍し、その娘の佑香は作曲家として非常に優れたピアノ2台のための作品を残したが、十九歳の若さで亡くなった。

自分の目を疑うべきだろうか。ハノイにあるオペラハウスのドーム型の天井をコウモリが何匹か飛んでいる。そのとき舘野はベートーヴェンのソナタ『テンペスト』を弾き始めたばかりだったが、天井の動きが視界に入ってきた。コウモリが屋根に巣でも作ったのだろうか。

1980年代の終わりに、ハノイの日本大使館は舘野をベトナムの百万都市ハノイとホーチミンに招待した。中国風の寺院の静けさ、交通の喧騒、近代化するオフィスビルと並んで、この町の建築物でとりわけ目を見張るのは、フランスの植民地時代に建てられたオペラ劇場だ。
1911年に完成したハノイ歌劇場は、古代ギリシャ建築とパリのオペラ座ガルニエの影響を受けているが、それらの豪華さと比べると幾分物足りない。元々この建物はフランスとベトナムのエリート層の文化的なニーズに応えたものであり、西洋クラシック音楽のベトナムでの第一歩は多芸術的な目的を担うオペラ劇場の歴史と結びついていると言える。
カーペットとベルベットで覆われた座席を備えたフランスの魅力が滲み出ている歌劇場のホールは、ピアノの響きを支えるには風変わりであることが分かる。「ホールの響きもなく、音は全然伸びていかなかった。生まれてすぐ死んでしまった。ステージのぎりぎり一番前まで楽器をもってくると、やっとなんとか客席に響きが届くので、ピアノをそこに据えたが、オペラ座のステージは前の方で傾斜して落ち込むので、ピアノが斜めに傾いてしまう。そんな格好で弾けるわけがないし、第一非常に危険なので、ピアノが傾かないような支えを急設した」「なんとなく工事現場のような雰囲気が感じられた」[89]と舘野はエッセイ集で回想する。「ピアノはヤマハ。ショパン・コンクールで優勝したベトナムのピアニスト、ダン・タイ・ソンが寄付したものらしい。彼も、北爆時代の少年期を防空壕の中で過ごしたという。ピアノの練習も防空壕の中でしたそうだから、爆撃の頻度は相当なものだったのだろう。（……）私も小学校の二年生、三年生の頃を防空壕の中で過ごした。ピアノまで持ち込めるほどの大きなものではなかったが」[90]
スアン・フー村の地下深くに掘られた地下壕での生活は悲惨を極めたが、そこでダン・タイ・ソンの母でピアニストのタイ・ティ・リエンは生徒にピアノを教えた。ネズミがアップライトピアノのペダルの隙間から入り込み、ピアノのハンマーフェルトをかじった。ベトナムでは豪雨による湿気を多く含んだ空気が楽器の木枠を痛める。電灯も十分に完備されていない。しかし、他に選択肢はない。1965年にハノイの音楽学校の生徒は楽器を持って田舎に疎開を余儀なくされた。アメリカの爆撃機が街の上空に現れたのだ。

アジア諸国で西洋クラシック音楽の普及に尽力した者にはそれぞれ秘められた物語と発展の歴史がある。伝統を継承していく個人も同様だ。防空壕で育った幼いダン・タイ・ソンと舘野泉は、戦争の影響下にありながらも幸せな幼少期を過ごす。互いの両親にとって西洋のクラシック音楽が到来したばかりの国では、それを普及させることが人生の使命だった。西洋化によって日本はクラシック音楽の発展において原動力となり、その例に倣って中国と韓国も追随した。ベトナムでは植民地主義の影響下でピアノ演奏の歴史が発展していった。

舘野泉がコンサートでベトナムを訪問した1980年代の終わり頃、ベトナムで西洋音楽の体系的な教育が行われるようになってから三十年しか経っていなかった。コンサートにはピアノを習っている学生や大使館の招待客、政治家や軍人が含まれていた。ベトナム戦争の勇士であるボー・グエン・ザップ将軍ほかの有名人たちも最前列の招待席に顔を連ねていた。会場にはクーラーもなく、扇風機がまわっていた。そして、窓は全部開けっぱなしであったから、外を通る自動車のクラクションもけたたましく響いた。

ピアニストが数日間宿泊したイタリア大使館公邸で行われた夜のコンサートでの喜びも束の間、舘野は不運に見舞われる。客室として提供されていた部屋で着替えをしていると、ゴキブリのような虫が現れた。それを追い払おうと踏み出した途端に、足を掬われて宙に舞ってしまった。床を新しくしたばかりなので滑りますよとテウッチ大使夫人に注意されていたばかりだったのに、ものすごい勢いで右の手首から落ち、全身の重みを受けてしまった。（……）通訳についてくれた五十歳ぐらいのカンボジア人男性に話すと、私がいい薬を持っていますと言って持ってきてくれたのが、日本のメンソレータムである[91]と、彼は遠く離れた地での思い出をエッセイ集に綴っている。

翌日舘野はハノイの国立音楽院（当時はベトナム音楽学校）に招待され、若いピアニストの話を聞き、レッスンを行った。「国際コンクールに入賞した者や、これから国際コンクールに参加するという若者もあり、活気がみなぎっていた。ベトナムの文化水準は非常に高く、勤勉な国民性とあいまって、音楽の分野でも今後大きく進出してくるだろう。中国、台湾、韓国と並んで、大きな期待が寄せられる」[92]。ベトナムにも可能性はあるだろうが、この国には依然として多くの貧困が存在する。これからというところで困難を抱えてしまっている。ホーチミンでは舘野が練習をしていると、大きな虫がピアノのそばに寄ってきた。ベトナム人調律師の娘さんにそれを言うと、「あれはおいしいんですよ」と言われた。

舘野はハノイ市からホーチミン市、そこからタイのバンコクまでコンサート中も手首の痛みは引かなかった。「なんとか生き延びた」と彼はグランドピアノの前で疼く手首の痛みを我慢しなければならない。彼が整形外科医に手首を診察してもらうのは、それから一か月後にフィンランドへ帰国してからだ。「右の手首は痛んだが、演奏はひとつもキャンセルしなかった。（……）医者の友人に診てもらうと、レントゲン写真で、骨の折れたところが見えた。友人も『上手にずっと使ってきたのがよかったんだね。いまさらギプスなんかしたってしょうがないだろう。どんどん演奏しなさい』と言ってくれた[93]」

また、一度は中部フィンランドの町でリサイタルが終わり、楽屋口から出てくると十段くらいの石段の下で友達が待っていた。「おーい」と声をあげた途端にわき腹を下にして十段くらいをすべり落ちてしまった。世界が一瞬真っ黒に見えたが、それからその友達と飲みに行った。しかし、そのあと三日間くらい痛みが続くので、尋ねてきた医者の友人に話をすると、両手でわき腹をさわって「左の肋骨が三本折れているよ」と言われた。「でもとても上手に使っていたのか、きれいにつながっているから、もう何もしないでいいだろう。上手に大事に使いなさい」と言ってくれたこともある。

常緑樹の樅の木、美智子さまからのメッセージ

予想外のことだった。宮内庁から天皇皇后両陛下の来賓としてお越しいただきたいというお誘いがあったのだ。その理由は明かされなかった。

父である昭和天皇の崩御を受け、皇太子明仁親王は１９８９年に天皇に即位した。皇太子妃美智子さまは、初の民間からの皇后になられた。国民に寄り添いたいという新天皇皇后両陛下の思いも、国民の新皇后に対する期待も非常に大きかった。

舘野が天皇皇后両陛下に初めて謁見したのは、１９８３年に陛下が皇太子時代にフィンランドを訪問されたときだった。ピアノを弾かれることを楽しまれるだけではなく、奏者としても演奏されている美智子さまは、舘野の演奏を長年お聴きになられていたそうだ。

招待状を受け取った舘野は、妹の広瀬悠子とその夫の八朗とともに赤坂御所を訪ねた。御所に着き、ピアノのある部屋に通されると、両陛下の他には誰もいなかった。当時、お声がお出になられなかった美智子さまに「ご回復をお祈りしています。きっとすぐに良くなられます」と申し上げた。

「私たちに何か曲を弾いていただけませんか」と陛下が舘野に言葉をかけられた。これは極自然なことだ。宮中行事や親睦会などで音楽が奏でられることは、皇室の慣習となっている。音楽は公家の美学と文化にとって欠かせないものと考えられているため、自ら奏者として演奏会にご参加されることもある。舘野はロマン派のピアノ曲を弾くことにした。

「十五分ほど演奏したあと、立ち上がってお辞儀をしました。お礼を述べてお暇しようかと思いましたが、陛下は『もっとお聴かせ願えませんか』とおっしゃってくださいました。もう一度十五分ほど演奏しましたところ『まだお辞めにならないでください。もう少し弾いて頂けませんか』とおっしゃってくださる。私は更にしばらく続けて、最後に悠子と日本の民謡を演奏することにしました」

その頃には紀宮さまも、ご同席されていた。演奏が終わると、美智子さまが紙にメッセージをお書きになり、陛下がそれを読みあげてくださった。美智子さまはシベリウスの『樅の木』を演奏されたいとのことだった。舘野にその手ほどきをしてもらいたいというのだ。「喜んでお引き受けいたします」と舘野は微笑んで答えた。「背の高い常緑樹の樅の木を思い描くように……、それが厳かな音を響かせてくれるのです、とお伝えいたしました。美智子さまは、私のペダルの使い方にもご関心を示され、興味津々にご覧になられていました」

そのあと、舘野は両陛下に感謝の言葉を述べた。「もうお暇したほうが……と思っていたところ、陛下が優しく、夕食の用意ができていますとおっしゃってくださいました。テーブルを囲んで、終始笑顔の絶えない歓談をさせていただきました。美智子さまはお声は出されなかったものの、熱心にお話にご参加されていました。ハノイでリサイタルをしている最中に蝙蝠が飛んできた話も、楽しそうに聞いてくださいました。音楽について話題が及んだとき、美智子さまがベートーヴェンの『テンペスト』の第3楽章をハミングされたのを覚えています」

会食を終えるともう夜になっていた。翌日再び宮内庁から連絡があった。

「紀宮さまからのお電話でした。『母からの感謝の言葉をお伝えします』と、心のこもったお言葉をいただきました。『昨晩は母が言葉を取り戻すかと思いました』とおっしゃっていただいたのです」

後に報道もされたが、ささやくような声ではあるものの、美智子さまがゆっくりとひとつの文章をお話しになられたというのだ。

このときのエピソードについて、舘野はさまざまなインタビューで訊かれることになる。その都度、舘野はまるで物語がそこに生きているかのように大切そうに語る。音楽が精神を癒す効果について、舘野の解釈は、当時も今日も変わっていない。それから三十年後、病によってその生き生きとした語りが一時的に途切れてしまったときにも、舘野はあのお電話のことを思い出していた。美智子さまが、紀宮さまを通して伝えてくださった「音楽の力は不思議です。浄化されました」というお言葉が、舘野の心の中に響いた。

言葉では説明できない魂のこもったもの

アルゼンチンの首都ブエノスアイレス。暇を持て余した人々が、空き地のような広場に集う。広場の端からバンドネオンの魅惑的な音色が響くと、若いカップルがタンゴを踊り出し、群衆の視線を集める。3月の日曜日は暖かく、陽光が映し出すその姿は官能的な炎のように地面で揺らめいていた。

空き時間を見つけて街を散歩していた舘野は、その光景を焼き付けようと思った。しかし、カメラを持ってくるのを忘れていた。舘野は急いでホテルにカメラを取りに戻ったが、フィルムを使い切っていることに気がついた。近くのお店に急いでフィルムを買いに行かなければ、あの光景を撮り逃してしまう。

このとき舘野は、この世でタンゴに勝るものはないと言わんばかりに全速力で走った。

「ダンスの美しさに魅了された。神秘的な瞬間がそこにはあった。そのときまでに、市内の劇場やレストランへタンゴを見に何度も足を運んだが、路上の光景ほど私に感動を与えたものはなかった。若いカップルは踊りに集中し、劇場のタンゴのような華やかさはまったくないが、その自然な踊りが刺激的であった」

もし舘野がブラジルに向かうためのビザの申請を忘れていなければ、この広場の光景は見逃されている。それに気がついたのは空港で手続きをしているときだった。詳しく説明すると舘野は前日の朝四時に起きてホテルを出発し、ブエノスアイレスからリオデジャネイロに向かおうとしていた。しかし、不幸にも彼はブエノスアイレスに引き返さなければならなくなる。空港ではビザの申請ができず、月曜日にならないとブラジルに入国できないことが判明したのだ。引き返して週末はアルゼンチンに滞在しなければならない。タンゴが盛んな本場の地に更に二日間足止めされる。それは舘野にとってむしろ好都合な出来事であった。

舘野泉は、コンサートツアーでラテンアメリカを回っている。メキシコシティでのリサイタルも終え、つい先日はブエノスアイレスのテアトロ・コロン劇場の黄金の間でソロ・コンサートを終えたばかりだった。グリーグのピアノ・ソナタ、シューベルトの初期のイ長調ソナタ、ドビュッシーのピアノ組曲『子供の領分』、シベリウスの小曲とラウタヴァーラのエチュードが曲目に名を連ねた。聴衆は奏者に拍手喝采を送り、汗だくのタキシードに身を包んだ舘野は、アンコールで更に2曲を、つまり、ヘイノ・カスキのピアノ作品集『夜の海辺にて』とブラジルのリズムで躍動するエルネスト・ナザレーのタンゴ『オデオン』を披露した。「若い頃タンゴを聴くと、女性を腕に抱きかかえ一緒に踊る自分の姿を想像した」と舘野は思い描く。「アルゼンチンでタンゴを聴いたら死んでもいいといつだかエッセイに書いたことがある。嘘っぽく聞こえるかもしれないが、それは本気だった。タンゴは情熱的だが、同時にダンサーの視線は冷たく冴え、野生的であるが規律正しく、官能的で素朴、激しくもあるが遊び心もある。魂は生と死の狭間、あるいはそれらの上にあるのかもしれない」

1988年のコンサートでアルゼンチンまで行くことが決まった。そのときに数時間にわたる夜間飛行と、具体的には飛行機の空調トラブルのせいで、舘野は風邪をこじらせてしまう。「ただの風邪だ」と舘野は気にすることもなく手を振るが、「ブエノスアイレスに着いてタンゴが聴けなかったらとても悲しい思いをする」ということで、日本大使館から薬を受け取り、練習して日中は休養をとった。しかし、夕方になると彼は風邪のことなどどこ吹く風とホテルを抜け出して、市内のタンゴクラブに向かう。最高の瞬間は、街を歩いていても勝手に視界に飛び込んでくる。

サンテルモの活気溢れる市場にバンドネオンの嘆くようなメロディーが響く。その音に引き寄せられて老夫婦はタンゴを踊ろうとする。若い頃の俊敏さはないものの、高齢になってもその姿には言葉では説明できない魂のこもったものが伝わってくる。ラ・ボカ港地区のレストランのテラスで舘野はビールで喉を潤し、タンゴ溢れる地域の息吹を吸う。日曜日の夕方になると、タンゴハウスとして名高いエル・ビエホ・アルマセンにも毎晩足を運んだ。ブエノスアイレスの街路を歩き回りタンゴを堪能した。しかし、とうとう埃だらけになった靴を拭き取るときが来てしまう。ブラジルに向けて旅を続けなければならない。タクシーの後部座席に座り、ピアニストは名残惜しそうに窓から外を眺める。するとサヨナラを告げるようにタンゴが神秘的に彼の視界に現れる。「夜明けで、外は暗かった。身なりの良いカップルが通りの向こう側にやってきた。美しい肌の色をした女性と、素晴らしい身なりの男性である。タクシーの運転手と私は思わず目を合わせて、これはまさに『夜のタンゴ』だと言ってため息をもらした」

ラテンアメリカのタンゴは、アルゼンチン人のアストル・ピアソラとブラジル人のエルネスト・ナザレーを筆頭に、舘野の1990年代のコンサートやレコーディングのレパートリーとして盛んに演奏されている。タンゴを踊る若いアルゼンチン人のカップルの写真がポストカードとなり、アルバム『ブエノスアイレスの四季』の表紙にもその官能的な姿が採用されている。

この頃に芸術家として心に秘めていた思い、つまり幼少期から魅了されていた物語の世界を音楽で表現しようと舘野は思い立つ。日本で人気がある女優岸田今日子の表現力に舘野は長年魅了されていた。「音楽と物語の世界」というコンサートを企画するならば、その相手は岸田しかいないと舘野は思った。早速、岸田今日子の従兄で日本シベリウス協会常任理事の岸田蕃《ばん》に話をつないでもらった。

「彼は岸田今日子さんとの面会を手配してくれ、こうして最初から夢のようなコラボレーションが始まった」

「わたしは自分が、その時の気持ちで動いてしまう所があるので、3年前、御一緒のお仕事を始めるまでは、舘野さんが几帳面で神経質な方だったらどうしようと、ちょっと心配だった。クラシックの演奏家は、そういう方が多いような気がしていたのだ」[94]と語る岸田の思いは舘野泉の演奏家デビュー40周年記念コンサートのパンフレットで読むことができる。「でもそれは全く杞憂で、わたしがどんな失敗をしても助けて下さったし、笑って許して下さった」[95]。岸田は、美味しいものを食べ、お酒を楽しみ、笑い、話すことが好きな人がどういう人なのか学んだと話す。岸田もブエノスアイレスの街角で舘野が撮った写真を見ていたようだ。「舘野さんとお仕事を続けて行くことの楽しさを、わたしは舘野さんがブエノスアイレスの街角で、タンゴを踊る二人をお撮りになった写真を拝見した時、確信したのだった」[96]

デュオは、絵本作家ジャン・ド・ブリュノフの絵本を元にフランシス・プーランクが作曲したピアノと語り手による『子象ババールの物語』、詩人アロイジウス・ベルトランの散文詩集『夜のガスパール』を題材にしてモーリス・ラヴェルが作曲した同名のピアノ独奏のための組曲、そしてラフカディオ・ハーンの『怪談』から着想を得たペール・ヘンリク・ノルドグレンのバラード『耳なし芳一』と『雪女』をコンサートステージで披露した。エストニアのウルマス・シサスクのピアノ曲集『こどものための銀河巡礼』ではデュオが詩人の谷川俊太郎に一連の詩の執筆を依頼した。そして人魚に恋する青年の物語であるシベリウスの組曲『フロレスタン』は、伊東ひろみが日本語に加筆した。これらの曲目は2001年にSacrambow レーベルからリリースされた『音楽と物語の世界―ぞうのババール―』に収録されている。

まるで舘野と岸田は昔からの知り合いのようだ。ステージ上での互いの白熱した魂の掛け合いがそれを物語っている。1997年に始まったこの関係は何事もなく今後も続くと期待されたが、病魔が女優に襲いかかる。「芸術家としての岸田さんの感性は忘れられない。強く印象に残っている」と舘野は音楽家人生を通じてかけがえのない友のことを今後も思い忍ぶことになる。岸田の魅力はその感性にあるのかもしれないが、舘野が言いたいのはそれだけではない。

「私が特に感心したのは、岸田さんの目には、人間の価値が行動や業績によって決まるのではないと見えているところだ。彼女は会う人すべてに温もりを与える。そのようなオーラに彼女は包まれていた」

かくて円環が閉じようとしていた

万華鏡を覗いているような気分だ。色と光が変化し、動きが繰り返される。その連続する動きのように舘野泉の人生は独自のシンメトリーを描く。多様な色彩を受け入れ、異質なものに果敢に挑むような人生だ。舘野は懸命に働き、ピアノ音楽のさまざまな分野に光を当てた。そして旅する生活も家族との生活も謳歌している。「父は性格的に大人しい印象を持たれやすいですが、考え方や行動は決してそうではありません」と舘野ヤンネは父の物事に取り組む姿勢について言及する。「父は常に同時並行でさまざまな計画を行っていて、どれも手を抜くことなく没頭するタイプなんです」

全盛期には、年間二百回ほどコンサートをこなし、レコーディングにも活発だった。その他の年でも百回ぐらいで推移しており、そのうちオーケストラのコンサートは約五分の一になる。１９９０年代に入ると、仕事の大半はピアニストの母国である日本で行うようになり、舘野は年に七、八回日本を訪れる。彼はフィンランドのヘルシンキに自宅を構えていて、今でもフィンランドの音楽界で活躍しているが、以前ほどフィンランドの舞台に立つことはなくなった。演奏の舞台は、日本の他に、主に中央ヨーロッパ、東南アジアに及ぶ。レコーディングは、適度な間隔で行う。実際日本の会社だけでなく、フィンランドのレーベルONDINEやFINLANDIAも合わせると毎年四回から六回の収録作業に励んでいる。

2001年秋には三回のリサイタルシリーズを計画し、十五回のリサイタルを五大都市で行った。過密を極めたスケジュールで、五週間のツアーの間、休みはほとんどない。あったとしてもどこかに立ち寄る程度で島国の端から端までまたすぐに移動しなければならない。

「父のツアー日程を目にすると驚かされることがあります。規模が大きく、しかも過密日程で、どうやったら消化できるのか不思議に思うんです」とヤンネは言う。しかし、舘野自身がこの過酷な日程に対して不満を漏らすのをこれまで誰も聞いたこともなければ、そんな姿を見たこともなかった。むしろ、このような仕事は彼に報酬を与えるだけでなく、心の糧となっている。「明らかに父は心に描いていることを実現しようと努力している。父の音楽的な考え方と少し似ていて、計画は大きな枠組みで進行している」とヤンネは続ける。「父は細かいことをいちいち気にせずに先に進む。父が悲観的なことを言って何かに取り組んでいるなんて聞いたことがありません。何が起こっても、父は諦めません。40周年を迎えた当時、彼は演奏家として円熟していたし、すべてが順調だと私たちは心から思いました」

40周年記念公演に合わせて舘野は冊子を用意した。そこにはふんだんに載せた写真とともにこれまでのピアニストの歩みが長文で綴られている。それに加えて、才能豊かな教え子が1960年にデビュー・リサイタルを行った際にレオニード・コハンスキーと安川加壽子が寄せた祝いの言葉も掲載され、その他に芸術活動を通じて知り合った仲間たちが舘野についてコメントを寄せている。

ピアニストの小山実稚恵はイタリアの格言「美しいものが美しいものではなく、好きなものが美しいもの」[97]を引用し、自分の文章の見出しにしている。小山自身もコンサートで日本各地を回っているが、演奏で出向いたホールに舘野のコンサートのポスターが貼られているのをよく目にする。彼女が目を引かれるのは、彼がコンサートで取り組んでいる多彩なレパートリーだ。心地よい驚き、静かなる力強さ、そして野心的で知的さを感じる芳醇な音楽。「全て舘野さんそのものであるように私には思えてならないのです」[98]と小山は舘野のプログラミングについて語る。「その多彩さには、やわらかなお人柄も浮かんで見えるような思いがします」[99]

「源泉」を意味する泉という名前以外に芸術家に相応しい名前があるのだろうか。小山も舘野の名前が人の幸せの為に「為吉」か「多吉」と名付けられていたかもしれないと聞いているが、「もしかしたら為吉という名前だったかもしれなくて、為吉だったらピアノは弾いていなかっただろうというお話を伺いましたが、もしも、為吉さんだったら、今頃、三味線の名手か焼き物の名人か文楽の師匠になられて、着物を素敵に着こなし、やはり、周年のお祝いをされていらっしゃることでしょう!」[100]

舘野は陶芸家にはならなかったが、記念コンサートでのプログラムに人生の歩みと芸術的な可能性を織り込んでいる。もちろん舘野は意図して曲目を決めているが、自分の運命を曲目に織り込んだことに気づくのは後のことだ。かくて円環が閉じようとしていた。

シリーズの第一夜は「青春」というタイトルで演奏される。プログラムは、1960年に行われた初リサイタルとまったく同じ進行を辿る。つまりエネスク、シューマン、ラフマニノフ、プロコフィエフの曲が並ぶ。これは意図的に演奏家の人生の初期を懐古しているようであり、このピアニストの音楽家の歩みを追い続けてきた仲間の多くのコメントでも言及されている。偉大なる挑戦が舘野を魅了する時期だ。

第二夜のタイトル「恋する男たち」は、グラナドスのピアノの独奏のための組曲『ゴイェスカス』から借用したものだ。色鮮やかなこの音楽は、作曲家の創作活動の円熟期として位置付けられている。スペインだけでなくロマン派のピアノ音楽の最高傑作とみなされている。そして、舘野が四十年間取り組み続けた珠玉の作品でもある。

『ゴイェスカス』とともに舘野は、ドメニコ・スカルラッティのソナタなどスペインの香り漂う古い楽曲をいくつか取り上げている。作曲家が『エーゼルチーツォ（練習）』と呼ぶソナタは、もともと鍵盤的な限界は越えていたが、チェンバロのために書かれている。チェンバロの特性を尊重し、ペダルを使わず演奏しなければならない。舘野にとってスカルラッティの時代の音楽は新たな挑戦でもあった。

「これまでスカルラッティの音楽に手を出す勇気がなかった。まだこの音楽を弾くときではないと考えていたのかもしれない。今ようやくそのときが巡ってきて、その曲に触れることをとても楽しんでいる。とても簡素で素敵な音楽だ」

第三夜の「星にとどく樹」でピアニストはウルマス・シサスクのピアノ曲集で演奏に一時間かかる大作『銀河巡礼』（作品10）を演奏した。「北の星空」と舘野泉は視線を空に向ける。この動きで彼はこの曲の物語を伝えている。

彼は一連のコンサートをシューベルトの『白鳥の歌』、ピアノ・ソナタ第21番変ロ長調のソナタで締めくくる。これをもって舘野は、日本でのコンサートステージに一時の別れを告げた。もちろん聴衆にお辞儀をする舘野は、自分の人生に一区切りがついたことを知らない。ようやくフィンランドでクリスマス休暇を過ごすことができるとただ喜んでいた。

「ツアーの最終日にたまたま東京にいたんです。父の演奏がとても素晴らしかったので、コンサートの後で父を労いに行きました」とヤンネは回想する。「父は自分の演奏には満足しているものの、筋肉がかなり試されたと言っていました。まだ何曲か演奏できる様子でしたが、そういう気分ではなかったようです。そのときの父は不安げな表情をしていたんです」

私の中で音楽は樹木の年輪のようだ

泉の容体はいかに

1月の穏やかな黄昏が一転して、慌ただしく不安に満ちた闇夜に姿を変える。目の前を通り過ぎる救急車のサイレン音が信じ難い事実を告げる。２００２年1月9日のタンペレ市のピルコンホヴィで行われたチャリティ・コンサートは、予期せぬ形で幕を閉じたのだ。会場では北欧を代表するピアノ曲が奏でられていた。その最終盤の和音は、衝撃的にも不安を募らせながら響くサイレン音と化してしまう。混沌に包まれた場内、悲嘆に暮れた言葉が飛び交い、そのすべてにまといつく疑問符。その回答には数時間、数週間、場合によっては数か月を要するかもしれない。最悪の事態、マルッティ・ラウティオはその考えを頭から拭い去りたかったが、それがここにある現実だった。彼は恐怖を感じながらもタンペレ大学中央病院に向かって車を走らせる。

「何か変だわ。誰かステージへ急いで」。ラウティオの後ろから慌てふためく声が聞こえた。声の主は、舘野マリアだった。ラウティオと同じく舘野泉の本日の最終曲、エドヴァルド・グリーグの『トロルドハウゲンの婚礼の日』を彼女は落ち着きのない様子で聴いていた。曲が進むにつれて、叙情的に歌う間奏で不穏なミスタッチが続いていたのだ。厳かに盛り上がりを見せる最終盤で、演奏は硬さを帯びハーモニーも乱れ始める。ピアニスト自身も右手が遅れ気味になっていることに気づいている。にもかかわらず、最後の和音まで弾き切って立ち上がってお辞儀をした。その直後、ステージに駆け上がったラウティオの腕の中に倒れ込んだ。

聴衆は拍手喝采で演奏者を称える。しかし、誰かが花束を渡したのだろうか。更には声高に感謝の言葉が会場に響いたのだろうか。コンサートは、通常のコンサートと同様に終演する。集団的な思考では、何が起こったのかを把握する能力にも限界がある。興奮から冷めると、観客は嘘のような現実を目の当たりにする。前列に座っていた初老の紳士は医師で、事態の深刻さを理解していた。「これは大変だ。大至急、救急車を要請してください」。舘野泉はコンサートのステージ上で脳出血を起こした。一刻の猶予もならない。舘野はステージに別れを告げなければならない。このタンペレのコンサートは、フィンランドでもっとも広く語られ、おそらくもっとも深く彼のことを心に刻むステージとなった。

北欧のピアノ曲集は芸術表現のひとつにすぎないが、舘野自身が煩わしく感じ、苛立ちすら覚えるぐらい舘野の業績がこの分野のみ強調されてしまう。特定の音楽様式や時代様式のスペシャリスト扱いされることを彼は望んでいないし、そのことは事あるごとに雑誌のインタビューで真剣に、そして論理的に言及してきている。しかし、フィンランドのピアノ音楽のために何十年にもわたって取り組んできた彼の業績ばかりが注目され、新聞の文化欄の見出しで踊るのはそればかりであった。1973年10月に書かれたヘルシンギン・サノマット紙の論評でエリック・タヴァッシェルナは、舘野の業績を詩的な表現で紹介している。それはピアニストとフィンランドの聴衆との間に生まれた強い絆を想起させるだけでなく説明するのであった。「私には枯れ木としおれた花しか見分けられないようなエルッキ・メラルティンの『悲しみの園』を舘野泉はひたすら歩いている」[101]

舘野の生徒であったマルッティ・ラウティオは可能な限り先生の演奏会に足を運んでいた。とはいえ最後に先生に会ってからかなり間があいてしまった。それは仕方がないことだ。舘野が活動の拠点を遠く離れた日本に移していたし、ラウティオはタンペレ音楽院での教職に就いていた。「歌うように奏でる唯一無二の演奏力。誰にも真似できないペダル操作。ステージでの絶大なカリスマ性。偉大な巨匠だけが兼ね備えているものが彼にはある」とラウティオは頭の中で舘野の人物像を整理する。「コンサートを聴いていると、自分にはまだ足りないものがどれほどあるのか、何度も気づかされた」

コンサートは予定通りに終えることができなかった。その代わりに、音楽や夕食をともにした記憶を含め楽しい思い出が走馬灯のように過去を映し出す。同時にそれは未来への分水嶺でもあった。舘野泉は音楽中心の人生をしっかりと築いてきたし、彼の人生の使命に一瞬たりとも背を向けたことはない。医師の診断結果を病院の廊下で待っている間、ラウティオの頭の中で同じ質問が何度も繰り返されていた。それは、何時間も待たされた舘野マリアが恐る恐る小声で医師に尋ねたことと同じだった。「彼はこれからもピアノを弾けるでしょうか」

時がくれば、自ずと答えは出る。答えが出ることは分かっているが、必ずしも期待された答えが返ってくるわけではない。症状が現れても医学というものは現実的な知見をその都度親族に伝えることしかできない。それに基づいて患者の人生は次第に落ち着いていくものだ。

脳出血を発症した場合、損傷した脳の領域の位置を特定し、現在の損傷の程度を判断することが可能だ。重篤な場合には永続的な麻痺の発生率を予測することになり、軽度の出血であれば予後は良好と判断される。これら両極端に思われる中間には判断のつかないグレーゾーンがあり、後遺症が残るか否かは身体的及び精神的な力量に関わる多くの要因が影響を及ぼしている。いずれの場合も、脳出血からの回復には通常数か月、場合によっては数年が必要とされている。最初の数か月間で損傷が継続しているのか、修復に向かっているのか判断できるようになる。この段階で初めて回復することのない損傷した領域の判定が可能となる。脳の可塑性によって損傷した脳領域を補う周辺領域の活動によって神経回路が機能回復する可能性が見込まれる。それらには数年間かかる場合がある。

「恐怖と不安が黒い雲のように私の頭上に立ち込めた」と舘野マリアはため息をつく。医者がやってきて気休め程度の言葉をかける。「禍を転じて福となす場合もある」。その言葉が病院の廊下に響いた。人生はもはや以前と同じではない。それは事実で、人生の転機を意味した。それは、家族や親戚、そして友人や知人、さらには広範囲にわたる仕事仲間にも関係することだ。

舘野泉はまったく動けなかった。歩くことはおろか、立ち上がることすらできなかった。話を理解し、しどろもどろであったが数語を発話し、質問に答えることができた。しかし、自発的に彼自身が何かをすることはできなかった。舘野の場合、脳の深部に位置する感覚伝達の中枢である視床で出血が起きていた。脳出血が発症した瞬間とその後の数日間の記憶は曖昧で、本人はほとんど覚えていないが、奇妙な聴覚障害に悩まされたことは覚えていた。「セヴラックの音楽が、壊れた古いレコードのように私の頭の中で鳴り、それに続いてラヴェルのソナチネの終楽章が響いた。それから、音が静まった」

再び、ひまわりの海へ

フランスのラングドックの斜面に広がるひまわり畑が青空に映える。起伏に富んだ地形が広がり、丘の上に教会の塔がそびえ立つ。南の地平線にはピレネー山脈が連なる。むせかえるような暑い日だ。

作曲家デオダ・ド・セヴラックの生まれた村を探しに南フランスに行きたいと、前々から泉はマリアに話していた。1999年8月に彼らは出発する。マリアは事前にこの地域について地図を調べたり、ガイドブックを読んだりしていたが、目的地に辿り着くのに四苦八苦した。トゥールーズ空港でこの旅の最初の問題を解決しなければならない。泉はレンタカーを借りて移動したがったが、マリアは嫌な予感がした。なぜなら舘野家で運転免許証を持っているのは彼女だけだったのだ。

「本来ならまずトゥールーズに一晩滞在し、翌日に旅を続ける予定でした。事前にレンタカーのことは話し合っていませんし、何より私は海外で運転したことがなかったので、外国の街で運転することを考えただけで背筋が凍る思いでした」とマリアは当時のことを思い返す。しかし、泉は諦めない。「彼は何かを決めたら、とことんやり抜く人なんです。泉はいろいろと考えているのですが、それを私に話すということを考えない。結局、私たちはレンタカーを借りに向かいました。反論しても仕方がなかった」

スーツケースを車のトランクに詰めて、ホテルを探すためにトゥールーズの街へ車を走らせる。「地図もないし、二人ともフランス語が話せませんでしたが、何度も道を間違えたり、逆走したり、警察に後をつけられたりしたにもかかわらず、奇跡的にホテルに辿り着くことができました」

灼熱の太陽を浴びながらトゥールーズから旅を続けた。すると絵のように美しい起伏に富んだ田園地帯を抜け、穏やかな雰囲気が広がる村の輪郭が浮かび上がる。二人が曲がりくねった道を通り、中世からこの地にあるサン＝フェリックス＝ロラゲ村に到着すると、まるで数百年前にタイムスリップしたような気分になる。高い丘の上にいると時間が止まった感覚になり、大海原にいるように見渡す限りの大地に囲まれる。

「セヴラックの家の場所を尋ねに旅行案内所に行くと、『それならあなたたちの後ろにあるよ』と教えてもらったのですが、その家に住んでいた作曲家の子孫があいにく旅行中で、そのときは家を見ることができなかったんです」

舘野泉は藝大の学生だったときに、邦訳されたアルフレッド・コルトーの『フランス・ピアノ音楽』を手に入れる。その頃から既にデオダ・ド・セヴラックのピアノ作品に興味を持っていた。その当時この作曲家は日本では知られていなかったが、そもそも他の国でも知られていたのだろうか。

貴族の家系に生まれたセヴラックは、南フランスの絵画のような風景の光と風情、農場労働者の日常と祝賀、農家の讃美歌を音楽で表現する。活気に満ちたパリでの十年間の生活でセヴラックは音楽家や画家と親交を深める。しかし、権威的な世界とは距離を置き、生まれ故郷に戻る。そして晩年をピレネー山脈の麓にあるセレという小さな町で過ごした。この町では二十世紀初頭にピカソやブラックなどの芸術家コミュニティが誕生している。

セヴラックの生前の評価は、後世には引き継がれなかった。コンサートのステージで彼の楽曲が奏でられることはなくなり、作曲家の作品を知るプロの音楽家もほとんどいなくなってしまう。しかし、この文脈に価値を見いだす者もいる。舘野泉が日の目を見ない曲を放っておくわけがない。舘野は音楽家として歩みを進める中でセヴラックの音楽に取り組んだ。そしてセヴラックの曲を著名なフランスの作曲家の曲と肩を並べるまでに育てるのであった。「私はセヴラックの素朴な音世界に興味を抱いた。それはフランスのピアノ音楽に対する理解を広め、基準となるフランスの音楽と比べても遜色なく、深い色彩と非常に幅広いカラースケールで響いた」

「セヴラックを出すのは難しいです。彼は無名なのですから」とレコード会社は舘野の度重なるレコーディングの要請に対して渋い反応を示した。誰にも頼ることができないなら、自分ですればいい。使用するための機材、設備、調律師の手配など必要なものは自分で用意した。「為せば成る、成さねば成らぬ、何事も」とはまさにそういうことなのだろう。演奏生活40周年のコンサートの直前に舘野に連絡が入る。ワーナーミュージックがレコーディングを引き受けてくれたのだ。2001年6月に南フランスの農村の生活を『SUNFLOWER SEA（ひまわりの海）』というタイトルで二枚組のCDに収録した。その表紙には舘野が撮影したひまわり畑、中面にはフランスの村とその周辺の写真が掲載されている。

「舘野泉がセヴラックの重要なレコーディングを行った」[102]と音楽学者のヴェイヨ・ムルトマキが2001年10月23日のヘルシンギン・サノマット紙の記事で伝えている。この記事で同時代の芸術家の影響下でセヴラックがどのように作曲家として成長を遂げたのかを分析している。同時に当時のフランスの音楽は外国に意識を向けていた。その中でどの程度国民性に視線が向けられていたか、その背景も考慮する必要がある。セヴラックの作風で強調されているのは、まさに国民に寄り添った田舎の生活に対する共感的な結びつきだ。ムルトマキが分析したように、ドビュッシーやラヴェルのように外国に向けた音楽と同じような痕跡をセヴラックの作品が残せなかったとしても、セヴラックのピアノ音楽は芸術の聖地パルナッソスに属する傑作であり、それらは忘れられるに値しない。

何百ものフィンランドのピアノ作品に関心を寄せ、何十ものレコーディングを行い、フィンランドの叙情を解釈してきた舘野泉が、絵画のように美しいフランス音楽の通訳者になった。それは自然なことだとムルトマキは考えている。「舘野は優しく美しく音楽を奏で、印象派の作品に輝きを与える。この功績は驚くべきものであり、これがフィンランドの若いピアニストたちの心で響くことを願っている」[103]

『SUNFLOWER SEA（ひまわりの海）』は、舘野の音楽に向き合う姿勢をまさに体現した作品だ。目標に向かって粘り強く努力を重ね、コンサートで演奏した楽曲の大半を収録している。数十年にわたってレコーディングしてリリースされたCDは150枚近くに及んでいる。セヴラックの音楽のレコーディングに特別な意味を与えるならば、日の目を見ていなかった音楽の発掘と、青春の夢のあくなき探究心となる。更には『SUNFLOWER SEA（ひまわりの海）』には、舘野が病気になる前の演奏を録音した最後のCDという現実的な意味が付されている。

スケジュールに追われる日々、クリスマス休暇もままならない。それでも2002年の1月4日に、泉とマリアは再びスーツケースに荷物を詰めてサン＝フェリックス＝ロラゲ村へ旅をしている。作曲家の認知度を高めるために日本にセヴラック協会を設立する意向があった舘野は、作曲家の子孫であるカトリーヌ・ブラック・ベレールと出会い、彼女を介してデオダ・ド・セヴラック音楽祭の芸術監督を務めるジャン＝ジャック・クバイネを紹介される。これにより人脈が広がり、今回の旅の目的は果された。とはいえフランスを訪れていることには変わりない。フィンランドと日本に飛んで帰らなければならない。まずはフィンランドのタンペレで行われるチャリティー・コンサートが待っている。それが終わったらすぐに日本に飛んで、東京のサントリーホールでのコンサートが続く。日本では読売日本交響楽団のソリストとしてオスモ・ヴァンスカの指揮でグリーグのピアノ協奏曲を演奏する予定だ。しかし、この日本のステージに舘野泉が上ることはできなかった。泉の豊かな色彩が暗闇にのみ込まれてしまう。

あなたのピアニストとしての人生は終わった

スーツケース片手に多忙な毎日を送る舘野泉のことを長年にわたり舘野マリアは憂いていた。「泉のことがずっと心配でした。恐ろしいほどスケジュールが詰まっていましたから。六週間はコンサート、三週間は家でという生活を繰り返すのが普通でした。自宅にいてもピアノの練習は欠かさず、執筆や楽譜の出版にも追われて、取材にも応じましたから」とマリアは語る。「泉が仕事をしているときは、何事もなかったかのようにとても穏やかに物事が進んでいくのですが、ひとつずつ仕事を片付けること、それが際限なく続くんです。彼はあらゆることに興味を持っていますから、体力を回復している暇がないんです」

「気を確かにして聞いてね。お父さんが病気になって、いま病院にいるの」とマリアは子どもたちに電話で知らせた。サトゥはヘルシンキの自宅で夜遅くまでに日々の家事に追われていた。京都の友人宅に宿泊していたヤンネは夜明けにかかってきた電話で目を覚ました。子どもたちは気が動転してしまう。「父はそれまで非常に健康だったので、重病の知らせを受けてショックでした」と日本でルーズベルト大学室内管弦楽団とコンサートで京都に訪れていた舘野ヤンネはそのときの思いを語ってくれた。「どこかに麻痺が残るかもしれないと思うと怖かった」

ツアーを中止して、父に会いにフィンランドに帰国すべきだろうか。それともヴァイオリンケース片手に次のコンサートに向けて新幹線に乗るべきだろうか。「コンサートでは責任のある立場であったし、父の容体が安定していることも分かっていたので、引き続きツアーに同行することにしました。父も同じような立場に置かれたらそうすると思ったのです」

とはいうものの、父親の病気のことが頭に重くのしかかる。「気が滅入らなかった」なんて言えない。ヤンネは不安な気持ちを落ち着かせるために、毎日お寺や神社を訪れて祈った。キリスト教の文化圏で生まれ育ってはいるが、宗教を変えたわけではない。このときに重要であったのは、自身の関心を他のもっと大きいものに向けることだった。

フィンランドと日本、両国で情報の橋渡しをする役割も大変であった。病状について所属事務所のジャパン・アーツに逐次伝えなければならない。ファンクラブはもちろん、日本にいる親戚や知人たち、そして仕事の関係者にも知らせなければならない。更にはマスコミで報道がされたり、ソリストの交代の通知がされたりする前に何が起こったのかを知らせることが重要であった。「この当時、日本語を流暢に話すことができなかったので、情報を伝えるのが大変でした」とヤンネは当時の胸の内を明かした。

1月のタンペレでのコンサートを境に、舘野家の人生は大きな転機を迎えることになる。脳出血の発症は土砂災害のようなもので、罹患者と周りの人々の安定した生活がこれによって崩壊の一途を辿る。この病気により患者は体力の限界まで追い込まれる。近親者も然りだ。将来の人生設計は変更を余儀なくされ、不確実性や悲しみ、そして不安にとって代わられる。

脳出血と診断された舘野泉は、タンペレ大学中央病院で最初の五日間治療を受け、そこからメイラハティにあるヘルシンキ大学中央病院の神経内科に転院した。救急治療により回復を支える重要なバイタルサインが正常値であるか観察が行われた後に、リハビリテーションが始まる。

脳出血を発症した夜にマリアは若い医師から自身の体に気をつけるようにと言葉をかけられた。

「舘野夫人、規則正しい生活を心がけて、よく寝てよく食べてください。そしてあまり病院に滞在しすぎないように。これから先に備えてください。長期戦になります」

しかし、この一連の出来事から何を理解するべきなのか。何を望む勇気があるだろうか。マリアは医学書で脳出血について調べ、病院のスタッフから迷惑がられるくらい頻繁に診察室に足を運んで質問を繰り返した。誰にも不安を取り除くことはできないが、診療スタッフの助言で心が落ち着くこともあった。マリアは何もできずに傍観者となっている自分に自暴自棄になり、病床の脇で感情を表に出してしまう。

「泉と面会ができなかったことが一番怖かった。後になって初めて知ったことですが、困難に直面した患者は心を塞いでしまうのだそうです。泉がまさにそうでした。病院から自宅へ帰るときに何度も涙がこぼれました。それぐらい無力で絶望的な状況に私はいたのです」


「舘野のピアニスト生命は終わってしまった」[104]。誰かがそれを口に出して言ったわけではない。しかし、舘野泉の耳にはそう聞こえていた。友人たちは彼を慰めようと、ラヴェルの『左手のためのピアノ協奏曲』を弾くことができると言うことしかできなかった。「兄を慰める言葉を見つけることができませんでした。ラヴェルの協奏曲を薦めることが兄に未来を示す唯一の方法でした。でも、兄の反応は悪かった」と舘野英司は兄とのデリケートな会話について語った。

「『左手のためのピアノ協奏曲』なんて今更なんだ」と舘野泉は感情を露わにする。活力みなぎる若い頃ならラヴェルの協奏曲を喜んで演奏していただろう。しかしそのような機会は一切与えられなかった。「オーケストラからは『何を演奏されますか』とよく聞かれた。私は四十年間ずっとラヴェルの『左手のためのピアノ協奏曲』が弾きたいと伝えてきた。しかし、一度も演奏することができなかった。この曲は日本では滅多に演奏されない。おそらくオーケストラの編成の面で大きな負担にもなったのでしょう。それなのに病気になった途端、みんなはラヴェルのことしか話さない」。たとえ善意の提案であったとしても、穏健な男性をも激怒させてしまう。「私は腹を立ててしまった。その曲を演奏することは絶対にない」

舘野は東京藝術大学に在学中にラヴェルの『左手のためのピアノ協奏曲』に親しんだ。1960年代初頭に安川加壽子がコンサートで演奏したこの曲が強烈な印象をもって彼の心に刻まれたのだ。この作品が彼を虜にしたのは、その卓越した技術面だけではない。その魅力はオーケストラ的な色彩の世界にあり、そこからソリストの表現が印象的に浮かび上がることだ。「何はともあれ素晴らしい作品だ。運命の力に満ちた悲劇的な音色。まさにピアノ作品の最高傑作のひとつだ」と舘野泉は興奮を抑えきれない。「この作曲家は、同時に作曲していたことで知られている『ピアノ協奏曲ト長調』よりもこの曲を書いたときのほうが強いインスピレーションを受けたのだろうか」

モーリス・ラヴェルの『左手のためのピアノ協奏曲』は、純粋に音楽的な理由でこの曲をレパートリーに加えることができる絶頂期を迎えたピアニストが演奏するものだ。リハビリに励んでいる舘野泉の現状を踏まえれば、この曲を取り込もうとするピアニストとしての野心があっても肉体的にも精神的にもこの曲に近づけない。「左手のレパートリーはもっぱらラヴェルの曲しか知られていない。ひとつの協奏曲でピアニストを続けるなんて考えることができなかった。とんでもない」

左手のために書かれた最初の曲は、ピアノ演奏の技術を磨く上で弱いほうの手を強化する目的で1777

年以降に書かれていたことが知られている。左手のためのピアノ演奏が芸術スタイルとして評価を確立するためには、それ相応の野心的な物語が必要であった。

第一次世界大戦に従軍したオーストリアのピアニスト、パウル・ヴィトゲンシュタインは戦傷で右腕を切断しなければならなかった。将来期待されたピアニストとしての人生を続けるために、彼は左手の技術を磨くことに専念し、同時代の作曲家に左手のための曲を書いてもらう必要があった。当時はコンサートで演奏できる曲もなければ、ましてや協奏曲など皆無に等しかった。しかし、お金はあった。製鉄事業で財を成したカール・ヴィトゲンシュタインの息子であるヴィトゲンシュタインには曲を依頼する潤沢な資金があったのだ。文化的な営みの中で育った才能あるヴィトゲンシュタインは、悲劇の後もピアニストを続けるために実質的に必要なものはすべて整っていた。

ヴィトゲンシュタインは、当時一流だった作曲家に左手のためのピアノ作品を書いてもらうことで音楽史にその名を残している。ソリストの才能を生かす曲作りに応じたのは、たとえばブリテン、ヒンデミット、コルンゴルト、プロコフィエフやラヴェルらであった。最後に挙げたラヴェルは同時期に『ピアノ協奏曲ト長調』に取り組んでいたけれども、作曲家の中でも特に熱意を持ってこの難題に取り組んだといわれている。左手に限定された曲作りは恐怖の感情を引き起こしかねないが、困難を克服する熱意のほうがはるかに恐怖に勝っていた。

ラヴェルは、ピアニストが左手のみで演奏に対応することは分かっていたが、ニ長調協奏曲では技術的に要求が高く、色彩豊かで表現力に富んだ音楽を描くことを優先する。そのために彼は両方の協奏曲にジャズの要素を織り込んだ。しかし、ト長調協奏曲が鮮やかに輝く一方で、左手のためのニ長調協奏曲は不穏な空気感に包まれる。

『左手のためのピアノ協奏曲』はピアノ協奏曲の傑作に数えられたが、その始まりはいわくつきだ。ヴィトゲンシュタインは六年間この作品を独占的に演奏する権利を持っていた。そして彼は楽譜を書き換えて自分の痕跡を残したかったのかもしれないが、そのような態度をラヴェルは受け入れることができなかった。ラヴェルはヴィトゲンシュタインの傲慢な提案や独善的な解釈に不満を抱いてしまう。両者の間には火花が散ったが、最終的にこの曲自体は成功を収めた。ラヴェルの作曲から傑作が誕生したのだ。これまで左手のためのピアノ演奏について可能性が限られた音楽と思っていたならば、その認識を改める必要がある。

左手のためのピアノ音楽に専念することを余儀なくされたピアニストは、みんな一緒くたにはできないことを自らの人生の物語で示している。ヴィトゲンシュタインと異なり、舘野は右手の機能を失っただけではなく、右半身が麻痺していた。2002年の初め頃までは、彼がピアニストに見合った動きやペダルを使えるかどうかは不明であった。可能性を見いだすとすれば、まず強い意志が必要になる。舘野は音楽のことは一言も聞きたくなかった。いかなる思い出も、いかなる実績についても何とも感じなかった。

「音楽に見放されたと思った時期は辛い瞬間の連続でした」

大きな弧を描く

毎日、患者たちが食卓を囲む。互いのことは知らないが、脳卒中とその副作用で生じる機能障害によって団結している。以前のような人との交流は期待できない。病気による喪失感は、陰気な姿、表情のない顔、ゆったりとした動作に現れる。しかし、楽しい会話ができる患者がテーブルに着くと、どんよりした雰囲気が瞬く間に活気づく。

舘野泉はコスケラにある病院のリハビリテーション科に転院した。周囲の生活音が彼の耳に留まる。たとえそれがどんなに些細なことであっても、それらが気分転換させ、気持ちを高揚させてくれる。舘野は他の患者との井戸端会議には加わらず、傍観しながら病院での日常を送っていた。彼は青い表紙の小さなノートに、ごくありふれた食事の様子や、おしゃべりな患者の様子を日本語で綴っている。「一人のおばさんは声も大きいし、話題も豊富で、どうかすると話を独占する傾向があります。ときどき、みなはうんざりすることもあるようですが、それでも好かれているのは、このおばさんのあけすけな性格のゆえでしょう」[105]と舘野は自分の観察を書き留めて、これを人生唯一の日記と呼んでいる。

字は確かにゆっくり書けるが、麻痺のある右手なので楽ではない。手の細かい運動能力を回復するためにリハビリが行われた。演奏ができなくなっても字は書けるようになる。歩く練習を開始し、本を読む意欲が湧いてきた。舘野は熱心にリハビリに励む。理学療法士に言われたことをすべてこなし、歩く練習も欠かさず行った。理学療法士と彼がボールを使った運動をしているのを傍から見たら、一緒に楽しんでいるようにしか見えない。リハビリ期間に泉に鍵盤を与えて試してもらうが、グランドピアノに触れているような感覚はなかった。しかし、次第に回復が感じられるとやりがいにも繋がる。あまりにも速い回復ぶりに医師たちは今後の見通しも定まらなくなる。身体機能が回復すると考える医師もいれば、それは不可能だと考える医師もいた。

コスケラのリハビリテーション科での治療期間はあと一か月続く。その間、週末は自宅で過ごすことが初めて許される。タクシーを待っている間、マリアは診察室を訪れた。「私たちにはどのような可能性があって、それによって何が期待できるのか知りたかったのです」。話のついでに、自宅で夕食時に一杯ぐらいワインを楽しむことができるのではないかと医師に確認した。すると医師は、マリアの言葉に目を丸くして、怖い表情で「彼は非常に重たい病気を抱えているんですよ」とマリアを窘めるのであった。

「えっと、食事のときにワインを一杯飲んだよ」と舘野泉は笑い出す。冗談はさておき、重要なことは彼が再び文字の世界に関心を示したことだった。週末の休暇が明け病院に戻る際に、彼は井上靖の『敦煌』や『楼蘭』その他の小説を持参する。その中の一冊、『羅刹女国』は、献身をテーマにアジアの神話が織り込まれた物語が展開されている。「海のシルクロード」に沿って航海していた男たちが難破して南インドの島に漂着する。その島には美女が住んでいた。男たちは島の女性と結婚し、島の住民として残る。しかし、奇妙なことが起こり始める。男性の一部が消え始めたのだ。どこに消えたのか誰も知らない。もし男性が女性に献身的に尽くせば、女性から望むものはすべて得られる。しかし、もし男が浮気をしてしまったら、女は夜叉に姿を変え、男を喰らってしまうのだった。

舘野は井上靖の歴史を題材にした作品が好みで、それは歴史的に正確に描写しているからだけではない。病気に慣れつつあり、病気の影響について深く考えることができるようになった彼にとって井上の語りが広い視野を与えてくれるのだ。「井上は人間の生命を大きな歴史の流れの中に位置づける。時間と出来事を非常に寛容に、つまり何千年も遠い視点で捉えている。そうすることで人間にとって本質的に何が重要なのかを引き出している」と舘野泉はまだ不自由な手を高く上げて大きな弧を描く。「私たち人間はあまりにも近くから物事を見る傾向がある。誰もがただひとつのことだけを凝視している。おそらく自身と、そしてせいぜい狭い行動範囲を見ているにすぎない」

この病気により舘野の運動機能が損なわれ、回復の見通しは未だ不透明だった。しかしその不透明さは彼にとって問題ではないようだ。憂慮すべき問題は、全身が動かない場合だ。「これからどんどん回復するだろうが、歯を見せて笑ってもいられない」と舘野は気を緩めることなく、臨機応変に対応する。一見すると回復の兆しが見えないように思えるが、常に身体の中で何かしらの変化が起こっている。

夕方になるとコスケラのリハビリテーションセンターは落ち着いた静けさに包まれる。舘野はひとりでダイニングテーブルに座り、質素な小麦パンのサンドイッチをフォークとナイフを使って美食家が食事を楽しむように食べている。「お見舞いに美味しいものでも持っていこうかって聞いても、父は何も欲しがらなかった。そこにあるものに満足していて、特別扱いをされるのを望まなかった」と舘野サトゥは教えてくれた。「家族全員がどれくらい回復したのか気にかけていました。父は自分が置かれている状況を冷静に受け止めていた。おそらく父が冷静でいてくれたおかげで、私たちの気分が少し楽になったかもしれません」

リハビリセンターの病室は夜の八時に消灯する。でも、舘野は夜遅くまで本を読み、本の世界に没頭する。布団にくるまって懐中電灯の光を当てて本を読む。まるで幼かった頃、緑が丘の家の暗がりでそうしていたように。

人は自分にとって貴重なものや大切にしていたものを失ったとき、誰しも失ったものを取り戻したいと考えるものだ。脳血管障害によって損傷を受けた脳の領域では、一定期間、場合によっては無期限に停電が起こっている。視床が損傷したために、感覚器官に信号を伝達する経路が遮断される。それによって運動機能や感覚機能に障害を引き起こす。身体的な障害と同じように、そしてその回復に時間がかかるのと同じように、平衡感覚を取り戻すためには、器質的要因と心理的要因、そして社会的要因が相乗効果で作用し、回復への道に一筋の光明が差し込む。

「何をするかで人は決まる」と神経免疫学のペンティ・ティィエナリ教授は、生き方を解釈するひとつの視点を述べ、それをより広い医学的な見地に当てはめる。「諦めずに回復の道を歩むには、リハビリテーションを粘り強く継続し、たとえ小さな成果であっても満足する必要がある。繰り返すことで能力は回復するが、諦めてしまうとそれが止まってしまうことがある」と彼は医学の基本を語るが、新たな可能性も伴っていると指摘する。「脳の可塑性によって新たな神経ネットワークが形成される。人がひとつの機能を失うと、それに応じて別の機能が発達する可能性がある。つまり、弱みによって強みが増すこともある」

クラシック音楽に関心を寄せるティィエナリは、ピアニストとしての舘野泉の歩みを数年間追い続けてきた。コンサートホールの楽屋に挨拶に行ったこともあった。ステージ上では、すべての焦点は音楽に当てられているが、バックライトのように音楽家と作品との関係は照らし出される。重病を患い忍耐力が求められる生活を強いられると、それにどう向き合うかでその先の方向が決まる。「舘野の膨大なレパートリーは、彼に強い意志と不屈の精神があることを物語っている。そのような人物は絶望から救われやすい。なぜなら、中間目標を設定しようとするからだ。その場合、リハビリテーションが可能な限り効果的に進む」

これからどうなるのかを事前に予測することは不可能だ。更にあえて断言するならば、心の奥底から困難を乗り越えて物事に取り組もうとする気持ち、そして経験を介して成長しようとする気持ちは、その人の心の強さから芽生えてくる。それがティエナリの伝えたかった回復への道の一筋の光明だ。

「この数か月に及ぶ回復過程において患者の精神的な力量が問われている」

退院してから数日が経った頃、舘野は冬用のコートを羽織り、靴ひもを結び、角を曲がったところにあるカフェ、エクベリに向かった。移動は困難だ。3月のヘルシンキの街路は雪と氷ででこぼこしている。しかし、何をしても困難がつきまとうことには変わりない。舘野は紅茶が飲みたくなったので、お茶請けにドーナツを買いに出たのだ。

舘野マリアは、シベリウス・アカデミーで教えている。彼女は家で何も問題が起きていないことを確認するために毎日泉に電話するようにしている。その日も泉に電話をかけたが、彼は電話に出ない。居たたまれなくなったマリアは慌てふためき、生徒たちをその場に残して、一目散に自宅へと駆け出すのであった。

「泉はリビングルームの肘掛け椅子に何事もなく座っていたんです。何も心配することはなかったけれど、なぜ電話に出なかったのか彼は私に何も説明しませんでした。普段から何をしているのかあまり語らない人なんです。夕方になって夕食の支度をしようとしていたらキッチンのテーブルの上にエクベリの包装紙があることに気づきました」

もちろん、今回の件は議論の種になり、泉がひとりで外出しないようにマリアは説き伏せた。しかし、泉がストックマンデパートに買い物に行こうと決意したその日は別だ。泉は昼食にスパゲッティを作ろうと思い立った。挽肉と玉ねぎが必要だ。言葉はままならず、そして身体も不自由だ。今回ばかりは泉はマリアに逃亡計画を報告した。そのときも家に帰るまで四苦八苦したと泉は語っている。玄関に着く前に力尽きそうになった。

タンペレのコンサートでの悲劇から時が経てば経つほど、より多彩な線で舘野の家族の日常が描かれるようになる。泉らしい人柄も現れ始め、著しい回復ぶりを示した。風刺画のように大袈裟にせずに、牛の歩みも千里になれば、ぎこちなさも目立たなくなる。「泉のユーモアのセンスが徐々に戻り始めてきた。自分の不自由さをネタにして冗談を言うようになって、おかげで私たちが救われることが多かった」とマリアは語る。本当に泉はマリアの傍でじっとしていられるだろうか。公園にクロッカスが咲く前に、秋のうちに日本に訪れたいと泉はマリアに伝える。「それは無理ではないか」とマリアは考える。「それは素晴らしい」と医者は答えた。

音楽は私に刻まれた年輪のようなもの

凍てつく夜に氷が歌う。空と大地の境目のない風景に音が鳴り響く。時が感覚を失い、止まっているようだが、それは違う。容赦なく降り注ぐ陽光に氷が向かい、裂けながら勇ましく流れ、唸りとなってゆっくりと進む。それがもたらす温もり。やがて氷は解け、ときにはその場ですぐさま形を失う。しかし、流れに身を任せ粉々に砕かれると、誰もが知るところとなった。

普段から偉そうにせず、感情を表に出さないように努めていた舘野光は、息子の病状を耳にしたときも平静を装っていた。舘野泉自身も変わりゆく現実に同様の態度を示していた。彼は焦燥感に駆られていたが、助けを求めなかった。不平を言わず、自分の運命のことは持ち出さない。親しい人にも内なる感情をあまり明かさなかった。

ある日、泉は日本に送る手紙の準備をしていた。次の日には食器洗浄機の食器を出し入れし、その次の日には理学療法士の元を訪ねる。舘野はできる限りのことは今までのように行うようにした。病気になったからといってもオウルンサロ音楽祭の準備をし、芸術監督の役割に徹した。2002年8月の夜、「日本からスター・ピアニストを迎えて」と題して行われた小山実稚恵のリサイタルを舘野は座って聴いていた。コンサートのアンコールとして小山はアレクサンドル・スクリャービンの『左手のための夜想曲』を披露した。純粋な美しさを響かせるこの曲は舘野自身も1970年代にレパートリーとして取り組んでいた。「演奏が終わって万雷の拍手を受けながら、彼女はちらっと僕に眼差しを送りました」[106] と舘野は当時を思い返す。「『こういう曲もあるわよ。左手でも活躍ができるでしょう？』というメッセージだったのでしょう」[107]

たとえ豊かな人生だと感じられたとしても、舘野泉にとって音楽が彼の人生の精神であり、その精神が消えてしまったという現実に目を背けることはできなかった。演奏が思うようにできない。右手に麻痺が残り、ピアノを弾けるまで機能が回復できていない。手に力は入るが、鍵盤に手を落とすと思うように指を動かすことができずに震え始める。

コンサートでまた演奏できるようになるのは、右手の機能が回復してからのことになる。「神経を失うとは、神経が伝わらなくなることだ」とは、かつて診察で医師が率直に述べてくれたことだが、舘野の頭の中では蜃気楼のようにそのイメージがぼやけていた。

速度記号でいえばアダージョ（ゆっくり）のような静かな生活が二年過ぎ去ろうとしたある日、舘野はグランドピアノの上に置かれた楽譜に目がとまった。手に取って眺めると、それはフランク・ブリッジの左手のためのピアノ曲集『3つのインプロヴィゼーション』であった。ヤンネがフィンランドに帰省した際にグランドピアノの上に置いていったものだった。

「シカゴのルーズベルト大学のすぐ近くに品揃えが豊富な楽譜店が二軒あったんです。左手のためのピアノ曲を探しに両方の店を訪れました。遠く離れた場所で勉強しているので、それぐらいのことしか父にしてあげられなくて。ブリッジの楽譜を見てすぐに、探していたのはこれだと直感的に思いました。ブリッジの作品のことはあまり知りませんでしたが、この作曲家には好印象を持っていました。というのは、彼は作曲家ブリテンの先生で、当時私はブリテンの曲を頻繁に演奏していましたし、聴き込んでもいました」と舘野ヤンネは語る。「ヘルシンキに帰省したときに私はグランドピアノの上に『3つのインプロヴィゼーション』の楽譜をそっと置きました」

舘野は、左手を鍵盤の高音域に持っていく。このピアノ曲集の第1番『夜明けに』は、鍵盤の低い音階でハーモニーを拾おうと手を伸ばすまで、繊細かつ程よい余韻で輝き始める。第2番『徹夜祷』は表現豊かな平和を奏で、最初の二つの静けさとは対照的に第3番『大騒ぎの宴』は川の流れのように進行する。曲が進むにつれて左手の動きは6オクターブ近くに及ぶ。右から左へ、そしてその逆もスムーズに指を動かせるように、音が流れる方向に体を微妙にひねる必要がある。極めて重要な役割を持つペダルを、麻痺している右の足が無意識にも完璧に操作していた。

不自由になった肉体と音楽との絆は失われていない。五感は解放され、思考は流れ、グランドピアノのいつも通りの音を響かせる。この曲を弾きながら舘野はこれらすべてを感じ取ったと述べている。しかし、ブリッジの繊細な音楽を演奏するときに何か極端なことも起こっていた。このピアニストはフィンランド日本協会の記念誌『Izumi Tateno 77』の中でその瞬間を力強く描写している。

「ブリッジの曲を弾いていると私の目の前に蒼い海が開けた。海は荒れ狂い、勢いよく流れ、泡立っている。私が閉じ込められていた分厚い氷が解けて流れ始めていることに気がついた。いくらでも左手で音楽を奏でることができる、私に欠けているものは何もない、完璧で力強い表現ができる。私はこれを心の底から理解し、受け入れた」

舘野泉の人生の物語に創造的な新たなページが加わった。もし右手の回復のことを気にかけているなら、ピアニストは未来を築こうとはしなかっただろう。「泉は左手のみでピアノを弾くことができることに気づいてから、過去を振り返らなくなったんです。むしろ私のほうが悲観的に考えていました。彼が失ったものを思うと悲しくなってしまって」とマリアはそのときの心境を明かした。

左手のためのピアノ作品は、主に悲劇的な運命の結果として、つまりピアノが弾けないという苦境から抜け出すために創作された。イギリスの作曲家フランク・ブリッジは、第一次世界大戦で右腕を失った同僚のピアニスト、ダグラス・フォックスのために即興曲を書いた。添え文でブリッジは、その曲にやりがいを感じるかフォックスに問いかけ、しばらくその曲に取り組むように勧める。程なくしてこの曲はピアニストに微笑みかけてくれたのであった。

ブリッジの音楽がどれだけフォックスに影響を与えたのか、その話を聞いた周りの友人たちは口々に「それはきっと素晴らしい音楽に違いない」と舘野に話すが、その即興曲に彼が魅了されているのかをはっきりと口に出して答えることはできなかった。なぜなら、「演奏しているときにその音楽が好きなのか否かは考えなかった」と舘野は真意を語る。「しかし、それは新たな始まりであったことは確かだ。音楽において手の数は問題ではない。手が一本でも二本でも三本でも関係ない。再び演奏する喜びを感じた。それが決定打だ」

それでも舘野泉の片手が取り返しのつかないことになり、大勢の友人は悲嘆に暮れた。日本のファンは、お気に入りのピアニストが演奏できずにこのままフィンランドで余生を過ごすのではないかと懸念する。彼の演奏はもうＣＤでしか聴けないとファンは嘆き悲しむ。心から舘野の回復を願っていた友人らも彼が生涯で取り組んだレパートリーが失われてしまうことを悲しみ、そして同情していた。彼にとってその喪失感は計り知れないだろうと誰もが思った。しかし、違う、そんなことはなかった。舘野の反論は彼のこれまでのすべての歩みに基づいていた。「私は以前とまったく同じだ。音楽を演奏し、それを楽しんでいる。その点では何も変わっていない。私がこれまでの人生で演奏してきた音楽はすべて、樹の年輪のようなものだ。それがどこへ消えてしまうというのか。どこにも消えることはない」

しかし、左手のピアニストとしてやっていけるのだろうか。彼には演奏するレパートリーがないではないか。左手のピアニストのための曲がどこかにあるとでも言うのだろうか。彼自身、左手のためのピアノ曲で知られるのはラヴェルだけだと言っていたではないか。ひとつの協奏曲だけでピアニストとして表舞台に復帰するなんて彼が考えているとも思えない。彼の計画は理性的とは思えないし、それでは先が見えない。

舘野が机に座って日本にファクスを送信したのは、ブリッジの即興曲と出会い、人生が再び輝き始めてからおそらく一日、あるいは二日が経過した頃のことだった。

風の神の「うず」、激しさと優しさ

作曲家の間宮芳生は、夏の間長野県軽井沢北部の山の麓で生活していた。東京の暑い夏は体にはきついのだそうだ。山間部には爽やかな風が吹き、近くの森では朝、夜に鳥が鳴き続ける。屋外に出ると裏庭にはキノコが育ち、それを鍋で煮込んで味わうこともできる。

創作活動には絶好の環境だが、いつものようには作曲が捗らない。間宮は左手のためのピアノ曲を書いている。舘野泉からステージに復帰したいと連絡があったが、このピアニストは既存の左手のためのピアノ作品だけを演奏しようとは思っていない。音楽界の影に隠れていた左手のためのピアノ作品は、思いのほか、いや驚くほどたくさん存在した。よほどの理由がない限り、それらが現実的に演奏されることはないと思われた。そもそも両手が使えるピアニストがわざわざ片手だけで曲を弾く意味があるのか。いや、ないとは言い切れない。左手のために作曲された珠玉の名曲がいくつかあり、実際コンサートでもときどき演奏されている。それこそが、舘野が左手のピアニストとしての最初のコンサートで望んでいたことであった。しかし、伝えたいことを片手だけで表現できるように書くにはどうしたらいいのだろうか。

「私が作曲を始めたのは六歳のときでした。東京藝術大学に入学するまでは独学で勉強し、それ以来プロの作曲家をしていますが、左手のためのピアノ作品を作曲して初めて、作曲家として振り出しに戻った気分になりました」と間宮は厳しい課題に直面した思いを語る。「アイディアはたくさん浮かんではいました。私自身もピアニストですが、この世に存在しない楽器のために作曲しているように感じたのです」

間宮の楽曲作りにおいてピアノが奏でる表現が重要な役割を成している。グランドピアノの前に座ると、彼はその熟達した色彩豊かな演奏技術で楽器と一体化する。間宮は幼い頃に楽器の素晴らしさに驚かされた。「私が子どもの頃に神様だと思っていたのは、ベートーヴェンのピアノ・ソナタをすべて演奏したアルトゥル・シュナーベルと、ショパンの曲を見事に弾きこなしたアルフレッド・コルトーでした。当時私は小学四年生で青森に住んでいました。父が東京に訪れたときに一枚のレコードを持ち帰ってきて、そのA面にはリストの小曲があり、B面にはラフマニノフの小曲がありました。自分もラフマニノフのようなピアニストになろう。私はレコードを聴いたとき、衝撃を受けました。それまでピアノがこんなに素晴らしい楽器だと

本書のインタビューのとき。左からサリ・ラウティオ、舘野ヤンネ、間宮芳生

は知りませんでした」

間宮は左手のピアニズムに親しみながら、アメリカ先住民族ナバホ族の創世記を持ち出す。それによると風神ニルチッイ・リガイが人間に魂を吹き込んだのだそうだ。風の神が人の体内で吹いている限り生き続けることができる。この創世記の証拠として人間の指先に「うず（指紋）」が刻まれている。それは、初めて風の神が体内を通り抜けた、つまり誕生の瞬間に残していった風紋なのだそうだ。

この物語は間宮の心の中に長い間生き続けていた。それは伝統の根源、ありのままの自然で生まれた音楽であり、神話や呪文であり、魅惑的なヨイクであり、民謡や漁村の荒々しい生活音であり、感嘆の声であり、風が吹く音であり、太鼓の音だ。作曲家の彼にとってこれらは欠かすことのできない要素となっている。

風神はやんちゃで、左手の動きだけでは許してくれない。作曲に取りかかった頃は難しいと感じた。困難を解決していくうちに、徐々に勢いづいているのを感じた。作曲が楽になり「最後までうまくいった」と間宮は語っている。しかしながら、作業を完了するには予想以上に時間がかかる。「私は熟考しては自問するような性格で、主題がなかなか決まらなくてね。作曲するときはさっと仕上げるんですが。右手で弾くのは簡単ですが、左手だけで弾くと変な位置で手を動かさなければなりません。それでは演奏するのが厄介になってしまう。それで最初の曲は二か月くらい経ったあとで、舘野さんに新しい版で弾くように提案しました。ところが彼は難しい原曲のほうが興味深いと言うのです。最初の版のほうが新鮮でこの曲の本質を伝えていると言うのです」

作曲家には、書いた曲を表現してくれる者の存在が欠かせない。つまり、コンサートで常に新しい作品に取り組んでくれる演奏家が必要となる。各時代の作曲家と絆を深めることは、ピアニストとして生きる舘野泉にとって言うまでもなく職業的価値観だ。それはまさに身体的な試練を経て音楽を奏でる世界へ舞い戻る道であった。病気を患った後に舘野が最初に関わった作曲家が間宮芳生であることは偶然ではない。

日本で舘野と間宮が第一線の音楽家として台頭した1960年代、日本の音楽界は大変革期を迎えていた。第二次世界大戦以前は、日本の伝統音楽と西洋の音楽は別個の世界であると考えられていた。1960年代が来るまでにこれらの文化が社会的にも融合し、芸術音楽において新たな創造の世界を生み出すことになった。作曲家たちは、美学や哲学を含め、伝統的な日本の音楽の要素を西洋の音楽に取り入れて作曲し始めた。間宮は西洋諸国の影響を受けない独自の国民的な目線の曲作りを確立するために、東京藝術大学に在学中に日本の音楽の伝統を研究した。西洋の音楽の伝統に従って音楽教育を受けてきた間宮にとって、その世界は異質に感じられた。最終的に間宮は、日本のみならず世界中の民族音楽に価値を見いだすようになる。それは、人間の深い情感、つまり常識では理解できない途方もない情念や優しさを音楽で表現したいという彼の変わらぬ思いによるものだ。

「何か音楽でも聴きますか」といつだったか東京の自宅のリビングでくつろぐ舘野が尋ねた。普段ならハチャトゥリアンのピアノ協奏曲に対して思いを語ろうとするときに、舘野は突然この手の質問をしてくる。しかし、今回舘野は答えを待たずに、グランドピアノの隣にあるCDプレーヤーを再生しようと立ち上がった。猛烈なピアノの狂喜乱舞が、聴く者の意識に雪崩れ込み、その津波のような圧倒的な力で周囲を沈黙させてしまう。「洪水のように溢れてくるエネルギーだ」と間宮が書いたピアノ協奏曲第3番の冒頭部分を聴いて舘野は楽しそうに言った。

舘野はこの協奏曲の激烈さと美しさから『放蕩息子』と名付け、1990年にサヴォンリンナ・オペラ・フェスティヴァルで初演した。「第2楽章では放蕩息子が家に帰り、母の胎内に寄り添い、そこで世界の音、つまりオーケストラの色彩に耳を傾ける。そしてひっそりとオーケストラの抑制された美しさに溶け込む。しかし、我慢できずに奔放息子はまたはしゃぎだす」

その年のオペラ・フェスティヴァルではラルフ・ゴトーニが音楽監督で、日本文化に親しむジャパン・ウィークが企画された。ゴトーニは舘野に何か新しいピアノ作品を間宮に頼んでくれと委嘱した。そのステージのための室内オペラとサヴォンリンナでのピアノ協奏曲に同時に取り組んでいたときの様子を間宮は次のように語っている。「ギリギリのところで私は舘野さんに楽譜を送りました。彼は一言も文句を言いませんでしたが、『今頃になって楽譜を送ってくるなんて遅い』と指揮者の若杉さんが怒り出しました」

間宮芳生が完成したばかりの楽譜を奏者に手渡すと、大抵曲について多くの質問が飛んでくる。「舘野さんは一切何も質問しません。リハーサルを聴きに行くと、素晴らしい演奏をされている。舘野さんは私が思っていることを譜面から読み取ってくれるのです」

「舘野さんには私の作品の多くを日本で初演していただきました。そしてしばらくして海外でも演奏してくれました。舘野さんはその演奏がどうだったのか、私には何も語ってくれません。しばらくしてオーディオテープをもらって聴きました」と作曲家の顔に微かに笑みが浮かぶ。同じ方法でピアノ曲を西洋に広めた作曲家に三善晃と矢代秋雄がいる。そう、彼らは皆、日本の作曲家の中で舘野が青春時代に神として崇めていようである。

「間宮芳生と舘野泉の対談を聞いていると、まるで生命感が漂う示唆に富んだ瞬間芸術を見ているようです。外野の者は、何を話しているのか想像するためにその言語を理解する必要はありません。両者ともゆったりと考えを紡ぎ出し、それを伝える。しかし、両者とも間合いがあって、ただ耳を傾け、考えが熟すのを待つ時間も大切にする。ときどき、彼らはつられて笑い出し、話が盛り上がるのです」[108]と作曲家のタパニ・ランシオは1990年7月のヘルシンギン・サノマット紙に書いている。この記事はサヴォンリンナ・オペラ・フェスティヴァルの様子を伝えるものだが、表舞台に復帰の道を見いだした舘野と彼を支援する間宮の2003年の重大局面を描写した記事としても読める。

この対談で話題に上ったのはヨハン・セバスティアン・バッハだった。左手のためのピアノ音楽におけるバッハの貢献度を知る者にとっては当然のことに思える。しかし、西洋音楽に精通している間宮に影響を与えたその他の音楽家たちの名前や作品も話に彩を与えてくれる。「シューベルトは誰も真似することができない偉大な遺産を生み出した。彼はまったくの奇跡の人だ。歴史上作曲されたすべての弦楽四重奏の中からひとつを選ぶとしたら『死と乙女』でしょう。私はシューマンも天才だと思っています。学生だった頃、私はベートーヴェンのような作曲をしようと思っていました。二十世紀の作曲家の中ではストラヴィンスキーだけをあげたいと思います。でも私の最高の模範はバッハです」

間宮はバッハの『シャコンヌ』をブラームスが左手のために編曲した話を取り上げる。この話に舘野はすぐに食いつかない。彼がこの作品に興味を持つように誘い寄せる必要がある。「舘野さんは、この編曲をもっぱら右手を酷使したときのつなぎに弾く退屈な曲だと感じていました。私は彼に『シャコンヌ』が素晴らしい作品であることを言ったのですが、舘野さんはこの曲を試してみて、やはりしばらくは退屈だと思っていたようです。数か月の練習の後、彼はこの音楽の素晴らしさを内面化し始め、今となっては『シャコンヌ』が彼のコンサートで頻繁に演奏されるようになりました」

『シャコンヌ』の最終楽章であるニ短調無伴奏ヴァイオリン・パルティータ（ＢＷＶ１００４）は、ブラームスにとって常識では理解できない不可思議な楽曲のひとつだった。熟慮され豊かな感情をともなったひとつの世界がひとつの小さな楽器で表現されているからだ。作曲家としてブラームス自身がこれと同等の境地に達することがあったならば、彼は大きく違っていただろう。

「一流のヴァイオリニストが得られなければ、この曲を味わう最善の方法は単純に頭の中で音楽を奏でることだろう。それであっても、私はこの曲の魅力に抗うことができない」とブラームスは１８７７年６月にピアニストのクララ・シューマンに宛てた手紙の中で『シャコンヌ』への思いを明らかにしている。この音楽がオーケストラやピアノのために編曲されてしまうと、その楽しみは消え去ってしまうとブラームスは考えた。彼に純粋な喜びを与える唯一の方法は、怪我で右手が不自由であったクララのためにこの曲をピアノで、しかも左手のみで再現することだった。ヴァイオリンのために書かれた音楽を、原曲の綴りをほぼ忠実に守り、オクターブ低い音域でピアノの鍵盤に移し替えた。そして「あなたのためだけに書いたのです」と彼はこの曲をクララに捧げた。

ブラームスは、多彩な音色を奏で、持久力を必要とするこの曲が左手に負担をかけないように、最初は『シャコンヌ』をメッザ・ヴォーチェで（音量を半分に落として）練習するようにクララに勧めている。負担さえ軽減できれば、「あなたはその曲といると楽しくなるでしょう」とブラームスは手紙で伝えた。クララから嬉しい返事が届く。日々の雑用で右手に負担がかかっていたクララは、左手のための『シャコンヌ』が右手を休めるための素晴らしい避難場所になっていると語った。

もちろん『シャコンヌ』は舘野にとって馴染みの曲だが、実を言うとブラームスの編曲に関しては取るに足らないものと過小評価していた。果たして舘野だけがそのように思っていたのだろうか。ピアニストたちは、むしろフェルッチョ・ブゾーニが両手用に耽美に味付けを施したもっと名の知れた編曲に取り組んでいた。ブラームスとは異なりブゾーニはバッハのヴァイオリンの旋律を闇雲に繰り返すことに満足せず、独創的かつ多彩にピアノの音色の可能性を織り込んでいる。純粋にバッハの音を忠実に伝えるブラームスの左手のための編曲と比較すると、ブゾーニの編曲はまったく異なる思考の世界から創作されている。

「単音で延々と続くフレーズは、ひどく苦労するものであった。ピアノでこれらを歌って行くにはどうしたらよいのだろう。剥き出しの、これ以上は切り詰められない音がそこにあった。音楽のエッセンスといってもよいであろう。リストのソナタやラフマニノフのコンチェルトより、それは難しかった」[109]と舘野は、2004年5月に開催された最初の左手のためのピアノ・リサイタルで配布された冊子でその考えを展開する。「しかし、『シャコンヌ』の練習を続けるうちに、徐々に音楽に合わせて体が動き始めるのを感じるようになった。メロディーが歌い始め、音楽が息吹く。それは忘れられない瞬間だった。蛹から羽化した美しい蝶のようだった」

色彩の対位法のような演奏技術

「私はまた演奏しに戻ってきた」。２００４年5月、舘野泉が左手のピアニストとして東京の紀尾井ホールのステージに立ったとき、溢れる感情に浸ってはいられない。「それ以上のことは考えませんでした。昔から慣れ親しんでいることをするだけだ。私は人生の大半をコンサートステージで過ごしてきたのだから」

しかし、感情的な思いをこのステージに持ち込んでいたことは事実だ。彼はこの復帰を舘野家の歴史に結びつける。東京でのコンサートは舘野弘の追悼コンサートも兼ねていたのだ。そしてパンフレットで、九十歳になる母、光が聴きに来てくれたことに感謝の意を表している。

日本のメディアも舘野の復帰コンサートに強い関心を示し、二十人近くの記者とカメラマンが会場に押し寄せた。しかし、ここに至るまでの道のりは決して平坦なものではなかった。舘野が復帰を決意したとき、まだ自分が望む方向に進むには体力が足りなかった。時間と絶え間ない努力、そしてファンクラブが後押しをしてくれた。

包み込むようなファンの支援。その献身的な気持ちを復帰を目指す舘野の物語で語らずに話を先に進めることはできない。「たとえ一音すら弾けなくとも、グランドピアノの前に座ってくれさえすれば、私たちには十分なんです」とファンはピアニストをサポートし、彼のために小規模なホームコンサートを企画する。最初はほんの数分だったが、徐々に長くなった。そしてそれは舘野が大舞台に復帰する力がつくまで続いた。

不自由になった手のリハビリを積極的に行うように常々医師から指示を受けていた。２００３年10月にファン主催の最初のコンサートが行われたときに予期せぬことが起こる。発病して以来、右手に不快な感覚があり、左手でピアノを弾いているときに右手は膝の上に置いたままだったが、コンサートの後はその不快感がなくなったのだ。ピアニストとしては右手が使える状態になったわけではないが、舘野にとって手の数はもはや決め手にはならなくなった。

そして、紀尾井ホールで感極まっていたのは舘野泉の活動を支援したファンたちであったことは間違いない。ようやくお馴染みの笑顔を浮かべて舘野泉がステージに現れた。ゆっくりと足を引き摺りながらグランドピアノに向かい、バッハの『シャコンヌ』の調べに合わせてピアニスト人生の第二幕が開けた。このときファンの中には戸惑う者もいた。

「私たちは歓喜の涙を流しました」と松田純子が会場がひとつになったその雰囲気を語る。その一体感が崩れるとすれば、好みの音楽がこれから先は聴くことができないとファンが自覚し始めてか

九州・札幌・大阪のファンクラブメンバーと（2022年10月）

らだろう。ムソルグスキー、グラナドス、デ・ファリャ、シューベルト、ドビュッシー、それらはすべて過去のものになった。今後、舘野が演奏する音楽の主体は彼のために書き下ろした新曲となる。「（新曲を聴いて）最初は違和感を覚えましたが、私たちファンの多くはすぐにその曲がなんて魅力的なのかに気づきました」と松田は語る。「ファンクラブの会員の中には、現代音楽に疎くて、もちろんその世界に入り込める気がしないという人もいますけどね」

東京の紀尾井ホールで行われたコンサートは全五回からなるツアーの一環で、主な曲目は間宮が舘野のために書き下ろしたピアノ独奏曲『風のしるし・オッフェルトリウム』の初演と、ノルドグレンが舘野の復帰コンサートのために書き下ろした左手のためのバラードだ。今回ノルドグレンは、ユハニ・ロンポロがフィンランド語に訳した日本の怪談話を読んで初めて知った『振袖火事』、『衝立の女』、『忠五郎の話』を基に作曲に挑んだ。ノルドグレンは原点回帰するように怪談にその題材を求めたが、それは前例を踏襲したということではまったくない。「昔の不思議な物語が秘めている、人の心の神秘と輪廻の話に、もう一度眼差しを注いでみようということだ」[110]と舘野はバラード集『怪談II』について話している。これらの物語は怪談というよりも愛を帯びた物語に基づいている。

舘野はバッハの音楽を自分に近づけようと意識的に取り組む必要があったが、間宮芳生やペール・ヘンリク・ノルドグレンの音色の世界については反対のことを言っている。「彼らの音楽には完全に馴染んでいる。理由は説明できないが、私の中で作品がすぐに燃え上がる」

美しいメロディーを支え、迫力のあるリズムにアクセントを加え、音楽に色彩を与えるハーモニーを拾う左手の五本の指には、どうしても奏者が障害を抱えているというイメージがつきまとってしまう。舘野が左手のための最初のリサイタルで披露した曲目のうち、バッハの『シャコンヌ』の編曲だけが純粋に音楽的な創作活動によって作成された。他のすべての音楽は、小さな、あるいは大きな夢の結果として書き下ろされている。

フランク・ブリッジの左手のためのピアノ曲集『3つのインプロヴィゼーション』は、第一次世界大戦の負傷によってもたらされた余波である。一方、アレクサンドル・スクリャービンの『前奏曲』と『夜想曲』からなる『左手のための2つの小品』の創作の歴史的な背景には、厳しい訓練があった。モスクワ音楽院でピアノ演奏と作曲の両方を学んでいたスクリャービンの学友には、素晴らしい才能を持つセルゲイ・ラフマニノフやヨゼフ・レヴィーンらがいた。過酷な訓練と過剰な課題が強いられる枠組みに才能あるスクリャービンも組み込まれてしまった。音楽史を扱った書物の解釈によれば、それは生徒間の競争意識によって引き起こされたものであると結論づけられている。その結果、スクリャービンは右手を酷使し、無惨にも何か月も手が自由を失ってしまう。右手の回復後も左手でピアノを弾き続け、左手の動きに磨きがかかっていった。右手の酷使がもたらした経験が、柔軟な左手の動きと繊細なペダル操作を必要とする音楽、詩的に歌われる『前奏曲』と『夜想曲』を生み出した。

「そもそも右手が弾けなくなってなお、これだけ雄弁な音楽をつくり出せるピアニストが、一体何人いるだろう」[111]と大阪のいずみホールで行われたリサイタルについて京都大学の音楽学者、岡田暁生が朝日新聞（2004年6月2日夕刊）に綴っている。ピアニストにとって致命的な逆境の他に、岡田は記事の中で舘野の年齢についても言及している。彼は日本のクラシック音楽の分野で六十七歳で現役を続ける音楽家は珍しいと考える。逆に言えば、左手で初めてリサイタルを行った舘野は、人生を楽しむ男がいかに優雅に歳を重ねることができるのかを示す良い例だ。

更に岡田は、変わらぬ熱意と新しいレパートリーに挑むピアニストは尊敬に値すると述べる。「とりわけ間宮およびノルドグレンの委嘱作品など、眼《め》を閉じて聴けば、それが片手で紡ぎ出されているということが信じられないほどの立体感だ」[112]と岡田は書いている。舘野の演奏は、特にそれがただの技巧的で完璧な鍵盤の動きとして捉えられているならば、高度な技術の定義にも新たな光を当てなければならない。岡田は舘野の演奏から鮮やかさ、奥深さ、そして温もりを汲み取る。「ほとんど『色彩の対位法』の域に達している」[113]

舘野泉について書かれた記事やコンサートの論評は四十年にわたり、このピアニストの演奏に捧げた人生と卓越したピアノの扱い方を強調し続けたが、２００４年5月以降の文面は新たな視点が加わることになる。舘野はもはや演奏する音楽だけで評価されることはない。「それにしても舘野ほどのベテランのリサイタルになると、どうしても聴き手はそこに、単なる『音楽会』にとどまらず、演奏家が辿《たど》ってきたこれまでの人生を透かし見てしまう」[114]とおそらく岡田は、メディアから多くの注目を受けることによって今後舘野についてどのようなことが伝えられるのかを書いた最初の論者だ。しかしながら、過去に打ちのめされたピアニストを哀れみの目で見ることはできない。舘野はその屈託のない諧謔的な人柄と服装の面でも気取りのない印象を生み出してきた。困難に屈するような男ではないのだ。

舘野はピアニストとして再び歩みを進めるために、一年の間の大半を日本で過ごすことにする。フィンラ

ンドでは文化が若く、演奏家としても若い音楽家ばかりが望まれる傾向にあり、六十歳も過ぎると、もう引退というのが普通になっているからだ。

日本で舘野はクラシック音楽事務所ジャパン・アーツに所属している。彼のピアニスト人生を左右しかねないこの状況にあっても、社会的な強い絆は損なわれることなく保たれていた。

舘野光は息子の復帰直後に脳出血を患ったため、緑が丘の家は空き家となっていた。それも舘野が実家に戻った理由でもある。光は九十七歳で亡くなるまで、晩年を老人ホームで車椅子生活を余儀なくされた。

舘野は毎年夏とクリスマスにフィンランドに戻り、マリアは桜が咲き誇る春と、紅葉が風景を彩る秋に日本を訪れる。家族の子どものうち、娘のサトゥは二人の息子とともにフィンランドで暮らし、ヤンネは活動の本拠を日本に移した。山形交響楽団の第2ヴァイオリン首席奏者に就き、そして父の例に倣い、室内楽アンサンブルやソロ・リサイタルなどの活動を行っている。

舘野泉のピアニスト人生は作曲家とのコラボレーションを中心に展開する。新たな楽曲と継続的に向き合い、ツアーで日本各地を訪れ、不定期であるがヨーロッパでも演奏を行っている。すべてがソロ・リサイタルに限定されるものではない。新たな創作活動の初期段階にあったある日、日本フィルハーモニー交響楽団から連絡が入る。ラヴェルの『左手のための協奏曲』のソリストを舘野は依頼されたのだ。発病したピアニストが困難を極めていた時期に忌み嫌ったラヴェルとその傑作に今度は脱帽して謙虚に敬意を表すときがやってきた。「日本中のオーケストラと四十回も共演したんだよ。それにチェコやフィンランドのオーケストラともやった」と舘野は語る。

作曲家とのコラボレーションが約100作品の曲目に追加される前、最初のラヴェルの曲が鍵盤で奏でられる前の、２００４年5月に話を戻すことにする。梅雨が間近に迫る頃、街角でツツジが花を咲かせ、東京に暑い夏が来るのを待っている。季節は巡る。勇猛果敢な舘野泉の性格が自身を人生の第二ステージへ誘う。マエストロは最終曲を弾き終えると紀尾井ホールのステージで感涙にむせぶ聴衆に向かって一礼する。「彼はきっとレストランに行って、盛大に復帰を祝うことになるだろう」とコンサートホールの廊下でささやく声が聞こえる。「焼酎を頼んで、いつまでも笑いながら美味しい夕食を楽しむ。泉さんはいつも三人前は平らげる、みんなそう思っていたでしょう」

ところが「私は母と一緒に家に帰って、お茶を入れて静かな夜を過ごしたのです」と舘野は語った。

喪失感と冷たい北風

「お前は一体なにを泣いているの。ちょっとこっちをごらん。（……）お前の友達がどこかへ行ったのだろう。あの人は今夜、本当に遠くへ行ったのだ」

チェロのような音を響かせるために書かれたこの文章は8篇の詩からなる作品『KENJI』の最後に朗読される。聴き手は曲が進行するにつれて何度も感動を覚える。そして、舘野泉がグランドピアノの側から短いセリフを披露するときが来る。彼は思うように言葉が出ない。「リハーサルをやってみると、今まで1人で練習して感じていた世界と全然違って驚きました。まず、チェロとピアノの2人で始まって、20小節くらいして声が加わるんです。もう、そこで泣けちゃう」[115]とビルボード・ジャパンが２０１５年5月に行ったインタビューで本作の初演について語る。「悲しい言葉ではないんだけど、なんか澄んだ世界というものが感じられてね」[116]

「舘野さんに宮沢賢治の詩をもとに作品を作ってみませんかと提案されたとき、泉さんが話される言葉の声質がチェロの音が繰り返されるように私には聞こえたんです。そこから曲作りが始まりました」と吉松隆は東京のジャパン・アーツ事務所の応接間で舘野泉とのコラボレーションについて語ってくれた。吉松は旋律を奏でるような口調で話し、彼の思考回路では、物や人あるいは出来事が必ず他者との思いと深く結びついている。時間の感覚や感情の置き所も然りだ。やがて、それらすべてが隣接して螺旋状に連なり記憶される。

吉松と舘野は世代は違うが、共通点として二人とも若い頃、同じ慶應で学生生活を過ごし、多くの経験を経てクラシック音楽の世界で活躍している。十代の吉松がシベリウスのピアノ曲を聴きたいという誘惑に駆られて東京文化会館で行われたコンサートに足を運んでいなかったら、音楽家として両者は出会っていたのであろうか。そもそも彼は作曲家になっていただろうか。「フィンランド航空が初めて日本に就航したとき、日本人にフィンランドの美しさを伝えるためのツアーが企画されたんです。そのときにアイノラとシベリウスの墓を訪れました。それからちょうど一年後のその日に私は作曲家としてデビューしました」

しかし繋がりという意味で両者のもっとも古い共通点は、子どものときの愛読書であった宮沢賢治の文学と関連している。

「お前は一体なにを泣いているの」。この文章は宮沢賢治のもっとも有名な作品『銀河鉄道の夜』から引用したものだ。この物語の原稿は作者の死後、不明瞭な筆跡で書かれた未完成の草稿として発見された。そしてこの作品にさまざまな解釈や現代語訳が与えられて今日まで伝えられている。日本人なら誰でも知っているこの文学作品は、世代を超えて読まれ、誕生から百年に近づくその歴史の中で、数えきれないほどの舞台やテレビの題材に形を変えリメイクされている。「舘野さんが幼少期に読んだ版と私が幼少期に読んだ版はおそらく違うだろうし、いま書店で売られている版も異なっている」と吉松は語る。

西洋と東洋の宗教的な思想を融合させた『銀河鉄道の夜』は、宇宙を象徴的に配置することで現実と非現実の世界を移動する。銀河鉄道に列車が走り、死者を天国へ連れていく。列車には泣きながら座っている男の子がいる。彼は誤って列車に乗り込んでしまった。少年は列車の中で友人に会うが、その友人は実は既に死んでいて、天国に向かっていたのだ。少年が目覚めたとき、彼に残されたのは美しい夢と喪失感だけだった。

宮沢賢治の実の妹が病気で亡くなった。その想いは、普遍的で時代を超越した問いかけとなり、物語に託されたのである。賢治がチェロを弾いていたという事実は、この物語の草稿の段階で彼の創作に発想を与えたのかもしれない。話し声がチェロの音色のように聞こえる人物が登場するのはそのためであろうか。このことについて吉松が、面白い解釈を示してくれた。

「フィンランドの初代日本公使を務めたグスターフ・ヨーン・ラムステッドは宮沢賢治と面会しているんです。ラムステッドはある程度日本語を話すことができたようですが、宮沢と同じくエスペラント語にも精通していました。その言語でも彼らは意思疎通を図ることができた。物語の中でチェロのような口調で話す人間の姿をした人物はラムステッドではないかと思うんです」

朗読とチェロとピアノのための作品『KENJI』に吉松が取り組んでいる際に、彼は宮沢の文学作品を幅広く利用している。そのために、各部分は互いに独立しているが、同じ目標に向かって進行する。

吉松隆と泉。緑が丘の自宅にて

『KENJI』は以前に作曲し、宮沢賢治誕生百周年を記念して上演された『宮沢賢治に寄せるコラージュ風オマージュ』がベースになっています。当時、妹が亡くなったばかりで同じく妹を亡くした著者と私の想いが共鳴したのです。2011年に作曲に取りかかってすぐに、日本の東北地方を地震と津波が襲いました。そのとき、大切な人を失った私の個人的な感情が、日本全体に向けられたのです。だからこそ、私の新曲『KENJI』のさまざまな部分が、親しい人を失ったその喪失感という同じテーマによって結びつけられています」と吉松は作曲の背景を語ってくれた。「舘野さんと親交を深めていて、同じように妹さんを亡くされていたことを知りました。喪失感と冷たい北風は私たちに共通していると言いたいのです」

東北の山脈に囲まれた岩手県では冷たい風が吹く。そんな環境で宮沢はシベリウスの音楽の世界に匹敵するような文学の世界を作り上げたと吉松隆は考えた。それは民族的な特徴の問題ではなく、むしろ創造的な作品の世界観の問題なのだ。吉松によると両者には魅了されるような類似点があるのだそうだ。吉松が音楽関連の出版物に執筆するきっかけになったのはそれを伝えるためであったし、彼が最初に舘野と音楽家として仕事をしたのは執筆がきっかけだった。『KENJI』には二つの版がある。ひとつは朗読者とチェロ、ピアノの三人によるもの。もうひとつは朗読者とピアノだけのもの。どちらも二十回くらい演奏している。

「渡邉暁雄さんは、日本フィルハーモニー交響楽団と世界で初めてシベリウスの交響曲を完全ステレオ収録しました。この時代、シベリウスの交響曲は既に日本でも知られていましたが、シベリウスがピアノ曲を作曲していたなんて、舘野さんがコンサートでピアノ曲を演奏し始めるまで誰も知りませんでした」と吉松は時代背景を踏まえながら語った。

演奏家と作曲家としての二人の協力関係は、左手のピアニストとして舘野が第二の音楽家人生を開始してからのことになる。「舘野さんが新しい曲を必要としていて、私にも注文が入りました。1曲では足りない、舘野さんにはたくさんの新しいレパートリーが必要だと感じました」と吉松は語る。しかし、この共同作業の初期の段階で彼は困難とまでは言わないにしても慣れるまでに時間がかかったのだそうだ。「世代が違うのでどうやって舘野さんに接していいのか分かりませんでした。それに舘野さんに楽曲を提供している作曲家の間宮芳生さんと林光さんは、私から見て尊敬する大先輩の作曲家でしたから」。更に、共同作業が皇族との話にまで及ぶと、その規模は雪だるま式に膨れ上がった。

舘野は2004年秋にフィンランド大使公邸で開催された演奏会に招待された。その演奏会では、美智子さまがピアニストとして、数名の音楽家とともにモーツァルトやシューマンの室内楽を演奏された。美智子さまは、演奏会の終わりに観客席にいる舘野と共演するというサプライズをお考えになられていた。こうして吉松は最初の依頼を受け、三手のための音楽を作曲することになる。「とても簡単な子守唄を作曲しました。病後の舘野さんがどの程度ピアノを弾くことができるか当時は知りませんでした」。子守唄は両手で書いた主旋律の下に左手のパートを加えて揺れる動きを表現した。どうなるかは予測がつかなかったが、コンサートの後に吉松は美智子さまから素晴らしいお言葉を賜ることになる。「吉松さん、この次お書きになる時には私のパートはもっと易しく、舘野さんにはもっと難しくしてください」[117]

そして、吉松は左手のための最初の作品『タピオラ幻景』を作曲する。この曲に対して舘野は指摘したいことがあった。北欧の森と風、そして光と水を視覚的に表現したこの作品は、2005年2月に東京で開催されるシベリウス協会二十周年記念式典で初演されることを念頭に書き下ろしたものだ。しかし、それは左手の難易度が高く、ピアニストはもし今のまま演奏したら左手も使えなくなってしまうと言ったので、吉松は左手の跳躍の音域を狭めるように書き換えた。シベリウス邸宅から構想を得た「7つの小さな花束」からなる『アイノラ抒情曲集』を舘野の七十歳の誕生日にサプライズで献呈した。詩的な音調とは対照的に吉松は左手を鍵盤で踊らせる。ロック、ブルース、タンゴ、ブギウギのリズムを取り入れた『ゴーシュ舞曲集』のタイトルに登場するゴーシュは「左」を意味するフランス語に由来すると思われるが、日本人にとっては宮沢賢治の童話『セロ弾きのゴーシュ』に登場するゴーシュという人物を思い出すかもしれない。

「舘野さんに『タピオラ幻景』をもっと簡単に書き直しましょうかと提案しましたが、舘野さんはその提案を受け入れませんでした。難しい曲だと舘野さんはおっしゃられていましたが、弾けないなんて決して言いませんでした」と吉松は語る。「舘野さんはとても接しやすく、笑顔が絶えません。しかしとても頑固なところもあります」


舘野が演奏する左手のためのレパートリーは、コンサートで初演されることが多く、聴衆にとっては馴染みのない新曲ばかりだ。そのために吉松は親しみやすい曲の編曲も手がけた。少なくともアンコール曲は聴衆に馴染みのある音楽でなければならないと考えて、シューベルトの『アヴェ・マリア』とシベリウスの『フィンランディア』を左手のための曲に編曲した。どこかのコンサートの後に舘野にそれらの編曲を献呈するが、舘野が編曲をコンサートで演奏していないことに吉松が気がついてしまう。

「理由を尋ねると、舘野さんは涙が出てくるので弾けなかったと教えてくれました。カッチーニの『アヴェ・マリア』も私が編曲しましたが、この曲は舘野さんの馴染みの曲ではなかったようで、アンコール曲として弾き始めたんです。そしたら、今度は聴衆とオーケストラの奏者が涙を流したんです」

サムライのための『サムライ』

「この人はピアノのために曲を書くことができる」。2012年5月の晴れた日に緑が丘の自宅のグランドピアノの前で舘野は確信する。楽器の上に長い間放置されていた楽譜を興味本位に手に取った。それは面識のない作曲家が郵便で送ってきたものだった。楽譜とともにDVDが同封されていた。舘野はすぐに目を通した。DVDの中の彼は、舘野泉に一礼してから演奏を始める。ピアニストとしても素晴らしく優れた光永浩一郎がピアノ演奏技術を必要とする『サムライ』を弾く映像が流れ出す。

しかし、この作品はすぐに世に出たわけではない。光永はどんなに忙しくても、作品の音楽的な構想が成熟するのを待った。着想を得てから約三十年の歳月が流れていた。この曲を書くきっかけも曲名も、光永が若い頃に作曲の指導を受けた菅野光亮の影響からだった。恩師の訃報に際し、心の中に旋律が浮かび、恩師の武将のような人柄が侍を思わせた。明治維新以降、武士の身分は歴史の闇に葬られたが、武士階級に特徴的な武士道の精神は敬意を持って日本社会に影響を与え続けている。武士の精神は、とりわけ勇気、名誉、献身、忠誠心などによって養われると考えられていた。しかし、美徳と同様に、武士の時代の四字熟語「文武両道」は、武家文化の思想における知識、技術、精神、美学との均衡を理解するのに役に立つ言葉だ。芸術、特に詩や書道を極めることは深い集中力と周囲の世界に対する感受性を前提とする。それを介して教養を身につけた武士の理想を追求した。つまり、武士の戦闘手段は剣だけではないのだ。文字通りサムライは日本語の動詞「さぶらう」であり、身分の高い人や敬うべき人にお仕えすることに由来する。

元々ギター曲として書かれた『サムライ』が舘野に送られた理由は、作曲家の心を揺さぶる自然災害だった。九州の熊本市出身の作曲家である光永浩一郎に一連の経緯を語ってもらった。「私は家でピアノの前に座り、ギター奏者の方と打ち合わせの最中、右手が電話でふさがり無意識のうちに左手だけで《サムライ》を弾いていたのですが、それがピアノでも弾けると気づいたのです」

同じ頃に光永は左手のピアニストとして演奏を続ける舘野のドキュメンタリー番組をテレビで見ていた。この番組は日本の東北地方が壊滅的な津波の被害から立ち直りつつある時期に制作された。「2011年に東日本大震災が発生したときに、『不幸の底を乗り越えて喜びの勝利を獲得すること』[118]を願うばかりだった。舘野さんのドキュメンタリー番組を見ながら、私は病気から再び大舞台へ復活を遂げるために、舘野さんがどれほどの困難を乗り越えてきたかを想像することしかできませんでした。『再び蘇る』ことを信じて舘野さんが示してくれた勇気に私は強く心を動かされました」と光永は語る。「舘野先生のために書かなくてはならない」[119]と彼は衝動的に思ったのだった。

光永は、クラシック音楽事務所ジャパン・アーツを介し、舘野に新曲を献呈したい旨を伝えた。そして大舞台で活躍する尊敬するピアニストに自分の作品を送ったのであった。舘野のグランドピアノには作曲家たちから受け取った作品が山のように積まれている。どうやって光永の作品をそこから選別したのだろうか。舘野にはすべての曲に親しんでいる暇はない。「ジャパン・アーツに私の音楽を支持してくれる人がいたんです。その方が楽譜を拡大コピーしてくれて、それもあったのかもしれませんが、私の曲が舘野さんの目に留まり、この曲を試してくれたのです」

「一瞬も品格を落とさない、華やかであるが決して華美ではない力強い音楽」と舘野はこの曲に興味を持ち、２０１２年10月にすでに初演を果たしている。しかし、しなやかで力強い武士の音を響かせるためには、二年近くの歳月を要した。「この曲では広く音域を扱うために体全体の向きを定める必要がある。音楽に息吹を与えたかったけれど、しばらくは痩せ侍というか形が定まらなかった。勇敢な武士に育て上げるには練習を重ね、演奏経験が必要だった」と舘野は微笑む。「何度も演奏するうちに曲と一体化して、音楽の表現の可能性をより深く追求することができる。お客さんのいる前で音楽が少しずつ成熟していくのはとてもやりがいを感じました」

　舘野は井上二葉によるダンディの『フラッサン人の歌による交響曲』を学生時代に聴いていて、それは舘野の青春を飾る思い出のような曲であったが、演奏する機会はなかった。一方、ファリャの『スペインの庭の夜』はラファエル・フリューベック・デ・ブルゴスの指揮で日

光永浩一郎と泉

本の各オーケストラと九回演奏している。

２０１６年2月、舘野は光永に手紙を送る。そしてソロのピアノ曲から協奏曲へと活動の幅を広げてはどうかと提案する。「左手ピアノと弦楽オーケストラの作品を書くお気持ちはおありでしょうか。曲のイメージとしてはマヌエル・デ・ファリャの『スペインの庭の夜』やヴァンサン・ダンディの『フラッサン人の歌による交響曲』、パブロ・エスカンデの『アンディポタス』のようなものかもしれません。つまり、厳格な協奏曲というよりはファンタジーやバラードのようなもの。土地とか自然、歴史をイメージとしたもの。私は来年あなたの故郷でコンサートを行う予定です。熊本ゆかりの作曲家にも新曲を書いていただけるなら素敵だと思います」

光永は『サムライ』を書き終える少し前に演劇の音楽を手掛けていた。日本の東北地方を襲った震災はその後も長い間国民の精神状態を揺さぶっている。演劇の作業は捗らなかったが、光永は草稿の段階でひとつのテーマとして至るところで蔓延する震災による困難を打ち消すような讃美歌の旋律を思い描いた。彼はキリスト教徒ではないが、祈りの曲にしようと思い立った。後に彼は古代キリスト教の終末思想『怒りの日』、つまりグレゴリオ聖歌とその祈りの曲との二つが相性の良いことに気がつく。舘野泉と知り合って以降、左手のためのピアノ協奏曲によってこれらの讃美歌と祈りの曲という二つの主題が結びつき始める。しかしそれが具現化されるまでに新たな衝撃が待っていた。

２０１６年4月に発生した一連の地震は、作曲家の故郷である熊本に甚大な被害を与えた。普段通りの生活などそこにはない。建物が損壊し、土砂崩れで道路が寸断し、電力網も寸断した。約二千人が負傷し、数万人が倒壊した自宅から避難する事態となった。

「人々は自分たちがどうやって再起できるのか言葉を失った」と作曲家は彼自身が感じていた精神的な衝撃について語る。冷たい夜空の下、薄い毛布に包まって、眠れない夜を過ごした。彼は変わり果てた現実を把握しようとした。家財はあちこちに散乱し、元の位置に戻す時間も体力もなかった。また、コンサートホールの益城町文化会館は、何はともあれ、被害の中心地域にある。そもそも舘野のコンサートが開催されるかどうかも定かではない状況だ。しかし、作曲は光永を奮い立たせる。もしかすると熊本で起こったこの試練は争いを好む人間に対する神が与えた罰なのではないかとの思いが頭から離れなかった。

しかし、甚大な被害を受けた都市で初演される左手のためのピアノ協奏曲に彼はどんな思いを込めるのだろうか。いくら考えても構想が固まらない。その答えは、後に舘野と話しているときに偶然の閃きとなって現れる。マエストロが、フィンランドのタンペレでもコンサートをしたいという願望を口にしたのだ。ピアニスト人生が脳出血のために断たれたあの舞台に戻ろうとする舘野の思いも曲に込めなければと光永の心が奮い立った。

熊本。タンペレ。泉。源泉。光永の思いは、3部構成のソナタ形式の協奏曲『泉のコンセール（コンセール・フォンテーヌ、泉の協奏曲）』に集約され、その曲名に至るまで舘野に捧げられている。「舘野さんの人生は、不幸の底からの蘇りの物語です。私の作品では復興・復活のエネルギーが泉のように湧き出すイメージを表現したいと思いましたし、地震で壊滅的な被害を受けた熊本に音楽が力を与えることができればと思いました」

『泉のコンセール』の最初の2楽章が２０１７年2月に熊本で初演され、奏者として地元の演奏家、舘野泉、舘野英司、舘野ヤンネらが名を連ねた。コンサート直後から改修工事が始まる益城町文化会館は満席となった。タンペレでのコンサートは、現地のプロモーターがこの企画から撤退したために開催されなかったが、その代わりに『泉のコンセール』は、２０１７年9月にヘルシンキ音楽院のホールで全曲が初演された。八十歳を迎える舘野泉とエーロ・レヒティマキが指揮したラ・テンペスタ室内管弦楽団との共演となった。

集団意識の強い日本では、家族、学閥、職場、村、国家など個人よりも集団が重要視されることがある。しかし、集団意識が個人の人生に寄与することがあるのと同じように、個人の物語が集団を支える物語へと広がる場合もある。

舘野泉の人生については日本でも広く知られている。その知名度は報道の数に比例して、クレッシェンドのように高まっていく。１９６０年の初リサイタルから１９７０年代にかけて音楽関連の報道において舘野泉に関する言及が次第に増え始め、その後の数十年間にかけて更に増加の一途をたどる。日本で第一線のピアニストとしての地位は、舘野が数十年にわたり文化人として積極的に行ってきた執筆活動によっても裏打ちされている。

しかし、片手のピアニストとしての復帰はどのように受け入れられたのだろうか。２００４年ＮＨＫが舘野の人生を追う二時間のドキュメンタリー番組を制作し、その一部はアイノラで撮影された。この番組は視聴者の間で大きな反響を呼び、ＮＨＫ衛生放送局局長賞を受賞した。フィンランドでは一時間に縮めたこの番組を国営放送のＦｅｍチャンネルで２００７年に放送する。前向きに人生を歩む舘野を北海道放送も撮影し、ＴＢＳで放送された。この番組『奇跡のピアニスト』は２００６年の年間テレビベスト作品に選ばれている。

このピアニストの運命、それが伝える勇気の物語は、日本の音楽愛好家だけではなく幅広い人々の心を揺さぶった。舘野の物語は、程度の如何を問わず人生で困難を経験した人々に、気持ちの持ちようでどれだけ人生が豊かになるのか、その視点を与えてくれた。音楽に関して言えば、日本の聴衆はピアニストを見限ったりしない。コンサートに訪れる人々は、そのことを目の当たりにするはずだ。

「強い意志さえあれば、越えられない壁はない」とクフモ室内楽音楽祭の広報担当のユハニ・コイヴィストは2019年7月に「Minun Kuhmoni（私のクフモ）」というブログで書いている。ノスタルジーを伴って五十周年を記念する音楽祭が開催された。『カレワラ』の里であり室内音楽の都という謳い文句で1970年に産声を上げてから、フィンランドの片田舎に音楽家たちが招かれた。

八十三歳の舘野が久しぶりにクフモを訪れると、『不思議の国のアリス』のような気分になった。以前の面影のない洗練された音楽祭に様変わりしていたのだ。「とはいえすべてが変わったわけではない。聴衆の中には70年代に舘野の演奏を聴いていた人がたくさんいたからだ」とコイヴィストは綴っている。舘野が黒い癖のある髪をなびかせて演奏していたのはもう何十年も前のことだ。トゥーパラの学校のホールに用意されたベーゼンドルファーに向かって舘野がおぼつかない足取りで歩み寄ると、「長い空白が一瞬で埋まり、聴衆は熱のこもった演奏に惹きつけられた」

ベーゼンドルファーはバッハを奏で、スクリャービンの夜想を歌い、そして歴史に根ざした日本の音色を響かせる。光永が作曲した『サムライ』で武士のイメージを表現した。それはノルドグレンのバラード『振袖火事』にも隠れている。この曲名は、１６５５年に現在の東京の地域で起こった江戸の大火に由来する。怪談によれば火災の原因は、たまたま群衆の中にいた若く美しい侍に惚れた若い娘の片思いだという。男の見事な衣装が娘の心に残り、再びその侍と出会ったときにすぐに想い出されるように同じような柄の振袖を作らせる。しかし、娘は恋わずらいで亡くなり、その振袖はお寺に寄進されることになる。お寺の住職はその振袖を売り渡してしまう。それは若い娘から別の娘へと受け継がれ、それを持ったものは振袖の呪いで死ぬという。それに気がついた住職は、その絹の衣を寺の庭で燃やしてしまう。しかし、その火は周囲に燃え広がり、さらには村々を焼き尽くし、ついには江戸を大火が飲み込んだ。

舘野は左手のピアニストとして活動を始めた頃、左手のためのピアノ曲を数点しか持っていなかったが、前向きに努力を重ねている「現在進行形の自分」を音楽で表現したくなった。「弾いていて胸を掻きむしりたくなるような切実なものが欲しかったのだ」[120]

舘野は、音楽の境界を超えるｃｏｂａのアーティスト名で知られるアコーデオン奏者兼作曲家に連絡をとり、作品を依頼する。クフモのステージの最後に流れる『記憶樹』は、その名前とは裏腹に、過去を思い出すことを意味するものではない。それは人の感覚と繋がっている生命体、絶えず未来を渇望し模索し続ける原動力だ。舘野にとって音楽は樹木の年輪のようなものなのだ。

クフモ室内楽音楽祭の五十周年記念式典にピアニストとして舘野泉が参加したことは、フィンランドの音楽界における時間の螺旋的な動きを感じさせる。彼がフィンランドで知られるようになったのは、この音楽祭が誕生する直前のことだった。そして、時を経てこの記念式典に彼はまた戻ってきた。それは観客にとって多くの音楽の思い出に浸る場だけではなく、各自が精神的な成長を実感する場となった。ユハニ・コイヴィストはブログの中でクフモの聴衆の思いを次のように解釈している。「感受性の強いクフモの聴衆は、自分たちが何か特別なことを経験していると捉え、スタンディングオベーションで舘野を讃えた」

舘野がフィンランドで演奏すると、クフモと同様に彼の細やかな気配りが随所で感じられる。廊下での会話ですら人を元気にさせる気さくな人柄が舘野から常に滲み出ている。フィンランドで彼に演奏の機会が多く与えられるのであれば、確実にフィンランドでより多くの時間を過ごしていただろう。しかし、フィンランド音楽界で彼の存在感は、次第に薄れ始めていた。１９９０年代の紙面では定期的に彼の名前を目にすることはあったが、以前ほど頻繁ではなくなっていた。西暦が変わり、左手のピアニストとして復帰を果たした頃には、ステージでの演奏もマスコミでの報道も散発的になってしまう。ベテラン演奏家にもちろん仕事の依頼は来るが、それも稀になっていた。エーリク・タヴァッシェルナは、この芸術家をシベリウスの歌曲『三月の雪の上のダイヤモンド』に例えたのだろうか。

示された安全な道を行くのではなく……

シューボックスタイプのクラシック音楽専用ホール。観客席の頭上には、変形ピラミッド型の天井がそびえたち、その頂からは自然光が場内に降り注ぐ。壁面はすべてオーク材で覆われ、バルコニーは目立たないツル植物のよう。建築物としてこのコンサートホールは瞠目に値し、その音響は世界的にもっとも成功したホールのひとつに数えられている。人の心に強い記憶を残すとされる多感覚の体験で言えば、まさに視覚と聴覚の奇跡だ。東京オペラシティ・コンサートホールの雰囲気をあえて表現するなら神々しい。

調子を外した突風のような不気味な振動音が擦弦楽器から響き、ホールの一番奥まで広がる。音楽にもがくような鳴音が混じり、ピアニストが力強く一気に演奏を始めると、観客の心象風景は一変する。つい先程、東京オペラシティ・コンサートホールでラ・テンペスタ室内管弦楽団らしい心温まる優しい演奏でフィンランドと日本の外交樹立100周年記念コンサートが開幕した。2019年5月25日は両国間の次の百周年に向けての初日であり、それを彩る音楽は、かつてないほどのレパートリーが奏でられる。

シベリウスの組曲『ラ・カスタヴァ（恋する人）』の穏やかな旋律と、ラウタヴァーラの『フィンランド神話』の根深い荒々しさが奏でられると舘野泉が舞台に立つ。伝統的なフィンランドの音風景が、現代の音楽で表現された小泉八雲の『怪談』の世界に一変する。ペール・ヘンリク・ノルドグレンによる左手と室内オーケストラのためのピアノ協奏曲『死体にまたがった男』は他のソロバラードと同様に怪談の世界を基にしている。この怪奇談は千年前の日本で既に語られていた。

旅から戻った男は、中国由来の陰陽道に携わる陰陽師の助けを必要としていた。男の留守中に離縁され、悲しみと怒りをこの世に残したまま妻は亡くなってしまった。その妻が復讐に来るのではないかと夫は恐怖に慄いていたのだ。陰陽師は、その男を救うためにひとつの助言をする。亡霊となった妻の死体にまたがり、馬に乗るように背中に座り、両手で髪をつかむように指示した。男は朝までそうしていなければならなかった。

夜の静けさを破るように、闇夜に向かって男は悲鳴を上げた。死体が男に襲いかかってきた。死体にまたがる夫を振り落とそうと女が踊り上る。女は立ち上がり夫を背負ったまま闇夜に駆け出した。ティンパニの音が響く、擦弦楽器が金切り声のように恐怖を響かせ、鍵盤の密集音群が恐怖を煽る、そして小刻みに音を鳴らし素早く走る音を奏でる。音楽は重苦しい最終局面に向かって進み、やがて静かに澄んだヴァイオリンの高音が不気味な音風景に溶け込んでいく。夜明けの光であろうか。

「舘野さんはなぜあんなに恐ろしい、奇妙な音楽を演奏するのでしょうか」。このピアノ協奏曲は2004年にオウルンサロ音楽祭で初演されたし、N響とも演奏したことがある。舘野泉はオーケストラのソリストとしてこの曲を何十回も演奏してきた。この怪奇談を知っている日本の聴衆の一部は、音楽だけでなく、この音楽に取り組む舘野の思いを戸惑いを持って受け入れた。この協奏曲を気に入ったマエストロは聴衆の戸惑いに対し、毅然とした態度を取った。「二回、三回と聴いてください。どれほど素晴らしく力強い音楽であるか気づくはずです」と舘野は思いの丈をぶつけた。『死体にまたがった男』を演奏するたびに、私にはこの曲は傑作だという強い思いがある。それは多彩で想像力豊かで、独創的な音楽だ。その点ではムソルグスキーの『展覧会の絵』に匹敵する」

東京オペラシティ・コンサートホールでのコンサートは日本ツアーの一環で、舘野はエーロ・レヒティマキ指揮のラ・テンペスタ室内管弦楽団のソリストとして共演する。クラシック音楽事務所ジャパン・アーツがこのツアーをマネジメントし、このプロジェクトのマーケティングに対して日本フィンランド国交樹立100周年のロゴの仕様が認められた。舘野が親善大使という立場にあることもあり、文化交流年の目玉企画のひとつとなり、おそらくもっとも費用が投じられた見どころでもあった。日本で一流のコンサートホールを借りるのは高額で、フィンランドから招いた室内管弦楽団の移動や宿泊費は多額の資金が必要となる。

オーケストラは笹川平和財団からの助成金を受け、日本でのクラウドファンディングの助けもあり費用をまかなうことができた。プロジェクトの協賛企業は日本とフィンランド両国に渡り、たとえば村田製作所、ミサワホーム、日本航空、JR東海、そしてフィンランドのイッタラなどがある。経費の大部分は入場料収入で賄われているが、それは収益の継続的な安定を担保するものではない。舘野が自らの負債を抱えるリスクがあったのも事実だ。

二十年前、舘野はオウルンサロ音楽祭にもっと厚みを持たせたかった。そしてラ・テンペスタ室内管弦楽団との協力関係を築いた。そして今、左手のピアニストになった舘野の演奏もサポートすることになった。

ツアーは慌ただしい日程で行われるが、演奏者の士気は高く、演奏そのものは平和というひとつの言葉に集約される。「その雰囲気は泉さんが醸し出していると言えます。コンサートに集中すれば、その他のすべては消え去ってしまう」と楽団員のひとりが教えてくれた。「共同作業で奏者の誰かが我を押し通したとしても、泉は音楽に没頭し、みんなを引っ張っていく。その経験が楽団員を団結させる」

舘野は休憩中や奏者がウォーミングアップ中には世間話をせず、人混みに長居することもない。視線の先は常に目の前の課題に向けられている。「父は必要に応じて余分なことを頭から切り離すことができる」と舘野ヤンネは優先事項以外のことを二の次にする舘野の性格を理解していた。舘野泉は全神経を集中してステージに向かう。『死体にまたがった男』は東京の観客にとってこれから起こる災いの前兆のようなものだった。

なぜなら、コンサートの休憩後に演奏されるノルドグレンの弦楽のための交響曲の楽譜には書かれていない音が響き始めたからだ。その音に観客の注意が向く。そして瞬く間に地殻から発せられた大地のうねり声

日本フィンランド国交樹立100周年記念記者会見のとき。舘野泉＆ラ・テンペスタ室内管弦楽団〜2つのピアノ協奏曲〜

当時の駐日フィンランド大使ペッカ・オルパナ氏と

が襲いかかる。東京オペラシティ・コンサートホールのオーク材の壁がぐらつき、座席の足元が揺れ、コンサート来場者の表情がこわばる。高齢の観客が立ち上がり、妻の手を取ってホールから避難する。

千葉市でマグニチュード5・1の地震が観測された。この地震は中規模に分類されるが、東京オペラシティ・コンサートホールの耐震構造を持ってしても恐怖を感じる揺れであった。しかしながら、エーロ・レヒティマキは指揮棒の動きを緩めない。ノルドグレンの哀愁的で緩急のある歌う音楽が揺れるステージ上で響き続ける。手の込んだ音楽が長音階で終わる前に地震が静まった。

この不安を募らせる状況で光永が思いを込めた『泉のコンセール』の旋律へと移行する。自身の存在を意識せざるを得ないこの瞬間に、果たしてこの曲は何を伝えるのか。それは「土地とか自然、歴史をイメージとしたもの」だ。なんという奇妙な巡り合わせでこの曲に移行したのだろう。それはこのホールの第一印象が与えた期待よりも内容の濃い多感覚的な実体験であった。

東京オペラシティ・コンサートホールでの午後のコンサートがフィンランドと日本の文化交流のために企画されているとなると、その期待度と厳粛さを含めコンサートの意義は、芸術的な成果を求める以上のものになる。このイベントは文化的な絆の重要性を認識するとともに両国の関係を深める有意義なものだ。何よりも駐日フィンランド大使館が親善大使に選ぶ際に重要視したことをこのコンサートが浮き彫りにする。国家間の交流と理解には、常にその任務に従事する人の顔がある。舘野泉がグランドピアノに向かって歩むと、何がもたらされるのだろう。親善大使として、また影響力のある人物として彼はどのように見られているのだろうか。

フィンランドでこのような話があった。フィンランドのサタクンタ州に住む自動車の部品販売員の男性がいた。地元の新聞で舘野がコンサートをするという記事を読んで心が奮い立ち、生活に彩りが生まれた。それは1970年代に舘野泉がコンサートを行うためにフィンランド西部の小さな町に到着する間際のことだった。同じ年代に別の話もある。高校の音楽教師が生徒のためにバスを手配し、十数名の生徒を百キロ離れたコンサート会場へ連れていった。そのコンサートの奏者は、異国情緒漂う日本の巨匠であった。三つ目は、北海道出身の作曲家八木幸三の話だ。ある夕食の席で、八木は左手のピアニストとして精力的に活動を続ける舘野に感銘を受ける。コンサート後に、ピアニストが打ち上げで泡盛を嬉しそうに飲む姿を見て、北海道出身の八木は、沖縄の酒に着想を得て「自然体なクラシック音楽家へ」左手のためのピアノ曲『泡盛オン・ザ・ロック』を作曲した。

指揮者エーロ・レヒティマキと泉

長い人生の歩みに比例して舘野に対する人々の思いもさまざまだ。最新かつ最近のことなら、家族がどのように彼のことを思っているか聞く必要がある。東京から電車で三十分ほどの横浜に舘野英司が暮らしている。彼自身も音楽や結婚を通じてフィンランドと強い繋がりを持っている。彼は兄の人物像を語ってくれた。「兄は何でもかんでも人の言うことを聞くわけではありません。他人に迷惑をかけることなく、自分の道を突き進んできました。まったく知らない文化で暮らし、そこに溶け込み、新しいことをたくさん学んだ。そして先入観を持たずにひとつのことに取り組んできました。長い人生の中でそのひとつひとつが経験の層になって蓄積され、それが兄を強くしたのだと思います」

フィンランドと日本の国交樹立百周年の時期に、東京のフィンランド大使館で報道・文化担当参事官として勤務していたマルクス・コッコにとって、舘野泉との出会いは、外交官としてもっとも記憶に残っている経験のひとつになっている。「舘野泉さんは、賢さ、温かさ、そして寛容さが滲み出ている文化人です。情熱を音楽に注ぎ、並外れた才能のある音楽家であることに加えて、なんの気取りもない話し相手でもあります。私が幼い頃、父が舘野さんのピアノ演奏を好んで聴いていたことを覚えています。それもあって東京での仕事を通じて舘野さんと知り合うことができたのは大変光栄でした。泉さんは『フィンランド人の心を持つ日本人』として、両国間の文化の架け橋として、また交流を深めることができる最適な人だと思っています」

草の根レベルからより幅広い次元へ至る交流もまた、セッポ・キマネンが大切にしている思いだ。キマネンのこの思いは、舘野との数十年にわたる音楽仲間としてだけでなく、フィンランドと日本の文化交流の立役者として彼自身の経験に基づいている。「泉は先駆者として活動を続けてきた。それは確かに苦労を伴うものでしたが、一方で彼が人脈を広げるのにも役立った。実績を辿れば、彼は賢く活動してきていることが分かる。活動の初期の段階で大陸の両極端に、つまりフィンランドと日本の間にクラシック音楽の架け橋を築いた。病気になってからの第二段階では、左手のためのピアノ曲のレパートリーを意図的に増やした。このように泉の活動は、強い絆に基づいている。それは彼のピアニストとしての活動を支えてきたのと同時に、彼の活動が広範に芸術音楽にも強い影響を与えているからだ」

芸術音楽を学問として深く考察している研究者の目は何を語るのだろうか。「私たちフィンランド人は舘野を独り占めしたいと思っています。しかし、彼の意図するところは、地理的な考えが及ばないところへと広がっている」と日本の音楽とフィンランドと日本の文化交流を専門とする研究者で哲学博士のラッセ・レフトネンは指摘する。舘野の作品を長い時間軸で、または文化的及び地理的な背景を踏まえて学問的に論じることはできるかもしれないが、研究室から芸術家の仕事の核心を突く返答が送られてきた。「信じられないほど豊かな表現力、そして多彩な音楽家だ。卓越した技術力を持つピアニストであり、音色や色彩、その微妙な変化に対する驚くほどの感受性を示している。有り得ないほどの不屈さと忍耐力に関しては、生きる証としか形容できない。音楽家として舘野は、私たちがこれまで気づくことができなかったものを私たちに見せてくれる。同様に私たちが想像すらできなかったものを聴くように仕向けてくれる。舘野にとっては、こうした新たな領域を開拓するほうが自然なのかもしれない。彼はフィンランドと日本の音楽的な交流の架け橋であり、そして左手のためのピアノ作品集の推進者でもある。しかし、舘野の意味は、フィンランド、日本、または左手のためのピアノ作品だけに限定されるわけではないことを忘れてはならない。本質的にもっとも重要なことは、彼が世界中どこに行っても、何を演奏しても、どれだけ温かく彼の演奏が聴衆の心に入り込むのかということです。だからこそ舘野は一流のピアニストであり、芸術家であり先駆者なのです」

東京の暗い夜空を照らす何千もの街灯。タクシーが舘野の自宅から一区画離れた中華料理屋の近くで停車した。泉とマリアはタクシーを降り、緑が丘の自宅へと向かう。数時間後には夜が明け、日曜日になる。ツアーで唯一の休息日だ。休みといっても次のコンサート会場の札幌に向かう飛行機の中で過ごす。前日の夜のコンサートはツアー中でもっとも祝賀的な雰囲気に包まれた。

緑が丘では出発に備えて荷物をまとめ、夕方、クラシック音楽事務所ジャパン・アーツの迎えの車が舘野夫妻を空港まで送った。昼頃に電話が鳴った。美智子さまのお声だった。土曜日の夜のコンサートに出席できなかったことに触れ、ツアーの成功を願われたあと、こうおっしゃられた。

「またご一緒に演奏できるのはいつになりますでしょうか」

左手を頼りに

「ハンディキャップ演奏」。話題がピアノ芸術における左手のためのピアニズムの位置付けに移ろうとしたとき、舘野泉はフレドリック通りの自宅のリビングで肘掛け椅子にくつろいだ姿勢で座ったところだった。

「自分が左手だけでピアノを弾く障害者だなんて思ったことはない。音楽が弾けるようになって幸せだと思った。手が何本あるかは関係なかった」

人生の喜び、幸福を表す言葉に「生き甲斐」という日本語がある。あなたは何が好きですか、何が得意ですか、あなたの望みは何ですか、天職は何ですか、使命は何ですか、報酬を得る職業は何ですか、あなたの周りの世界は何を必要としていますか。上記のいずれかが不十分な場合、人生の意味を十分に経験することはできないかもしれない。意義のある人生の送り方を見つけるために教科書に頼る者もいれば、生き甲斐が直感に頼る人生観から生まれる者もいる。

舘野泉の人生の歩みを追うなかで、必然的に彼が幼少期に家族から受け継ぎ、内面化した人生観を追うようになっていた。彼にとって音楽は、誰にも譲ることのできない楽しみであり、人生の意義が枯れることのなく湧き出ずる源泉であり、空気のようなものだ。時として、それは救命用の浮き輪でもある。「病気になってから二年間は静かな生活を送った。退屈で嫌な期間だったという記憶はない。それは必要で、良い期間だった。どこにも急ぐ必要がなく、安心して今の生活を準備することができた」と黒光りするスタインウェイの表面には過去を振り返る舘野の横顔が映っている。「ブリッジの『3つのインプロヴィゼーション』の楽譜を初めて見た瞬間から道が開けたと感じた」

年齢とともに体が衰えても、気持ちは若々しさを保ち、芸術的な取り組みには妥協を許さない。常に自分の川床を求めて流れる水のイメージが生まれる。しかし、有意義な人生を送るために二年間の沈黙を経て、舘野は居心地の良い世界を自ら作り出す必要があった。その世界は、新しい作品を注文し、練習し、演奏することによって誕生する。それらはピアニストを活気づけるアドレナリンのようなものだ。「常に新しい作品に出会えるのはとても嬉しいことだ。もっともっと長く生きていたいという思いが募る」

これが大袈裟に聞こえるだろうか。むしろ、グランドピアノの上に再び初演する作品の楽譜が山積みになっていたら、何かけちをつけることがあるのだろうか。新型コロナウイルス感染症が世界の秩序を混乱させ、アーティストの演奏日が記されたカレンダーを空にすることもあるが、秋には多くの楽しみをもたらしてくれる。

舘野は2020年11月に八十四歳になる。東京オペラシティ・コンサートホールで予定されているバースデーコンサートは、演奏家生活60周年記念コンサートでもある。オープニング曲は既に何百回も演奏されているバッハの曲をブラームスが編曲した『シャコンヌ』や、スクリャービンの『前奏曲』や『夜想曲』だが、お馴染みの曲の後は初めて耳にする曲ばかりだ。光永浩一郎が書いた3部構成のソナタ『苦海浄土によせる』、現代のロマンチストと呼ばれる新実徳英の4つのプレリュード『夢の王国』、そして京都を拠点とするアルゼンチンの作曲家パブロ・エスカンデの『悦楽の園』でコンサートを締めくくる。これは中世に生きたオランダ人画家ヒエロニムス・ボスの三連祭壇画に着想を得た幻想曲だ。

ピアノ作品に関しては、可能な限りの作品が揃っているということができる。レパートリーの数は膨大だ。しかし、左手だけで作曲したり演奏したりすると、新たに多くのことを考える必要が生じる。

「当初、片手のみの演奏で、どうやって思いを曲に込めることができるのか、作曲家たちは戸惑っている様子だった。しかし時間が経つにつれて、真逆のことが起こった」と舘野は語る。「左手の世界は開かれた空白のページだ。むしろ作曲家たちから感謝された。なぜなら各自が独自の方法を模索しながら開拓者精神を持って自分の仕事に取り組むことができているからだ」

演奏者にとって大きな鍵盤を扱うには、身体と手首が難易度の高い円運動にも順応することが前提であり、その円運動は無理なく力を抜いた感覚でなければならない。広い和音は分散和音として演奏される。片手だけの演奏ではメロディー、ハーモニー、ポリフォニーを運ぶことは、ペダル操作にも直接影響する課題を抱えてしまう。発想を大きく転換する必要がある。「ただし、複雑に考えすぎるなら、演奏することを忘れたほうがよい」と舘野は笑い出す。「演奏する音楽のことを考える。その音楽と心の中で会話をしてください。何事も簡単に達成できやしない。だからこそ演奏はとても面白くなるのです」

舘野は肘掛け椅子から立ち上がってグランドピアノのほうへ歩く。彼は林光が作曲した前奏曲集『花の図鑑』の楽譜をピアノの上から取り、左手のためのピアノ作品に特有の難しさを説明し始めた。手と前腕の厄介なポジショニング、メロディラインが落ち着くまでに時間がかかる無理な動き。間宮と同じく優れたピアニストである林は、曲作りの際にピアノの鍵盤を広く使うことが多い。『花の図鑑』では左手を右手の守備範囲、つまりピアノの中音域と高音域で大きく動かす。それは簡単なことではない。「試行錯誤」[121]と彼は楽譜の序文に書いている。「高音域での持続感を保つため、同じ鍵盤の上で指を滑らせて移し変えたり、さまざまな苦労をした。指使いを書いては消し書いては消し、演奏会を続けながら、いくらその作業を繰り返しても、満足のいく結果が出ない」[122]。ある日彼は消しゴムで書き込みを一切消してしまった。「真白くきれいになった楽譜で弾くと、なんのことはない、弾けたのだ。でも、どんな指使いをしたとか、どうやって弾けるようになったのかはわからない。ただ、ここにいたるまでの試行錯誤は、絶対に必要だったのだろう。考えてみれば、いつも自分のやっている方法だった」[123]

舘野泉と作曲家との相互交流により、過去二十年間で約130点もの左手のための作品が誕生した。大部分はソロ作品で、ピアノ協奏曲は15曲あり、室内楽作品や編曲作品もある。既に間宮のピアノ独奏曲『風の

しるし・オッフェルトリウム』の練習に取り組んでいるときに、新たな疑問と新たな解決すべき問題が生じたけれども、舘野は左手のためのレパートリーがどんどん険しい道に進んでいると考えている。

「片手を頼りに音楽の練習を始めたとき、これまで左手を疎かにしていたことに気がついた。誤解のないように言えば、もちろん、私はあらゆる面で自分の演奏に全力を注いできましたが、左手の能力をすべて使い切っていたわけではなかったのです。これはピアニストにとっては典型的なことだと思います。プリマ・バレリーナのような右手に関心が集まりやすいものなのです」。二十年という時間では、まだすべての能力が十分に発揮されているとは言えない。「作曲家たちはますます要求の厳しい曲を書き始めています。それだからこそ私はまだ生きられるのです」

音楽之友社は初演直後の2005年に間宮とノルドグレンが作曲した左手のための楽譜を出版した。新しい作品に対する需要が拡大し、それに応える供給が早急に行われ、舘野に捧げられた多くの作品がシリーズ化された。彼がコンサートで演奏する比較的に古い時代の楽曲は『左手のためのピアノ作品集』として編纂され、さまざまな理由でさまざまな人々に捧げられた左手のための曲が『左手のためのピアノ小品集』として出版された。副題には「母に捧げる子守唄」と付されている。出版物の表紙では舘野が作品とともに左手のためのピアノ芸術についての考えを述べている。現代の作曲家が作品の背景を説明し、歴史に根ざした作品の場合は簡潔に創作の経緯を書いている。音楽之友社は、西洋の読者への配慮も欠かさない。すべてのテキストは、日本語と英語の両方で書かれている。

しかし、作曲が活発に行われなければ、出版も活発には行えない。資金がなければ、作曲はできない。「舘野さんは当初、作品を依頼する際に作曲料をいくらにするか尋ねてきました。でも、誰も何も求めなかった。間宮さんでさえもです。誰もが舘野さんが前に進むお手伝いをしたいと思っていたのです。私も舘野さんに報酬を求めるなんてできませんでした」と吉松隆が舘野の人生の第二幕への序章を語る。「演奏者は、それほど費用のかからない小規模な作品を注文します。そこで作品の出来が決まってしまいます。いくらでも払うからフルオーケストラとソロピアノのための作品を書いてくれ、なんて注文してくる個人はいないですからね」

このような状況にあっては、何かしらの行動に移さなければならない。人生の第二幕を成功に導くために舘野泉は「左手の文庫」という募金を２００６年に設立する。この募金で大規模な作品の注文も可能になる。「左手の文庫」は楽譜の貸し出しを行っていない。募金は寄付金で運営されており、注文した作品の報酬がこの募金を通じて作曲家に支払われる。

ようやく左手のためのピアノ芸術が硬い地盤の上で歩き出したということができる。フィンランドの現代作曲家も何人かそこに足を踏み入れている。ひとりの男性の粘り強さが、結果として雪だるま式に発展した極めて例外的な事例なのかもしれないが、舘野泉の仕事はシステム化されることになる。それにより常に新しい左手のためのピアノ曲の出版が可能になったのだ。

「厳密に言えば、作曲家は楽器のためだけでなく、演奏者のためにも書いています」と吉松隆は言葉を補足した。そして舘野に出会っていなかったら、左手のためのピアノ作品を作曲することはなかったのではないかと首を捻った。しかし、それによってさまざまな背景に目を向けるひとつの視点が開けることになる。なぜこの演奏者が左手のピアニストになったのだろうか。

その背景には肉体的にも精神的にも演奏者を煩わせ続ける人生の物語がある。つまり、戦争や事故による損傷、身体の部分的な麻痺、または脳の運動機能障害などで、広義ではジストニアという不随意運動も当てはまる。音楽家の場合、この障害は指の動きに影響を及ぼすことがよくあり、特殊の行為を行った場合のみに現れる。しかし、この障害は治療が非常に難しいため、転職を余儀なくされることがある。

舘野が言ったプリマ・バレリーナの役割を右手は喜んで引き受けるが、右手しか使えなくなったほうがむしろ無力になる可能性がある。理由は至って単純で、左手は構造的に右手よりもソロ演奏に適しているからだ。親指はメロディを伝えるのに有効的に使え、他の指はハーモニーにあてられる。右手ではメロディに弱い小指があてられる。そして、メロディーとハーモニーを支えるための手の可動域は、左手よりも狭くなってしまう。

「演奏者たちの運動機能には、かなりの個人差がある場合がある」と吉松は作曲の前提条件について話を続ける。なぜなら両手で奏でるメロディとハーモニーの領域を左手のみで引き継ぐため、音楽の流れに指の動きが時間的に追いつくのか、同時に奏者の身体がグランドピアノの鍵盤を最低音域から最高音域まで拾うことができるのかも考慮する必要があるからだ。舘野泉は運が良かった。そうでなければ左手のピアニストとしての再起はあり得なかっただろう。「舘野さんが脳出血を患ったと聞いたとき、その結果として生じた麻痺が、腕も足も含めて右半身がまったく使えない状態だと思っていました。それはペダルも操作できないことを意味しているのですが、舘野さんがペダルが使えるとおっしゃられて」と吉松は驚いた表情で語った。麻痺によって足の運動機能が完全に失われたわけではなかったのだ。脳出血による麻痺は上肢に集中することが多く、ちゃんと歩くことはできなかったのに。

オルガンやチェンバロで演奏される初期の頃の左手のための練習曲があったとしても、音楽的には無限の幻想が自由に奏でられるようになるまでには、残響ペダルを駆使することができる現代のピアノの登場を待たなければならなかった。ペダルを操作すると、ピアニストは片手であっても楽器の低音域と高音域を同時に奏でることができる。モーリス・ラヴェルは『左手のためのピアノ協奏曲』を作曲したときに、両手ではこれ以上のことはできないという印象を持ったと言われている。この曲の成功は左手のためのピアノ演奏の発展において決定打となった。つまり、想像力次第で芸術がいかなる形態をも取り得ることをこの協奏曲は示した。その一方で作曲家の創造的な曲作りの難易度を一気に引き上げることになった。

「舘野さんが頼めばみんなが作曲してくれる」と吉松隆は言い切る。楽曲を提供する作曲家としてのピアニストの評価は、もちろん音楽家としての技量と評判によって説明される。「舘野さんは新しい曲を楽しんでいて、コンサートでも何度も立派に演奏してくださる」。現代音楽の世界では独自の価値観があり、作曲家は心の声を曲で響かせる。

舘野が運命の課題、左手のピアニストの代表として活動するようになったとき、鍵盤上の物理的な可能性は半減したが、この大義に身を捧げる思いが絶えることはありえない。

「父の計画はときどき頭がいかれたんじゃないかと思うほど大きなものになる」と舘野ヤンネはこれまで何度も発言している。この発言は多くのプロジェクトに当てはめることができる。そのうちのひとつは、2012年から2013年にかけて開催された「舘野泉フェスティヴァル」だ。全16回のこのコンサートは、とりわけ舘野に捧げられたレパートリーで構成され、五本の指から奏でられる音楽を人生体験として聴衆へ伝えている。舘野は数十回の室内楽ソロコンサートに加え、ラ・テンペスタ室内管弦楽団のツアーのソリストとして、五つの都市で一晩に3つの協奏曲、つまりノルドグレンのピアノ協奏曲『死体にまたがった男』、吉松のピアノ協奏曲『ケフェウス・ノート』、そして初演を迎えた池辺晋一郎のピアノ協奏曲『西風に寄せて』を演奏した。ユッカ・ティエンスーのピアノ独奏曲『EGEIRO』は東京でのソロ・コンサートでも初演された。ギリシャ語に由来する曲名は、復活や治癒、更には死からの蘇りを意味している。

そして舘野泉はこのコンサートを何に結びつけたのだろうか。彼をやる気にさせる信念だろうか。日本では一般的に年齢を重ねることに敬意を払うが、各年代でも人は神秘的に輝きを放つものだ。このコンサートの期間中にマエストロは、七十七歳を迎える。喜寿は長寿を祝い、充実した人生の象徴であるとされている。

２０１６年に高関健の指揮で東京シティ・フィルハーモニック管弦楽団のソリストとして東京オペラシティ・コンサートホールで行われた生誕八十周年記念コンサートでもピアニストは妥協を許さなかった。一晩に4つの協奏曲と聞くと大変そうだが、奏者にとっては楽しみなのだ。少なくともベテランピアニストの舘野はそう信じている。コンサートのオープニングを飾るのは、池辺のピアノ協奏曲『西風に寄せて』とパウル・ヒンデミットのピアノ協奏曲『管弦楽付きピアノ音楽』作品29（日本初演）、そして休憩後にルネ・シュタールのオーケストラと左手のための『ファンタスティック・ダンス』、そしてラヴェルの『左手のための協奏曲』が続く。

左手のためのピアノ芸術の世界ではさまざまなことが起こっている。しかし、観客目線でそれは断片的に、もしくはあちこちで突発的に発生する現象にすぎないのかもしれない。そうでないとすれば、稀なことだが舘野の、つまりひとりの演奏者の生き甲斐が世間の注目を集め、それにとどまらず、ひとりの演奏者の存在が左手のためのピアノ芸術に常に輝きを与えている。弛まぬ努力を重ねたラヴェルも然りだ。

舘野は肘掛け椅子に深くもたれ、日本海に面した金沢市からかかってきた電話のことを話し始めた。同市では毎年春に「いしかわ・金沢　風と緑の楽都音楽祭」が開催され、二十歳から六十歳までの左手のピアニストも参加して演奏技術を披露する。そして翌年のオーケストラのソリストを決めるオーディションが行われる。さらに若者の演奏を指導してもらえないかという要望が電話の向こうから聞こえてきた。

しかし、「その仕事はできません。私自身ステージに立つために指導を受けたことはありませんし、指示を求めたこともありません。演奏者は孤独で、現実の環境ではひとりで生き抜かなければなりません。うまくいかないなら、うまくいかない」と彼は断った理由を説明した。「ピアニストの人生には成功もあれば失敗もある。失敗したら、そのまま火の中に横たわってはいけない、立ち上がって先に進まなければなりません。そうするしかありません。音楽が好きなら、先に進んでください」

「最近は初演が多く、ほとんどの曲が目新しいものばかりだ。初めての演奏で完璧に成功する必要はないと思っています。このようなことはめったに起こりませんが、常に目の前にライオン、または美しい女性が現れたような心構えを持ってステージに上がる必要があります」

貨物列車のピアニスト

至福の昼寝のように気持ちよく流れる湖面の波紋と青空の雲。白樺やナナカマドの木が葉を茂らせ、湖畔にもたれかかる。カモのつがいが子ガモを引き連れ、湖の葦の影から湾の奥まで泳ぐ。豊かな緑に囲まれた対岸には廃校がある。湖畔の石の上に桟橋が建てられ、湖水に手を伸ばす。湖面には安らかな寝床のように逆さまに映る世界が息づいている。まるで世界には悲しみが存在しないかのように。

しかしそれは存在した。2020年初頭から世界中で懸念された新型コロナウイルス感染が人々の生活を一変させたのだ。舘野泉は六か月間コンサートのステージに立つことができず、春の20公演がすべて中止となった。フィンランドで夏を過ごせるかもしばらくは不透明だった。国境は封鎖されていないか、飛行機は運行しているのか、当局はどのような移動制限を設けているのか、人々が屋外を安全に移動できるのか。舘野にとって、東京のうだるような暑い夏を過ごすのは五十年以上ぶりだろうか。ようやくコロナウイルスの騒動が沈静化し、演奏も含め生活リズムが通常に戻ると、今度はロシアが空域を封鎖し戦争を始めた。それに伴って飛行経路が変更され、日本からフィンランドまでは昔と同じように北極を通過するルートになった。これにより飛行時間は長くなったが、運行はされている。これまで通り家族と会える、そしてフィンランドで夏を過ごすことができる。

「でも、遠いところで離れ離れで暮らすのは、我が家ではよくあることだから」と屋外テラスのテーブルで朝食の支度をしているマリアが横目遣いで答えた。もう正午を過ぎようとしていた時間だった。あれはブランチというべきだったかもしれないが、いずれにせよ舘野家の人たちは自分たちのことを夜行性と認識しているようであった。深夜にサウナを浴び、今は毎晩ではないにせよ、ほぼ毎晩のようにサウナストーブが温められている。「若い頃からずっと泉はサウナに夢中で、サウナに長く入っては、何度も湖に飛び込んでたのよ」とマリアはおしゃべりする。「サウナの後は、テラスで座って食事をして、夏の夜を楽しむの。明かりが灯ってるのはここだけ。だからここはこの辺りの灯台のような場所なの」

1984年以来、マリアと泉はフィンランドの内陸の風景を臨みながら夏を過ごしている。夏の住居は画家ヨウコとライリ・ニヴァルパー夫妻によって建てられ、時間をかけてひとつひとつ部屋の増築が繰り返されてきた。近隣の住人たちは徐々に増築されていく様子を見て、この夏の別荘を「貨物列車」という別称で呼んでいる。「我が家にはそもそも車がなかったから、四つの乗り物でどこにも寄り道することもなくここまで移動していました。子どもたちは荷物を持ってバス停で待っているのを恥ずかしがっていた」とマリアはコーヒーと紅茶をカップに注ぐ。水は庭の湧き水から汲んでくる。「この別荘を購入した理由は、敷地内に母屋と離れがあったからなんです」

敷地の反対側、海岸沿いの小道に沿って斜面を登ったところに赤い壁の離れが建っている。舘野泉の仕事部屋として使われている離れは、緑が丘の自宅のリビングルームのような内装だ。彼が所有する4台のグランドピアノのうちの1台がこの小さな部屋を飾り、その周囲には日本語の背表紙の書籍がぎっしり詰まった本棚がある。どんな本が並んでいるのか理解するためには日本語の知識が必要だ。「本棚の端から端までの文学を読んでいる、すべてを少しずつ」と舘野は読書の趣味について語る。

この返答はとても舘野らしい控えめなものだ。知識の泉に通じる世界を小さな鍵穴から覗いている気分になる。この鍵をこじ開け舘野のことをもっと詳細に把握するには、彼の興味の矛先を探り、その内容から対話のきっかけを作る必要がある。文学に関して言えば、意見交換を促すきっかけ作りに事欠かないだろう。全体的に見ると別荘の本棚の端々から歴史小説に舘野が魅力を感じていることが分かった。しかし、この本の執筆を通じて、舘野が音楽家の運命と音楽の発展を含めた音楽の歴史に精通していることは既に分かっていた。彼が演奏する作品を彼の人生の物語から切り離すことができないのと同じように、楽曲とそれが作曲された時代を切り離して語ることはできない。

まさにこのことを示す表現が、エッセイ集『星にとどく樹』に叙情的に綴られている。舘野は幼少期の思い出を綴る。「東京の街がまだ焼け野原と、焼け跡に作られた畑だったころ、グリーグのピアノ協奏曲を美しく使った映画を見た」[124]。舘野は片田舎の少女が偶然触れたピアノの音に魅了されピアニストを目指す物語を思い出している。少女はプロの演奏家になるために勉強し、多くの困難を乗り越えてコンサート・ピアニストになる。映画のバックグラウンドで流れるグリーグの音楽は十代の舘野に強い影響を与え、主役である少女の美しさへの憧れも隠さない。「最も印象に残っているのは、涯しなく広がる寂しい野原に積みあげられた枯草の山の上に、少女が一人、ぽつんとすわって風の行方に思いをはしらせているようなシーンで、そこではあの美しい第3楽章中間部の旋律が最初はフルートで、そしてさらにピアノにひきつがれて歌われたのだった」[125]。舘野が映画から帰宅すると、父はその映画が良かったかどうか、妹や弟に勧めたいかどうか知りたがった。「いや」、と十代の舘野は咄嗟に答えた。「どうってこともない映画さ」[126]。彼は微かな嫉妬心から魅力的な女性のイメージを自分だけのものにしたいと考える。「それからはときどき第3楽章の清楚な憂いをたたえた旋律を自分で弾いてみては、寂しそうな少女の横顔を思い出していた」[127]

数十年前にフィンランドの雑誌のインタビューで舘野はフィンランドにいて一番恋しいものは何か尋ねられた。そのとき彼は「日本語だ」と答えた。それにもかかわらず、舘野が日本語で自分の人生や演奏する曲について語っているテレビの対談やビデオクリップを見ると、自分自身について母語であってもあまりにも手短に語る。この彼の姿勢に疑問を持たざるを得ない。会話は例外なく意見の交換に繋がるもので、このことは舘野自身がエッセイ集のひとつでも結論づけていることだ。つまり、「言葉も、故郷であり原点であるだろう」[128]

それでも、日本語であれフィンランド語であれ、興味のある話題でさえあれば、舘野はコンサートのステージで集中するように、腰を据えて自分の意見を他人と共有し、遮ることなく相手の話に耳を傾ける。しかし、ノリのいい会話になると間違いなく彼は引いてしまう。大人数での会話になると参加すらしない。

多くのフィンランド人の同僚たちは舘野のことを、振る舞いや話し方を踏まえて自制心のある男だと言う。そしてそれは日本人に特徴的な上品さから来ていると述べる。自制された行動のうち、どの程度が舘野の性格によるもので、どの程度が日本の礼儀や作法によるものなのか、西洋人には見分けがつきにくい。すべての共同体の意思疎通の根幹は、見識を深め人生経験を積んだ調和の取れた交流に価値を見いだすことにある。

舘野は音楽家としての歩みを華やかな物語で誤魔化したりしない。諂《へつら》ったり、媚を売ったり、得意げに高笑いすることもない。しかしひとつだけ明らかなことがある。それは、ところどころで、彼の話が遊び心であふれてしまうことだ。どの対話も一度に淡々と進行することはない。そのために聴き手は話が脱線していることに気がつかないときがあるのだ。

コンサートホールの格子窓からは、夏の日らしい陽気な光が差し込んでいる。グランドピアノの上には楽譜が山のように積まれている。カレヴィ・アホの『静寂の渦』は2021年10月に東京文化会館小ホールで初演され、その後ヘルシンキのシベリウス・アカデミーのホールでも演奏された。『静寂の渦』の他には、平野一郎作曲の『鬼の生活』も委嘱初演された。フィンランド語には鬼に相当する言葉はなく、地底人でもトロールでも、幽霊や悪魔でもない、悪の化身が相応しいだろうか。鬼はどこにでもいるし、どこにもいない。本質的には邪悪な存在であり、鬼を見たことがある人なら、おそらくその謎の怪物のような奇妙な姿であることは知っている。日本の神話では、鬼は千年以上前から存在しており、作曲家の平野一郎がその情報を収集したところ、その仮説が真実であると判明する。つまり、人々の口にする鬼の姿はそれ以前から多様に存在していた。全13章からなる『鬼の生活』で古代の鬼をピアノの鍵盤で蘇らせるときが来た。12月のフィンランドでのコンサートでようやく初演が行われた。なぜなら、鬼を表現するために右左に激しく揺れる身体を制御し、高音を弾くときの左手の手首の角度と肘の角度のポジショニングが難しく練習に時間を要したからだ。

　鬼の姿は非常に創造力を掻き立てるもので『鬼の生活』には、それと並んでシューベルトの『ピアノ五重奏曲（鱒）』を参考に平野が作曲した室内楽作品『鬼の学校』もある。これは、鬼の知識と能力、教養などがテーマで鍵盤は酒呑童子先生が授ける「理想の学校教育」を奏でる。この作品は東京では２０２２年12月のソロ・コンサートで初演された。

　さらにセヴラックの音楽も譜面台にのせる。『大地の歌』。これは光永浩一郎がこの農事詩を左手のために編曲したのだった。舘野はグランドピアノの前に座り、作品の一部を演奏するが、その前に観客のほうへ視線を送り、こう語りかける。

「泉さん、あなたはずっと良い子でした。ご褒美にまた両手で演奏させてあげます。と神さまが私に言ってくれるとしたら、私はこう答えるでしょう。お言葉には感謝しますが、引き受けるつもりはありません。左手のピアニストとしての私の人生はとても充実していて、この人生にも張り合いを感じているのです」

「鬼の学校」世界初演！　南相馬市民文化会館の楽屋にて（2022 年 11 月）
左から、舘野ヤンネ（ヴァイオリン）、安達真理（ヴィオラ）、平野一郎（作曲家）、矢口里菜子（チェロ）、長谷川順子（コントラバス）

先を見るほうが好きだ

エピローグ

「そうだね、どう言ったらいいか」

時折、舘野泉はため息をつくだけで自問自答する。矢継ぎ早に質問されると理解できていないかのように、驚いた表情で目を逸らす。

自分の人生を振り返ってどう思いますか。この質問に「先を見るほうが好きだ」とにやりと笑って手短に答えるだけなんてあり得るのだろうか。

しかし、質問者が落ち着き、彼に返答する時間を与えると、思わず彼の素性を知りたくなるような言葉を口にする。

「人は光に向かう植物のように生きれば良いのです」

謝辞

芸術家の姿を描写することは孤独な作業であるかもしれないし、そうでないかもしれません。私は書斎に引きこもり、物語を前に進めようとそれぞれ文章を練り上げました。しかし、視覚的な描写がなければ、人生の物語は生まれません。物語を描き、それを彩り、仕上げるために、私は人々との出会いが必要でした。それは舘野泉の人生の要所要所で何らかの形で繋がっている人々であり、日本の生活習慣、その魅力、その特色を知る人々であり、私がこの執筆で直面したあらゆる問題を解決することができる人々でした。また、本書の実現に向けて尽力していただいた方々は言うまでもありません。

度重なる取材、そして舘野泉の芸術家としての人生を理解するために必要な情報の断片を掘り起こしてくださった皆様の存在とご支援に心より感謝いたします。また執筆に対して支援してくださったフィンランド・ノンフィクション作家組合とスカンジナビア・ニッポンササカワ財団にも心から感謝の意を表したいと思います。

作家のタイヤ・トゥオミネンさんに特別な感謝を捧げたいと思います。彼女がワークショップで教えてくれた「創造的な執筆の仕方」は、この活動の根底にあります。また本書の執筆のあらゆる段階で進展に寄与してくださった多くの方々に温かい感謝を伝えたいと思います。研究者のラッセ・レフトネンさんに感謝します。彼の日本文化に対する専門知識と熱意、そして好奇心は非常に興味深いものでした。サクソフォーン奏者のランミ菜々子さんに感謝します。彼女には精力的に資料を日本語からフィンランド語に翻訳していただきました。それと、人で賑わう函館の海岸に魚介類を食べに連れていっていただきました。ピアニストのマルッティ・ラウティオさんに感謝します。彼は私の挑戦に向き合ってくれました。そして励まし、思いやりやユーモアを持って作業を後押ししてくれました。編集者のソイリ・テイッティネンさんに感謝します。彼女は仕事のさじ加減を知っていて、仕事のメリハリのつけ方を教えてくれました。グラフィックデザイナーのエルッキ・ミコラさんに感謝します。彼との会話は啓発的なだけでなく、非常に楽しいものでした。

長期にわたる仕事ではよくあることですが、昔から知っている人が、ある時点で自分の成長にとって実は重要人物であったということがあります。それ故に、取材をさせていただいた多くの方々の中からアルメニア出身の作曲家であり、音楽教師でもあるウラディミール・アゴポフさんを紹介したいと思います。私が彼と知り合ったのは、彼がまだ十代で、ピアノを学ぶためにフィンランドに住み始めた頃でした。彼はアラム・ハチャトゥリアンに師事し作曲を学んだことがあり、本書の執筆に際して特にハチャトゥリアンのピアノ協奏曲について触れましたが、アゴポフさんの色彩豊かで専門的な背景知識がなければ、「舘野のような心象風景」は私には開けませんでした。

私はヘルシンキと東京の両方で舘野泉さんとマリアさん夫妻と有意義で心温まる会話を交わすことができました。おまけにフィンランドにある彼らのサマーコテージにも伺わせていただきました。仕上げに向けて執筆が進む中、皆様から温かい励ましの言葉をいただき、また辛抱強く見守っていただいたことに感謝いたします。舘野ヤンネさんと舘野明子さん夫妻には、執筆活動を支援するために時間を割いていただきました。東京の喧騒の中を移動し、立て続けのインタビューやコンサートに付き添っていただきました。美味しい料理も連日ご一緒に堪能させていただきました。舘野サトゥさんとは一度しかお会いしたことがありませんが、短い出会いでも印象に残っています。彼女は父親について貴重なことを教えてくれました。「父は性格的に人を信じて疑わない。ありのままでいさせてくれる」。私が出会った人たちが皆、舘野泉さんのことをあれほど肯定的な言葉遣いで語っていたことを思い出すと、彼女の言葉の意味が分かります。批判的な言葉を聞いたことは、まったくありません。そして、もし何かあったとしても、それは叱咤激励のようなもので繊細かつ丁寧に表現されています。彼の人生そのものが一気に破綻しかねない事態に陥ったにもかかわらず、その根幹が揺らぐどころか、驚くべき生命力で音楽愛好家を支え続けているのです。

それが、ある日私の夫のエルッキ・ラウティオが、舘野泉さんの人生を本に書くべきだと提案したひとつの理由でした。彼の人生は豊かで音楽的な力がある。彼の足跡はフィンランドに残すに値する。本書の執筆のあらゆる段階で私がエルッキから得た励ましは、最初から最後まで私の支えになりました。ある朝、ヘルシンギン・サノマット紙の記事の最後に、クラシック音楽の専門店であるフーガ（Ｆｕｇａ）が出版事業を始めたと書かれていたのでどこに頼ればいいのか分かりました。ハンヌ・ヌオティオさんとマルック・ヌオティオさん、ドウモ　アリガトウ　ゴザイマシタ。

サリ・ラウティオ

訳者あとがき

「音楽は私に刻まれた年輪のようなもの」。実に舘野泉さんらしい耽美な表現だ。これまで私は伝記や評伝を3冊邦訳している。訳し終えると、人生の断片がパズルのように埋まり、人物像がひとつの絵画として浮かび上がる感覚があった。

しかし、4作目となる本書を訳し終えて新たな感覚が加わった。舘野さんの言葉が音風景として開けたのだ。それは、時に陽気に、時には悲しく、時に独奏で、時に合奏のように響いた。舘野さんの人生が楽譜そのもののように思えた。

この壮大な旋律に挑んだ著者サリ・ラウティオには、その音がさぞかし多彩に、そして鮮明に聴こえたことだろう。というのも彼女の夫は、舘野さんと長年デュオを組んだチェリストのエルッキ、更に息子は舘野さんに師事したピアニストのマルッティだ。つまり、舘野さんの歩みは家族の人生の一部でもあるのだ。要所要所で音楽用語を用いて文章を歌わせてくれる。

紆余曲折や偶然は人生につきものだ。舘野さんは、遠回りしても人生を見つける。確かにそこには偶発的な出来事もあった。しかし、著者が「彼の手にかかれば物事が上手い具合に収まるのだと薄々気づいていた」と言うように最終的にすべてが必然となってしまう。

孤独になり己と向き合い、偏見にとらわれず、物事の本質に目を向け、前に進む。情熱を持って先を見据える者にとっては、紆余曲折、成功や失敗などは人生を豊かにする通過点に過ぎないのかもしれない。

それは教育者として「直感を信じて内面から音楽を解釈して欲しい」という舘野さんの考えにも表れている。

本人に言わせれば、「心惹かれることをしてきただけ」ということになるのだろうが、内面に向けられた眼差しは、舘野さんの人生の根幹をなすものではないのだろうか。

ピアニストの歩みを通じて、本書の随所に舘野さんらしい前向きな思考が散りばめられ、また本書は内面を見つめる大切さを伝えてくれる。内容も充実しており、読み応えのある一冊となっている。

本書の翻訳作業に関して一言述べさせてもらうとすれば、逆輸入の難しさを痛感したことだ。本書はフィンランド人を対象に日本人の人生が書かれている。そのため日本人なら周知のことも細かく説明がなされ、日本語にすると重たく感じてしまう箇所がいくつもあった。それを克服することが訳者には新たな課題として突きつけられ、同時に新たな勉強ともなった。なお、翻訳に際して登場する人名、その他の固有名詞は定訳で表記している。あらかじめご了承いただきたい。

最後に本書の翻訳の機会を与えてくださったみずいろブックスの岡村茉利奈さんに感謝を申し上げたい。また専門的な助言をいただいたピアニストの水月恵美子さん、ジャパン・アーツの伊東美香さん、舘野泉ファンクラブ代表の松田純子さん、家族の系譜を教えてくださった福田芳男さん、翻訳作業を支えていただいた五十嵐由紀子・仁希さんに感謝の意を表します。その他多くの方々から助言をいただきました。この場を借りて協力してくださったすべての皆様に心からお礼を申し上げます。

2024年6月　五十嵐　淳

監修を終えて

幼い頃、父が物語を聴かせながらピアノを教えてくれた。悲しかったり夜の暗闇の話だと私は涙を流し、「あ、それでも森の奥に小さな灯りが見えます」と話が変わると、世界が光で溢れたように喜びに満ちた表情になったという。学校の授業時間中でも窓の外を眺めて、まったく違う世界に入り込んでいるようで、母が何度も先生から呼び出しを受けた。

絵はお手本どうりではなく、黒く塗りたくられたようで、習字はいつも紙からはみ出していた。でも母は「いいよ、字なんてはみ出すくらいのほうが面白いよ」と言ってくれた。

「この世は奇跡で溢れている」と聴いたことがある。

「小さいことは大きく、大きいことは小さい」とも聴いた。ピアノが好きで自分の手も好きで手を使って仕事をするのが好きだったから、好きなことに没頭していたら、いつの間にか八十八歳になってしまった。

辛いこともたくさんあったけれど、世界中を何度も巡り、いろんな人に逢い、たくさんの経験ができた。音楽に生かされたのかもしれないが、生きている限りピアノを弾きつづけていきたいと思う。音の中には生命がいっぱい詰まっている！

この本を書いてくれたサリ・ラウティオに深い感謝を捧げる。膨大な資料を基に四年間も私の原点を追い続けていただいたことにはただただ感謝である。

フィンランド語からの翻訳を手掛けてくださった五十嵐淳さんにも厚くお礼を申し上げる。そしてみずいろブックスの岡村茉利奈さんには、包み込むような愛情をもってこの本の制作を進行させてくださったことに感動していると申し上げたい。

妻のマリアはこの本がフィンランドで出版された２０２２年12月までは元気であったが、発売日の一週間後に卵巣癌が発見され、２０２３年の3月26日に世を去った。享年八十歳。我々は五十年間連れ添ってきたが、彼女はこの本が日本語でも出版されることを最後まで望んでいた。

いまマリアは別荘に植樹された菩提樹のもとで静かに眠っているが、この夏はそこで二人だけの静かな時間を持ちたいと願っている。

２０２４年6月　舘野　泉

■ショーソン：ヴァイオリン、ピアノと弦楽四重奏のための協奏曲
浦川宜也（ヴァイオリン）
《弦楽四重奏》舘野晶子（ヴァイオリン）林 瑤子（ヴァイオリン）
白神定典（ヴィオラ）舘野英司（チェロ）
Leaves HMO HMOC-17852, 2020 年（録音 1959 年）
■フィンランド ピアノ曲名コレクション
オクタヴィア・レコード OVCT-00177, 2020 年（録音 1988 年）
■アイノラのシベリウス（2 枚組）
（シベリウスのアイノラの山荘にて収録）
オクタヴィア・レコード OVCT-00179, 2020 年（録音 1994 ／ 1995 年）
■シューベルト／後期ピアノ・ソナタ集（2 枚組）
オクタヴィア・レコード OVCT-00185, 2021 年（録音 1991 年）
■時のはざま〜左手のためのピアノ珠玉集
オクタヴィア・レコード OVCT-00186, 2021 年
■ウルマス・シサスク：エイヴェレの星たち
オクタヴィア・レコード OVCT-00184, 2021 年（録音 2015 年）
■タンティ・アンニ・プリマ（アヴェ・マリア）
ヤンネ舘野（ヴァイオリン）
オクタヴィア・レコード　OVCT-00774, 2022 年（録音 2016 年）
■母に捧げる子守唄〜左手のためのピアノ小品集〜
オクタヴィア・レコード OVCT-00199, 2022 年（録音 2016 ／ 2017 年）
■風に…波に…鳥に…
藤田真央（ピアノ）
オクタヴィア・レコード　OVCL-00206, 2023 年（録音 2022 年）

他多数

オッコ・カム指揮　日本フィルハーモニー管弦楽団（録音 1972 年）
6．フィンランド・ピアノ名曲選（4 枚組）（録音 1970 年～ 1974 年）
7．グリーグ：叙情小曲集全曲（3 枚組）（録音 1974 年）
8．ムソルグスキー：展覧会の絵＆シマノフスキ：「仮面劇」（録音 1975 年）
9．シベリウス：歌曲集 with マリア・ポロパイネン（メゾ・ソプラノ）（録音 1975 年）
10. パルムグレン：ピアノ小品集（録音 1977 年）
11. ノルドグレン：「小泉八雲の怪談によるバラード」（録音 1977 年）
12. ロマンティック・コンサートⅠ＆Ⅱ（2 枚組）（録音 1977 年）
13. シベリウス：ピアノ名曲大系（4 枚組）（録音 1978 年）
14. 愛情物語 with　ドラムス：ジミー竹内　ベース：柴田恒夫

＜スペシャル CD ＞

1．舘野泉プロデュース『黄昏の林檎畑（石田一郎生誕百周年記念 CD）』
2．ノルドグレン：ピアノ協奏曲第 1 番　他

EMI(レーベル：ユニバーサルミュージック) TOCE-56341, 2010 年

■ピアノ・ディスタンス～武満徹：作品集

ワーナー・クラシックス WPCS22219, 2011 年（録音 1996 年）

■祈り・・・子守歌

平原あゆみ（ピアノ）
エイベックス・クラシックス AVCL-25730, 2011 年

■シャコンヌ

エイベックス・クラシックス AVCL-25746, 2011 年

■タンゴ・デュオ！～ピアソラ＆ナザレー作品集

水月恵美子（ピアノ）
ワーナー・クラシックス WPCS22220, 2011 年（録音 1999 年）

■一柳慧：ピアノ協奏曲「JAZZ」＆「フィンランド」、マリンバ協奏曲

関西フィルハーモニー管弦楽団　藤岡幸夫（指揮）
カメラータトウキョウ CMCD-28285, 2013 年

■ブラームス：ピアノ協奏曲第 1 番

チェコ・ナショナル交響楽団　井上喜惟（指揮）
エイベックス・クラシックス AVCL-84053, 2014 年（録音 1996 年）

■風のしるし～左手のためのピアノ作品集

ブラームス、スクリャービン、間宮芳生、フランク・ブリッジ
エイベックス・クラシックス AVCL-84084, 2014 年（録音 2004 年）

■サムライ／海鳴り

エイベックス・クラシックス　AVCL-25870, 2015 年

■矢代秋雄：ピアノ協奏曲、ハチャトゥリアン：ピアノ協奏曲

アルメニア・フィルハーモニー管弦楽団　井上喜惟（指揮）
Altus Music ALT361, 2016 年（録音 1999 ／ 2000 年、輸入盤）

■グラナドス：ゴイェスカス～恋する男達
ポニーキャニオン PCCL-00535, 2001年
■音楽と物語の世界～ぞうのババール～
岸田今日子（語り）
Sacrambow ATCO-1025, 2001年
（オクタヴィア・レコード OVSL-00017, 2006年再販）
■その左手のために　左手のためのピアノ作品集3
林光、末吉保雄、谷川賢作、エルヴィン・シュールホフ
エイベックス・クラシックス AVCL-25119, 2006年
■タピオラ幻景――左手のためのピアノ作品集2
吉松隆、タカーチュ、ノルドグレン、モンポウ
エイベックス・クラシックス　AVCL-25076, 2006年
■コルンゴルト＆ノルドグレン：左手のための組曲と協奏曲
ラ・テンペスタ室内管弦楽団　本名徹次（指揮）他
エイベックス・クラシックス AVCL-25093, 2006年
■アイノラ抒情曲集――吉松隆の風景
平原あゆみ（ピアノ）
エイベックス・クラシックス AVCL-25138, 2007年
■ラフマニノフ：ピアノ協奏曲第3番、伊福部昭：七夕
日本フィルハーモニー交響楽団　渡邉暁雄（指揮）
キングレコード　KDC21, 2009年（録音1980年）
■ブラームス：ピアノ協奏曲第1番／モーツァルト：『魔笛』序曲
日本フィルハーモニー交響楽団　渡邉暁雄（指揮）
キングレコード KDC22, 2009年（録音1980年）
■記憶樹＝50周年記念・最新録音＝
coba、間宮芳生、パブロ・エスカンデ
エイベックス・クラシックス AVCL-25713, 2010年
■ラフマニノフ：ピアノ協奏曲第2番　グリーグ：ピアノ協奏曲
チェコ・ナショナル交響楽団　井上喜惟（指揮）
キングレコード KICC-93766, 2010年（録音1996年）
■村の教会：シベリウス　ピアノ名曲集
EMI　TOCE-91104, 2010年（録音1971年、オリジナル発売1979年）
■EMIレコーディングス・コンプリートBOX（26枚組）
1．ショパン：珠玉アルバム（録音1970年）
2．ヤナーチェク：草かげの小径にて／ラウタヴァーラ：ピアノ・ソナタ第1番（録音1970年）
3．パルムグレン：ピアノ協奏曲第2番／エングルンド：ピアノ協奏曲
ヨルマ・パヌラ指揮　ヘルシンキ・フィルハーモニー管弦楽団（録音1971年）
4．シベリウス：ピアノ小品集（録音1971年）
5．グリーグ：ピアノ協奏曲／ラフマニノフ：パガニーニの主題による狂詩曲

■シューマン：交響的練習曲、アラベスク、森の情景
ポニーキャニオン PCCL-00298, 1995 年
■パルムグレン：ピアノ・ソナタ、24 の前奏曲
ワーナー・クラシックス WPCS4883, 1996 年
■フィンランドのピアノ小曲集（2 枚組）
ワーナー・クラシックス WPCS5623/4, 1996 年
■グリーグ：３つのソナタ
ヤン・シェーデルブロム（ヴァイオリン）
エルッキ・ラウティオ（チェロ）
ワーナー・クラシックス WPCS4986, 1996 年（1991 年録音盤）
■若き日のシベリウス～アイノラ２
（シベリウスのアイノラ山荘で録音）
ヤンネ・舘野（ヴァイオリン）
エルッキ・ラウティオ（チェロ）
ポニーキャニオン PCCL-00328, 1996 年
（SA-CD ハイブリッド仕様 ポニーキャニオン PCCL-60005, 2007 年）
■シューマン：クライスレリアーナ／幻想曲
ポニーキャニオン PCCL-00355, 1996 年
■伊福部昭の芸術５　楽　ヴァイオリンと管弦楽のための協奏風狂詩曲、ピアノと管弦楽のための協奏風交響曲　広上淳一、徳永二男、大友直人、日本フィル
キングレコード KICC179, 1997 年
■タンゴ・パッション．舘野泉　ナザレーを弾く
ワーナー・クラシックス WPCS6306, 1998 年
■シューベルト：ピアノ・ソナタ　第１・３・４・８・10・13 番 他（2 枚組）
ポニーキャニオン PCCL-00419, 1998 年
■ブエノスアイレスの四季～ピアソラ作品集
キングレコード（レーベル：ファイアバード）KICC286, 1999 年
■夜の海辺にて―カスキ：作品集
ミカエル・ヘラスヴオ（フルート）
ワーナー・クラシックス WPCS6307, 1999 年
■シューベルト：中期ピアノ・ソナタ集（第 14―17 番）
ポニーキャニオン PCCL-00489, 2000 年
■クラミ：ピアノと弦楽のための作品集＜来日記念盤＞
ワーナー・クラシックス WPCS10614, 2000 年
■フィンランドのチェロ小曲集
エルッキ・ラウティオ（チェロ）
ワーナー・クラシックス　WPCS11031, 2001 年（録音 1991 年）
■ひまわりの海～セヴラック：ピアノ作品集（2 枚組）
ワーナー・クラシックス WPCS11028/9, 2001 年
■ドビュッシー：前奏曲集（全 24 曲）
ポニーキャニオン PCCL-533, 2001 年（録音 1988, 1989 年）

舘野泉ディスコグラフィ

■ラウタヴァーラ：村の音楽師、イコン、ピアノ・ソナタ第１・２番、練習曲集
オンディーヌ ODE7102, 1988 年（輸入盤）
■メラルティン：悲しみの園、黙示録的幻想曲　他
オンディーヌ ODE7242, 1988 年
（キングインターナショナルレコード KKCC4084, 1992 年再販／デジタル録音 1988 年）
■ドビュッシー：ピアノ名曲集／２つのアラベスク、前奏曲集　第１巻他
ポニーキャニオン D32L-0006, 1988 年
■ベートーヴェン：ピアノ・ソナタ第 17 番「テンペスト」／ショパン：ピアノ・ソナタ第３番
ポニーキャニオン PCCL-00007, 1989 年
（ポニーキャニオン PCCL00536, 2001 年再販）
■ブラジルのタンゴとワルツ
デ・ファリャ：「三角帽子」より３つの断章／ナザレー：カリオカ、オデオン他
ポニーキャニオン PCCL-00008, 1989 年
（ラテン・リサイタル、ポニーキャニオン PCCL-00534, 2001 年名称変えて再販）
■小泉八雲による９つの怪談音楽集
ポニーキャニオン PCCL-00117, 1991 年
■ Brahms：Sonata NO.3 / Two Rhapsodies
Finlandia Records FACD391, 1990 年（輸入盤）
■モンポウ：組曲「内なる印象」／フォーレ：夜想曲集　第１番～６番
ポニーキャニオン PCCL-00053, 1990 年
■ドビュッシー：前奏曲集第２巻／子供の領分
ポニーキャニオン PCCL-00085, 1990 年
■デビュー 30 周年コンサート・ライブ
シューマン：謝肉祭／マルタン：フラメンコのリズムによる幻想曲
ポニーキャニオン PCCL-00088, 1990 年
■シューベルト：ピアノ・ソナタ　第 18 番～ 21 番
ポニーキャニオン PCCL-00114, 1991 年
■シューベルト：幻想曲「さすらい人」他
ポニーキャニオン PCCL-00172, 1992 年
■間宮芳生：ピアノ協奏曲　第３番　他
フォンテック FOCD3175, 1993 年
■シューベルト：即興曲集　全８曲
ポニーキャニオン PCCL-00192, 1993 年
■シューマン：子供の情景、蝶々、ダヴィッド同盟舞曲集
ポニーキャニオン PCCL-00235, 1994 年
■アイノラのシベリウス
（シベリウスのアイノラ山荘で録音）
ポニーキャニオン PCCL-00243, 1994 年
（SA-CD ハイブリッド仕様　ポニーキャニオン PCCL-60004, 2007 年）

平野一郎／二重協奏曲「星巡ノ夜」
～ピアノ（左手）、ヴァイオリンと小オーケストラの為の、～宮澤賢治ノ心象ノ木霊（2016）＊
光永浩一郎／泉のコンセール（2017）
吉松 隆／ピアノ協奏曲「ケフェウス・ノート」（2007）Op.102 ＊
吉松 隆／ NHK 大河ドラマ「平清盛」大河ドラマ「平清盛」テーマ曲～遊びをせんとや～友愛～夢詠 (2012)

【編曲作品】
梶谷 修（編曲）山田耕筰／赤とんぼ（2016）★
啼鵬（編曲）ピアソラ／アディオス・ノニーノ、オブリビオン、天使のミロンガ、天使の死（2011）＊
啼鵬（編曲）ピアソラ／ブエノスアイレスの夏、アヴェ・マリア、悪魔のロマンス、鮫～ピアノとヴァイオリン（2011）＊
光永浩一郎（編曲）かもめの水兵さん（2017）★、ビル・エヴァンス／デビーへのワルツ（2017）、エルメート・パスコアール／べべ（2017）、セロニアス・モンク／ラウンド・ミッドナイト（2017）、アストル・ピアソラ／忘却（2017)、ラダムス・ニャターリ／ Amargura（ブラジルの魂）(2017）、アニヴァル・サルジーニャ／慎ましい人々（2017)、フォーレ／夢のあとに～ピアノとヴァイオリン、セヴラック／大地の歌～七つの農事詩より（2022)、モーツァルト／女ほど素敵なものはない～ピアノとチェロ（2022)、モーツァルト／デュポールのメヌエットによる変奏曲～ピアノとチェロ（2022）
宮下秀樹（編曲）モーツァルト／アヴェ・ヴェルム・コルプス（2017）★
吉松 隆（編曲）３つの聖歌～カッチーニとシューベルトのアヴェ・マリア、シベリウス / フィンランディア（2006）★
吉松 隆（編曲）メリカント／カンガサラの夏の日（2013）＊
吉松 隆（編曲）シベリウス／組曲「カレリア」よりマーチ（2010）（ピアノと室内楽）＊
吉松 隆（編曲）ラフマニノフ／ヴォカリーズ（2015）＊

T. マグヌッソン／チェロ・ソナタ（(2013）＊、オルマルの狂詩曲〜ヴァイオリンとピアノ（2022）＊
松平頼暁／ Incarnation 〜チェロとピアノ（2013）＊

【ピアノと木管＆金管楽器作品】
P. エスカンデ／チェスの対局〜クラリネットとピアノ（2012）＊
coba ／謝肉祭〜左手ピアノとフルートのために（2018）＊
塚本一実／想い出〜左手のピアニストとトロンボーンのために〜 I．お別れ II．出会い（2017）＊
光永浩一郎／オーボエ・ソナタ（2016）＊
光永浩一郎／ちきゅうといっしょに〜オーボエとピアノ（2016）

【そのほかの室内楽作品】
カレヴィ・アホ／ピアノ五重奏（2020）＊
P. エスカンデ／奔放なカプリッチョ〜左手ピアノと管楽器のために（2023）＊
久保 禎／ヴァイオリンとピアノのための 5 つの小品（2019）＊
coba ／尺八と左手ピアノのための組曲（2017）＊
塩見允枝子／アステリスクの肖像〜ピアノとヴォーカルのための（2012）＊
末吉保雄／四重奏曲「アイヌ断章」〜左手ピアノ、フルート、コントラバス、打楽器のために（2010）＊
塚本一実／ヴァイオリンとピアノのための 5 つの小品（仮）（2019）＊、龍譚水鏡〜首里節をベースにして〜ピアノと Uta-Sanshin（2024）
平野一郎／鬼の学校〜左手のピアノと弦楽の為の教育的五重奏（2022）＊、水夢譚〜洋琴・笙・尺八・胡弓・琵琶・箏と打物に依るヤポネシア山水譜（2024）＊
光永浩一郎／音楽劇　生月島の伝説〜ピアノと朗読（2015）
吉松 隆／組曲「優しき玩具たち」〜左手ピアノ、クラリネット、トランペット、ヴァイオリン、チェロのために（2010）＊
吉松 隆／ KENJI 〜宮澤賢治によせる〜ピアノとチェロと朗読（2015）＊
吉松 隆／ KENJI 〜宮澤賢治によせる〜ピアノと朗読（2016）＊

【ピアノとオーケストラ作品】
池辺晋一郎／ピアノ協奏曲第 3 番「西風に寄せて〜左手のために」（2013）＊
一柳 慧／ピアノ協奏曲第 5 番「フィンランド」（2012）
P. エスカンデ／ピアノ協奏曲「ANTIPODAS」（2014）＊
P. エスカンデ／アヴェ・フェニックス〜金管楽器と左手ピアノのために（2018）＊
近藤浩平／ピアノ協奏曲（2016）＊
U. シサスク／ピアノ協奏曲「Quasars」（2015）＊
R. シュタール／ Fantastic Dances（2016）＊
末吉保雄／「憶う日に」〜豊増昇生誕 100 年記念音楽祭委嘱作品（2013）
塚本一実／天界飛翔〜左手のために（2015）
P. H. ノルドグレン／左手のためのピアノ協奏曲 Op.129
〜小泉八雲の「怪談」（死体にまたがった男）による（2005）

P. H. ノルドグレン／小泉八雲の「怪談」によるバラードⅡ「振袖火事」「衝立の女」「忠五郎の話」（2004）★
林 光／花の図鑑・前奏曲集（2005）★
原田 節／ Rejoice（リジョイス）（2012）
平野一郎／微笑ノ樹〜円空ニ倣ヘル十一面（2012）＊★、「鬼の生活〜左手のピアノで綴る野帳（フィールドノオト）〜（2021）＊
T. マグヌッソン／ピアノ・ソナタ（2009）＊、組曲「アイスランドの風景」（2013）＊★
松平頼暁／トランスフォーメーション〜左手のための（2012）
間宮芳生／風のしるし・オッフェルトリウム（2004）★
光永浩一郎／サムライ（2012）★、サムライⅡ、ちきゅうといっしょに（2016）★、組曲「オルフェウスの涙」全５曲（2016）＊、苦海浄土によせる（2020）＊、組曲「目八譜」第５集
Haruki MINO ／左手の為の“もうひとつのミロンガ”（2021）
三宅榛名／思い出せなかったこと（2012）＊
村田昌己／時のはざま（2019）★
八木幸三／泡盛オン・ザ・ロック（2016）、「雪原」と「コロポックル」（2017）＊
吉松 隆／タピオラ幻景（2005）★、アイノラ抒情曲集（2006）★、ゴーシュ舞曲集（2006）★、遊びをせんとや〜夢詠み〜友愛〜海鳴り　ＮＨＫ大河ドラマ「平清盛」より（2012）
吉松 隆／金魚によせる２つの雨の歌（2018）＊
C. ライト／アメリーのための組曲（2009）＊

【3 手連弾作手連弾作品】
P. エスカンデ／音の絵〜爬虫類・夢想・孤独・空の青（2011）＊★
末吉保雄（編曲）／「休暇の日々から」（セヴラック）（2008）
吉松 隆／子守歌（2004）★、４つの小さな夢の歌（2006）★
吉松 隆（編曲）／３つの子守歌（シューベルト〜ブラームス〜モーツァルト）（2006）
C. ライト／祈り（2009）＊

【ピアノとヴァイオリン＆ヴィオラ＆チェロ作品】
P. エスカンデ／ソナティナ〜ヴァイオリンとピアノ（2011）＊、グラフィティ・エリア〜ヴァイオリンとピアノ（2022）＊
Y. ゴトゥリボヴィチ／ヴィオラ・ソナタ（2015）＊
coba ／ Tokyo Cabaret 〜チェロとピアノ（2013）＊
近藤浩平／ヴァイオリンとピアノのために（2015）＊、音楽に集う〜ヴァイオリンとピアノ（2023）
塩見允枝子／ソリトン　薄明の大気の中で〜ヴァイオリンとピアノ（2013）＊
谷川賢作／スケッチ・オブ・ジャズ２〜ヴァイオリンとピアノ（2012）＊★
谷川賢作／スケッチ・オブ・ジャズ３〜ヴィオラとピアノ（2018）＊
啼鵬／ヴァイオリン・ソナタ「北欧風」〜ヴァイオリンとピアノ（2012）＊
平野一郎／精霊の海 〜小泉八雲の夢に拠る〜ヴァイオリンとピアノ（2011）＊

左手の作品集（2024 年 5 月現在）

これまで舘野泉のために書かれた作品（2004-2024）
＊舘野泉 左手の文庫（募金）助成作品
★音楽之友社より楽譜「左手のシリーズ」（舘野 泉 監修による）が出版されています。

【ピアノ・ソロ作品】
カレヴィ・アホ／静寂の渦（2021）＊
池辺晋一郎／1 枚の紙と 5 本のペ ン（2017）＊★
一柳 慧／ FANTASIA (2018) ＊
伊東 乾／水の幻映（2009）
Z. ヴィソツキ／3 つの小品 Op.79（2018）＊
ヴェリ・クヤラ／左手のための 3 つの舞曲集〜タンゴ・サンバ・ワルツ（2006）
P. エスカンデ／ディヴェルテ ィメント（2009 ）＊★ 、三つの俳句（2019 ）＊★、悦楽の園〜 ヒエロニムス・ボスのトリプティックによる自由な幻想曲（2020）＊、ナイチンゲールと薔薇の花（オスカー・ワイルド / 朗読付）、魔女の夜宴（ゴヤを描く）（2024）＊
梶谷 修／祈り (2018) ★、風に…波に…鳥に…（2017）★、春のノヴェッラ（2019）、土曜日の森（2022）
加羽沢美濃／左手のための詩曲（2004）
菅野浩和／ソナタ・ノルディカ (2004)
木島由美子／いのちの詩（2009）NPO 法人山形の音楽活動を応援する会・M プロジェクト委嘱作品
樹原涼子／天空の風（2017)、三部作（「萌いずるとき」「濡れた紫陽花」「椿散る」)（2019）
久保 禎／左手の祈り（2018)、月影譚（2024）
Y. ゴトゥリボヴィチ／舞踏 組曲 “Hey How’s it going” (2015) 松崎良太氏による助成作品
coba ／記憶樹（2008）＊★
近藤浩平／海とカルスト、海辺の雪 Op.122（2012）★、ピアノ・ソナタ「高層湿原の旅」（2013）＊
塩見允枝子／架空庭園　第一番（2009)、第二番、第三番（2012）
シサスク／エイヴェレの星たち Op.142（2012-2013）＊
R. シュタール／ピアノ・ソナタ（2018）＊
末吉保雄／土の歌・風の声（2006）★、いっぱいのこどもたち〜左手のためのピアノ小前奏曲集（2008）＊★
竹内淳／セヴラックへのオマージュ〜左手のための）(2023)
谷川賢作／スケッチ・オブ・ジャズ（2006）★、組曲「そして船はいく」(2023）＊
塚本一実／母に捧げる子守唄（2015）★、天空飛翔（2017）
月足さおり／雫（2016）★、風の彩（2019）★
J. ティエンスー／ Egeiro（2013）＊
内藤正彦／哀歌（2016）★
新実徳英／夢の王国　左手のための 4 つのプレリュード（2020）＊★

88. Du gout, 15. 2. 1913.
89. 舘野泉.『星にとどく樹 世界を旅するピアニスト』. 求龍堂, 1996 年, pp.98-99.
90. 舘野泉.『星にとどく樹 世界を旅するピアニスト』. 求龍堂, 1996 年, pp.93-96.
91. 舘野泉.『星にとどく樹 世界を旅するピアニスト』. 求龍堂, 1996 年, pp.99-100.
92. 舘野泉.『星にとどく樹 世界を旅するピアニスト』. 求龍堂, 1996 年, p.100.
93. 舘野泉.『星にとどく樹 世界を旅するピアニスト』. 求龍堂, 1996 年, pp.106-107.
94.『演奏生活 40 周年記念 舘野泉 ピアノリサイタル 2001』パンフレットより.
95.『演奏生活 40 周年記念 舘野泉 ピアノリサイタル 2001』パンフレットより.
96.『演奏生活 40 周年記念 舘野泉 ピアノリサイタル 2001』パンフレットより.
97.『演奏生活 40 周年記念 舘野泉 ピアノリサイタル 2001』パンフレットより.
98.『演奏生活 40 周年記念 舘野泉 ピアノリサイタル 2001』パンフレットより.
99.『演奏生活 40 周年記念 舘野泉 ピアノリサイタル 2001』パンフレットより.
100.『演奏生活 40 周年記念 舘野泉 ピアノリサイタル 2001』パンフレットより.
101. Helsingin Sanomat, 10. 1973.
102. Helsingin Sanomat, 23. 10. 2001.
103. Helsingin Sanomat, 23. 10. 2001.
104. 舘野泉.『命の響 左手のピアニスト、生きる勇気をくれる 23 の言葉』. 第 1 刷, 集英社, 2015 年, p.37.
105. 舘野泉.『命の響 左手のピアニスト、生きる勇気をくれる 23 の言葉』. 第 1 刷, 集英社, 2015 年, p.45.
106. 舘野泉.『絶望している暇はない「左手のピアニスト」の超前向き思考』. 小学館, 2017 年, p.48.
107. 舘野泉.『絶望している暇はない「左手のピアニスト」の超前向き思考』. 小学館, 2017 年, p.48.
108. Helsingin Sanomat, 7, 1990.
109.「舘野泉 ピアノリサイタル 2004」. p.6.
110.『小泉八雲の『怪談』によるバラードII op.127』. 音楽之友社, 2005 年, p.3.
111. 朝日新聞 2004 年 6 月 2 日夕刊.
112. 朝日新聞 2004 年 6 月 2 日夕刊.
113. 朝日新聞 2004 年 6 月 2 日夕刊.
114. 朝日新聞 2004 年 6 月 2 日夕刊.
115. ビルボード・ジャパン 2015 年 5 月 22 日.
https://www.billboard-japan.com/d_news/detail/28514/2
116. ビルボード・ジャパン 2015 年 5 月 22 日.
https://www.billboard-japan.com/d_news/detail/28514/2
117.『3 つの聖歌・子守唄・4 つの小さな夢の歌』. 音楽之友社, 2009 年, p.4.
118.『サムライ ピアノ（左手）のために』. 音楽之友社, 2015 年, p.3.
119.『サムライ ピアノ（左手）のために』. 音楽之友社, 2015 年, p.3.
120.『記憶樹 ピアノ＜左手＞のために』. 音楽之友社, 2015 年, p.2.
121.『花の図鑑・前奏曲集』. 音楽之友社, 2006 年, p.3.
122.『花の図鑑・前奏曲集』. 音楽之友社, 2006 年, p.3.
123.『花の図鑑・前奏曲集』. 音楽之友社, 2006 年, p.3.
124. 舘野泉.『星にとどく樹 世界を旅するピアニスト』. 求龍堂, 1996 年, p.195.
125. 舘野泉.『星にとどく樹 世界を旅するピアニスト』. 求龍堂, 1996 年, pp.195-196.
126. 舘野泉.『星にとどく樹 世界を旅するピアニスト』. 求龍堂, 1996 年, p.196.
127. 舘野泉.『星にとどく樹 世界を旅するピアニスト』. 求龍堂, 1996 年, p.196.
128. 舘野泉.『星にとどく樹 世界を旅するピアニスト』. 求龍堂, 1996 年, p.162.

44. Helsingin Sanomat, 10. 1970.
45. Helsingin Sanomat, 27. 10. 1970.
46. Suomen kuvalehti. 17. 1. 1975.
47. Helsingin Sanomat. 16. 2. 1975.
48. 舘野泉.『貨物列車のピアニスト［新装版］』. 新装版第 1 版，ハンナ，2015 年，pp.46-47.
49. Aamulehti. 28. 11. 1985.
50. Aamulehti. 28. 11. 1985.
51. Aamulehti. 28. 11. 1985.
52. 舘野泉.『星にとどく樹 世界を旅するピアニスト』. 求龍堂，1996 年，pp.176-177.
53. 舘野泉.『命の響 左手のピアニスト、生きる勇気をくれる 23 の言葉』. 第 1 刷，集英社，2015 年，p.103.
54. 舘野泉.『星にとどく樹 世界を旅するピアニスト』. 求龍堂，1996 年，p.37.
55. 舘野泉.『星にとどく樹 世界を旅するピアニスト』. 求龍堂，1996 年，p.37.
56. 舘野泉.『星にとどく樹 世界を旅するピアニスト』. 求龍堂，1996 年，p.38.
57. 舘野泉.『星にとどく樹 世界を旅するピアニスト』. 求龍堂，1996 年，pp.38-39.
58.『小泉八雲の『怪談』によせるバラード II Op.127』. 音楽之友社，2005 年，p.4.
59.『小泉八雲の『怪談』によせるバラード II Op.127』. 音楽之友社，2005 年，p.4.
60.『小泉八雲の『怪談』によせるバラード II Op.127』. 音楽之友社，2005 年，p.4.
61.『小泉八雲の『怪談』によせるバラード II Op.127』. 音楽之友社，2005 年，p.3.
62.『小泉八雲の『怪談』によせるバラード II Op.127』. 音楽之友社，2005 年，p.4.
63. Helsingin Sanomat. 2. 1972.
64. 舘野泉.『星にとどく樹 世界を旅するピアニスト』. 求龍堂，1996 年，p.200.
65. Helsingin Sanomat. 17. 9. 1987.
66. 舘野泉.『星にとどく樹 世界を旅するピアニスト』. 求龍堂，1996 年，p.149.
67. 舘野泉.『星にとどく樹 世界を旅するピアニスト』. 求龍堂，1996 年，p.149.
68. 舘野泉.『星にとどく樹 世界を旅するピアニスト』. 求龍堂，1996 年，p.156.
69. Helsingin Sanomat. 11. 5. 1973.
70. 舘野泉.『星にとどく樹 世界を旅するピアニスト』. 求龍堂，1996 年，p.169.
71. 「シューベルト、ピアノ・ソナタ全曲演奏シリーズ」のパンフレット. 1978 年.
72. Helsingin Sanomat. 29. 11. 1978.
73. 舘野泉.『星にとどく樹 世界を旅するピアニスト』. 求龍堂，1996 年，p.170.
74. 舘野泉.『星にとどく樹 世界を旅するピアニスト』. 求龍堂，1996 年，pp.169-170.
75. 舘野泉.『星にとどく樹 世界を旅するピアニスト』. 求龍堂，1996 年，p.170.
76.『音楽の友』2020 年 11 月号. 音楽之友社，2020 年，p.8.
77. 舘野泉.『絶望している暇はない「左手のピアニスト」の超前向き思考』. 小学館，2017 年，pp.106-107.
78. 舘野泉.『命の響 左手のピアニスト、生きる勇気をくれる 23 の言葉』. 第 1 刷，集英社，2015 年，p.132.
79. 舘野泉.『貨物列車のピアニスト［新装版］』. 新装版第 1 版，ハンナ，2015 年，p.101.
80. 舘野泉.『貨物列車のピアニスト［新装版］』. 新装版第 1 版，ハンナ，2015 年，p.98.
81. 舘野泉.『貨物列車のピアニスト［新装版］』. 新装版第 1 版，ハンナ，2015 年，p.98.
82. 舘野泉.『貨物列車のピアニスト［新装版］』. 新装版第 1 版，ハンナ，2015 年，p.99.
83. 舘野泉.『貨物列車のピアニスト［新装版］』. 新装版第 1 版，ハンナ，2015 年，p.100.
84. 舘野泉.『星にとどく樹 世界を旅するピアニスト』. 求龍堂，1996 年，p.74.
85. 舘野泉.『星にとどく樹 世界を旅するピアニスト』. 求龍堂，1996 年，pp.76-77.
86. 舘野泉.『星にとどく樹 世界を旅するピアニスト』. 求龍堂，1996 年，p.77.
87. Du gout, 15. 2. 1913.

参考文献

1. 舘野泉.『命の響 左手のピアニスト、生きる勇気をくれる 23 の言葉』. 第 1 刷, 集英社, 2015 年, p.93.
2. 舘野泉.『星にとどく樹 世界を旅するピアニスト』. 求龍堂, 1996 年, p.97.
3. 舘野泉.『星にとどく樹 世界を旅するピアニスト』. 求龍堂, 1996 年, p.161.
4. 舘野泉.『舘野 泉 フォトストーリー』. 求龍堂, 2019 年, p.140.
5. 舘野泉.『星にとどく樹』p.221
6. 舘野泉.『舘野 泉 フォトストーリー』. 求龍堂, 2019 年, p.140.
7. 舘野泉.『星にとどく樹 世界を旅するピアニスト』. 求龍堂, 1996 年, p.222.
8. 舘野泉.『星にとどく樹 世界を旅するピアニスト』. 求龍堂, 1996 年, p.222.
9. 舘野泉.『星にとどく樹 世界を旅するピアニスト』. 求龍堂, 1996 年, p.222.
10. 舘野泉.『星にとどく樹 世界を旅するピアニスト』. 求龍堂, 1996 年, p.97.
11. 舘野泉.『星にとどく樹 世界を旅するピアニスト』. 求龍堂, 1996 年, p.221.
12. 『月刊楽譜』. 月刊楽譜発行所, 1931 年 1 月号, pp.2-3.
13. 『月刊楽譜』. 月刊楽譜発行所, 1931 年 1 月号, p.2.
14. 『月刊楽譜』. 月刊楽譜発行所, 1931 年 6 月号, p.91.
15. 舘野泉.『命の響 左手のピアニスト、生きる勇気をくれる 23 の言葉』. 第 1 刷, 集英社, 2015 年, p.100.
16. 舘野泉.『命の響 左手のピアニスト、生きる勇気をくれる 23 の言葉』. 第 1 刷, 集英社, 2015 年, p.101.
17. 舘野泉.『舘野 泉 フォトストーリー』. 求龍堂, 2019 年, p.142.
18. 舘野泉.『星にとどく樹 世界を旅するピアニスト』. 求龍堂, 1996 年, p.218.
19. 舘野泉.『星にとどく樹 世界を旅するピアニスト』. 求龍堂, 1996 年, pp.218-219.
20. 「演奏生活 40 周年記念 舘野泉 ピアノリサイタル 2001」パンフレットより.
21. 「演奏生活 40 周年記念 舘野泉 ピアノリサイタル 2001」パンフレットより.
22. 「演奏生活 40 周年記念 舘野泉 ピアノリサイタル 2001」パンフレットより.
23. 「演奏生活 40 周年記念 舘野泉 ピアノリサイタル 2001」パンフレットより.
24. 舘野泉.『星にとどく樹 世界を旅するピアニスト』. 求龍堂, 1996 年, p.162.
25. 舘野泉.『星にとどく樹 世界を旅するピアニスト』. 求龍堂, 1996 年, p.162.
26. 舘野泉.『星にとどく樹 世界を旅するピアニスト』. 求龍堂, 1996 年, pp.162-163.
27. 舘野泉.『星にとどく樹 世界を旅するピアニスト』. 求龍堂, 1996 年, pp.174-175.
28. Uusi Suomi, 9. 10. 1964.
29. Uusi Suomi, 9. 10. 1964.
30. Uusi Suomi, 9. 10. 1964.
31. Helsingin Sanomat, 9. 10. 1964.
32. Ilta-Sanomat, 9. 10. 1964.
33. Ilta-Sanomat, 9. 10. 1964.
34. https://www.kulttilehdet.fi/amfion/
35. https://www.kulttilehdet.fi/amfion/
36. 舘野泉.『命の響 左手のピアニスト、生きる勇気をくれる 23 の言葉』. 第 1 刷, 集英社, 2015 年, p.132.
37. Helsingin Sanomat, 4. 12. 1986.
38. Helsingin Sanomat, 6. 12. 1986.
39. Helsingin Sanomat, 6. 12. 1986.
40. 舘野泉.『星にとどく樹 世界を旅するピアニスト』. 求龍堂, 1996 年, p.29.
41. Helsingin Sanomat, 7. 1965.
42. Helsingin Sanomat, 10. 1970.
43. Helsingin Sanomat, 10. 1970.

1996 年若い演奏家育成のために「タテノ・セブ基金」をフィリピンに創設し音楽教育支援を行い、1998 年～ 04 年フッペル平和祈念鳥栖ピアノコンクールの審査委員長を務める。

音楽祭は「クフモ音楽祭」、「フィンランド音楽祭」、「ノルディック・ライト　北欧音楽祭」、「オウルンサロ音楽祭」で音楽監督を務める。

2001 年演奏生活 40 周年記念コンサートを主要都市で行った翌年、脳溢血で倒れ右半身不随となる。２年余りの闘病生活を経て、2004 年５月より左手で本格的な演奏活動を再開。尽きることのない情熱を一層音楽の深求に傾け、独自のジャンルを切り開いた。2006 年全て委嘱作品によるリサイタル「彼のための音楽を彼が弾く Vol.1」をサントリーホールにて行う。同年、「舘野泉左手の文庫（募金)」を設立。現在まで、舘野泉の左手のために 10 か国の第一線で活躍する作曲家より 130 曲をこえる作品が献呈される。2008 年長年の音楽活動の顕著な功績に対し、旭日小綬章受章及び文化庁長官表彰受賞。2002 年よりセヴラックの生地で行われるセヴラック音楽祭に毎年招待され、日本におけるセヴラック研究に多大な貢献を行ったとして 2010 年サン＝フェリクス＝ロウラゲ(ラングドック）の名誉市民の栄誉に授かる。2012 年 NHK 大河ドラマ「平清盛」テーマ曲のソリストを務める。同年ウィーン、ハンガリー、フランス、エストニア、ヘルシンキ、モンゴル、ベルリンにて海外公演を行う。2012 年度東燃ゼネラル音楽賞洋楽部門本賞（旧エクソンモービル音楽賞）受賞。2013 年７月デュッセルドルフにおいて２曲（一柳慧・ラヴェル）のピアノ協奏曲を演奏、8月オウルンサロにおいて、オウルンサロ音楽祭の音楽監督を長年務めた貢献に記念レリーフが贈られ、その除幕式と記念リサイタルが行われた。ついで、ヘルシンキにおいて行われた舘野泉 77 歳アニヴァーサリーコンサートとシンポジウムでは、コンサートの冒頭から聴衆が総立ちとなる喝采をあびた。左手ピアノ音楽の集大成「舘野泉フェスティヴァル～左手の音楽祭」は、2012 年5 月から都内会場で全 16 回の壮大な計画に取り組み、最終回は 77 歳にして３つのピアノ協奏曲を、ラ・テンペスタ室内管弦楽団と日本ツアーでしめくくった。2016 年 80 歳の傘寿記念公演では２つの委嘱作品に加えて左手作品の最高峰ラヴェルとヒンデミットの４つのピアノ協奏曲を一気に演奏。この前人未到のコンサートをふくめ、長年に渡る地道な活動が評価されて、第 29 回ミュージック・ペンクラブ音楽賞（独奏・独唱部門）受賞。2017 年９月にはヘルシンキにおいて 80 歳記念公演が行われ、世界初演を含む自身に捧げられた２つのピアノ協奏曲をラ・テンペスタ室内管弦楽団と熱演し、スタンディング・オベーションとなった。2019 年日本フィンランド国交樹立 100 周年の親善大使として、ラ・テンペスタ室内管を招聘し（プログラム／ノルドグレン：第３番、光永浩一郎：泉のコンセール）東京、札幌、福島、福山、函館で公演を行う。2020 年には演奏生活 60 周年記念演奏会、2023 年には米寿記念演奏会を全国各地で行う。

EMI、ポニーキャニオン、キング・レコード、ワーナーミュージック、エイベックス・クラシックスからリリースされた CD・LP は 130 枚にのぼり、いずれのアルバムも世界中の幅広い層の聴衆から熱い支持を得ている。ロシア、東欧、北欧、近代フランス、スペイン、南米音楽にも、優れたレコーディングを残し、それらはフィンランド最優秀レコード賞、文化庁芸術祭レコード部門最優秀賞を受賞するなど名盤として評価されている。左手のための CD は、エイベックス・クラシックス、オクタヴィアレコードほかよりリリース。

著書『星にとどく樹』『ひまわりの海』『舘野泉フォトストーリー』（求龍堂刊）、『絶望している暇はない』（小学館刊）、『命の響』（集英社刊）、『ピアニストの時間』（みすず書房刊）、『左手のコンチェルト』（佼成出版社刊）、『ソリストの思考術・舘野泉の生きる力』（六耀社刊）、楽譜『左手のピアノシリーズ』（音楽之友社刊）を出版。

南相馬市民文化会館（福島県）名誉館長、日本シベリウス協会最高顧問、日本セヴラック協会顧問。日本のクラシックのアーティストとしては初めての、そして最も長続きしている「ファンクラブ」を各地に持つ。


もはや「左手」のことわりなど必要ない、身体を超える境地に至った「真の巨匠」の風格は、揺るぎない信念とひたむきな姿がもたらす、最大の魅力である。

舘野泉公式 HP　　https://izumi-tateno.com　　（2024 年 6 月）

舘野 泉（Izumi Tateno）

1936年東京生まれ。父はチェリスト、母はピアニスト。豊増昇、安川加壽子、レオニード・コハンスキーに師事。1960年東京藝術大学を首席で卒業。同年9月28日第一生命ホールにてデビュー・リサイタル（プログラム / エネスコ：ソナタ第3番（日本初演）、シューマン：幻想曲、ラフマニノフ：前奏曲4曲、プロコフィエフ：ソナタ第2番）を行う。

1961年第2回リサイタル（プログラム / 三善晃、平尾貴四男、中田喜直のソナタ、宅孝二のソナチネ）で新人ベストテンに選ばれ「常に前進と変貌を続けるピアニスト。今日の彼は昨日の彼ではなく、明日の彼は既に今日の彼ではない」と評される。

1964年よりヘルシンキ在住。同年10月ヘルシンキでデビューリサイタルを行い、7つの新聞に絶賛の批評が掲載。1965年よりヘルシンキ・フィル（指揮：クルト・マズア）やフィンランド放送響（指揮：パーヴォ・ベルグルンド）等フィンランドのオーケストラと共演を重ねる。1968年オリヴィエ・メシアン・コンクール第2位。1974年第4回福山賞受賞。

演奏会に訪れた先は多岐に渡り、ベトナム、ラオス、タイ、シンガポール、インドネシア、フィリピン、ミャンマー、インド、中国、香港、韓国等のアジア、メキシコ、アルゼンチン等の米大陸、ロシア、クロアチア、アルメニア、ルーマニア、ウクライナ、リトアニア、モルドバ、トルコ、北欧5カ国、欧米に加えオーストラリア等、先進国、後進国を問わず世界各地で演奏活動を行い、その温かく人間味あふれる演奏によって、あらゆる地域の聴衆に深い感動を与える。

国内では、1974年日本フィル定期 / 指揮：イルジー・ビエロフラーヴェク（ハチャトゥリアン）、1977年読響特別演奏会 / 指揮：フリューベック・デ・ブルゴス（スペインの庭の夜）などで各方面から絶賛され注目をあびる。1980年日本フィル / 指揮：渡辺暁雄（プログラム / ブラームス第1番、ラフマニノフ第3番）による演奏生活20周年記念コンサート、1988年のリサイタル（プログラム / グラナドス：組曲「ゴイェスカス」全曲、シューベルト：さすらい人幻想曲）、2大コンチェルトの夕べ、また、シューベルト生誕200年記念にはピアノ作品を7夜で構成するコンサートを、東京・大阪・福岡・札幌・ヘルシンキで成功させるなど、意欲的なプログラムで毎年演奏会を行う。1999年より共演者に故岸田今日子を迎えての「音楽と物語の世界」の公演を全国50都市で行い、人気を博す。

国内外における初演も数多く、1964年メシアン：幼子イエスに注ぐ20の眼差し全曲（演奏生活25周年記念リサイタルで再演）をはじめ、1971年コッコネン：5つのバガテル、1972年ブリテン：ピアノ協奏曲、1990年間宮芳生：協奏曲第3番などがあり、邦人作品の海外初演には、八代秋雄：ピアノ協奏曲、ソナタ、八村義夫：彼岸花の幻想曲などがある。また、1975年ノルドグレン：ピアノ協奏曲、小泉八雲の怪談によるバラード、ラウタヴァーラ：ソナタ「キリストと漁夫」、間宮芳生：よだかの星などの作品が献呈される。

フィンランドでは「北欧人以上に北欧的」と評され、人気が高く、柔和で上品な人柄は、フィンランドにおいて代表的、模範的な日本人となって、日本及び日本人に対するイメージを高めた。フィンランド政府より日本人として初めての終身芸術家給与を受けた唯一の日本人となる。1976年フィンランド大統領より獅子第一等騎士勲章を授与。また、フィンランドの大作曲家シベリウスと縁が深く、シベリウスのピアノ使用を許された数少ないピアニストであり、世界で初めてシベリウス邸宅でそのピアノを使用してのCD制作を行う。ウーノ・クラミやパルムグレン、メラルティン、ハイニカイネン、カスキなどフィンランドの多くの作曲家の作品を演奏し好評を博す等、新しい音楽を紹介するとともに、フィンランド音楽については20冊の楽譜の編集、解説等を行う。2006年シベリウスにおける3つの権威ある賞の一つである「シベリウス・メダル」がフィンランド・シベリウス協会より授与される。

教育の分野においては、1968年よりフィンランド国立音楽院シベリウス・アカデミーの教授を務めるほか、日本でも活水女子大学、大阪芸術大学などで教鞭をとる。1983年4～9月まで、ＮＨＫ教育「ピアノとともに」の講師を担当。本質を見抜き、自分で本質を伸ばし育てることのできる力を引き出す指導は、技術的な欠点、音楽的未熟さはまったく問題とせず、芸術家としての資質を見いだし、精神的面と技術的面のバランスを傍らからサポートするものであり、するどい洞察力と深い指導力をあわせもち、決して、表面だけの美しさや伝統的な解釈の形に捉われることがない。

その精神を受け継いだ教え子たちは、世界中のさまざまな音楽と教育の場で活躍している。また

左手の文庫（募金）

2002年の1月、フィンランドのタンペレ市でのリサイタルが終わり、聴衆にお辞儀をして数歩歩いたところでステージ上に崩れ落ちました。脳溢血でした。出血部がメスを入れられぬ部分であったため、自然治療を待つほかはないといわれました。右半身不随となり、リハビリに努めたものの、一度破壊された神経組織は元には戻りません。音楽に見放されたと思う日々は辛いものでした。

そんな私に転機が訪れました。長男がブリッジ作曲「3つのインプロヴィゼーション」の楽譜を見つけてくれたのです。第一次世界大戦で右腕を失った友人のピアニストのために書いた作品です。その作品を弾いたとき、氷が割れたのです。蒼い大海原が目の前に現れました。水面がうねり、漂い、爆ぜて飛沫をあげているようでした。自分が閉じ込められていた厚い氷が溶けて流れ去るのが分かりました。音楽をするのに両手であろうと片手であろうと関係ない。左手だけで充分な表現が出来る。なにひとつ不足はない。そのことをしっかりと納得したのです。

2004年の5月に東京、大阪、札幌、仙台、福岡などで演奏会を開き、ステージに復帰しました。“左手のピアニスト”としてです。でも、私には左手だけで弾いているという認識は最初からありませんでした。皆さんに聴いていただいているのは、音楽そのものなのです。左手というのは、飽くまでも手段、方法にすぎません。

そうはいっても、左手のための作品が質、量ともに決定的に不足していたのは事実です。そこで、演奏家として心血を注ぎ、聴衆とともに生甲斐を感じられる作品を、ジャンルを問わず委嘱して、作品の枠を広げてゆきたいという思いが募りました。新しい作品ができると同時に、演奏の機会をつくること、楽譜を刊行することにより、いっそう広い層にわたるように努力してゆきたいと思うのです。

６５年もピアノを弾いてきて、これほどまでに無心に音楽ができるなんて想いもしませんでした。弾けるということがひたすらに嬉しくて幸せでただただ夢中できましたが、最近、演奏会の楽屋には年輩の方に限らず、２０代３０代の若い人たちが悩みをもって訪ねてきます。原因不明の病で、右手が突然動かなくなってしまった才能ある演奏家や音大を目指している高校生が、左手の作品を探していると相談にきたり、左手だけでは受験者として認めてもらえないということを話してくれました。右手の自由を失い深刻な悩みをもつ若い世代にとって、私に何かできることがあれば、力になりたいと痛感しました。

私を病の暗い深い溝から導いてくれたのは、音楽でした。何十年も前にその時誰かのために書かれた左手の音楽であったのです。音楽を愛する人には、いつの時代もどんなことがあっても、音楽を心の糧に活躍してほしいと願っています。

「左手の文庫」は、そこからたくましい想像力が生まれ、自由な創造と可能性が広がってゆけばよいと願ってつけました。この活動にご賛同いただきご支援頂けましたら幸せです。

舘野　泉（2006年5月）

設立目的

左手のための委嘱作品を充実させることを第一の目的とします。舘野泉を通して、文化・社会貢献を担うものであり、将来は舘野泉の意思により、ハンデを持つ音楽家の支援に役立てることを目指しています。

募金要項

口座名：左手の文庫募金　代表　舘野　泉
銀　行：三菱ＵＦＪ銀行
支店名：渋谷明治通支店
口座種別：普通
口座番号：３４４０１１１

一口の金額

個人は金額を定めず。企業・団体は、一口１万円
＊領収書発行は下記事務局へご依頼下さい。

事務局

舘野泉　左手の文庫（募金）
〒150-0072　東京都渋谷区渋谷２－１－６
ジャパン・アーツ内
https://izumi-tateno.com

サリ・ラウティオ（Sari Rautio）

フィンランド在住。教会音楽家としての活動に加え、音楽や文化の分野で活躍する人の記事を多く執筆している。

夫はフィンランドを代表するチェロ奏者の巨匠エルッキ・ラウティオ。

五十嵐 淳（いがらし じゅん）

フィンランド国立タンペレ大学人文学部フィンランド文学科卒。同修士課程修了。専攻はフィンランド文学。慶應義塾志木高等学校や語学学校の講師、翻訳者を務めている。評伝の訳書にトゥーラ・カルヤライネン著『ムーミンの生みの親、トーベ・ヤンソン』（共訳、河出書房新社刊、2014）、カリ・ホタカイネン著『知られざるキミ・ライコネン』（訳・監修、三栄書房刊、2018）、『アイスマン　キミ・ライコネンの足跡』（訳、三栄書房刊、2021）がある。

舘野泉ファンクラブ

舘野泉ファンクラブ
〒 247-0013
神奈川県横浜市栄区上郷町 262-32-5-204
松田　純子方
電話 045-895-2317

舘野泉ファンクラブ関西事務局
〒 573-0084
大阪府枚方市香里ケ丘 9-12-6-502
神野　朋子方
電話 072-854-6579

舘野泉ファンクラブ北海道事務局
〒 064-0808
北海道札幌市中央区南八条西八丁目 515-85-607　雁部和子方
電話 011-512-5129

舘野泉ファンクラブ九州事務局
〒 814-0005
福岡市早良区祖原 23-20-303
中村希佐子方
電話 092-851-7518

舘野泉ファンクラブ東北事務局
〒 981-0942
宮城県仙台市青葉区貝ヶ森 3-7-8
佐々木宏方
電話 022-279-6574

デュッセルドルフ舘野泉ファンクラブ
代表：小野千佐子　事務局長：小野雅紀
住　所：Friedrich-Ebert-Str.15 40210 Düsseldorf Germany
メールアドレス：trumpet-ono@t-online.de

奇跡《きせき》のピアニスト 舘野《たての》 泉《いずみ》

2024年7月10日　第1刷発行

監修　舘野 泉
著者　サリ・ラウティオ
訳者　五十嵐 淳

Special Thanks
伊東美香　存 海織
(Japan Arts Corporation)

発行者　岡村茉利奈
発行所　みずいろブックス
〒101-0061
東京都千代田区神田三崎町2丁目20-7-904
TEL 03-3237-8337　FAX 03-6261-2660
https://sites.google.com/mizuirobooks.com/home

発売　株式会社静風社
〒101-0061
東京都千代田区神田三崎町2丁目20-7-904
TEL 03-6261-2661　FAX 03-6261-2660
http://www.seifusha.co.jp

カバー・本文デザイン　岡村恵美子

印刷／製本　モリモト印刷株式会社

ISBN978-4-910731-02-5
Printed in Japan